Verlassenes Frankreich

Robin Brinaert

JONGLEZ VERLAG

Inhalt

Hauts-de-France
Château-ferme Sécession 6
Château au sanglier 12
Château des passions 16
Théâtre des Reines 20
Château de l'empailleur 24
Atelier du sculpteur 28
Piscine du Mai 32
Fac de l'Iris 34
Justizpalast und Filmkulisse 40

Île-de-France
Château des Rois 44
Château Moulinsart 50
Château Cluedo 54
Château Verdure 60
Historische Filmkulisse 68
Bibliopolis 76
Concorde-Überschallflugzeug 80
Aérotrains „Made in France" 86
Prison Pastel 92

Normandie
Château des bustes 96
Château sous les nuages 104
Manoir aux bouquets 110
Feuerwehrkaserne Sainte-Barbe 114
Sleeping Trains 120
Diamond Palace 126

Centre-Val de Loire
Château Jumanji 132

Grand-Est
Château royaliste 138
Kapelle der Toten 144
Strumpffabrik 148
Keramikwerkstatt S 154
Kriegsschätze 160
Garage Étoile 164
Lost Queens 168
Oldtimer 170
Top Rage 172

Nouvelle-Aquitaine
Château Samouraï 178

Bourgogne-Franche-Comté
Château des Ducs 182
Château Secret 188
Theater von Dole 196
Garage Poussette 202

Okzitanien
Manoir au landau 210
Château du Pape 214
Château du Chevalier 218
Château du Marquis 224
Amphitheater des Purgatoriums 230
Göttliches Oratorium 232
Feuerwehrkaserne Saint-Bernard 234
Waisenhaus La Verrière 240
Garage Salmson 246

Verfall eines vergessenen Kulturerbes

Die Geißel der Zeit bemächtigt sich verlassener Orte, Schimmel dringt in die Mauern ein und was bleibt, ist eine Vielzahl hier und da zurückgelassener Objekte. Die Gedanken schweifen hin zum Alltag der Menschen, die diese Gemäuer kommen und gehen sahen. In Vergessenheit geratene Schlösser und Herrenhäuser, aufgegebene Justizpaläste und Theater, verlassene Fabriken, im Nirgendwo abgestellte Löschfahrzeuge, Luftkissen- Schwebezüge und Flugzeuge ... All diese Orte mit ihren verborgenen Schätzen sind für mich ein Spielplatz und der ideale Rahmen, um mein Objektiv in Position zu bringen. Das Licht, das durch einen Spalt einfällt, und die Sonne, die eine alte Kapelle zum Strahlen bringt, dienen als magische Beleuchtung. Die Welt ist ein Theater und ich habe mich entschieden, hinter den Vorhang zu blicken ... Das Gefühl, als Erster bislang unberührtes Neuland zu betreten, ist einzigartig und aufregend. Bisweilen führen einen diese geheimen Abenteuer durch das Eindringen auf fremde Grundstücke in rechtlich unsichere Gefilde. Doch die Community derer, die dieser Leidenschaft wie ich schon seit vielen Jahren nachgehen, folgt einer strengen Philosophie. Wir berühren nichts, wir verändern nichts. Wir machen nur ein paar Aufnahmen. Und dann gehen wir wieder.
Urban Exploring – ein einzigartiges emotionales Erlebnis.

Robin Brinaert

Château Sécession • Hauts-de-France

Ein verlassener Landsitz in einem kleinen Dorf im Norden Frankreichs. Ein Ort, an dem die Zeit stehen geblieben ist. In einer Ecke eine alte Kanone, patriotische Fahnen und Antiquitäten aus vergangenen Epochen ... eine Reise in die Zeiten eines Krieges, den wir nicht erlebt haben.

Der Eigentümer, ein begeisterter Fechter, stellt seine Leidenschaft über dem Kamin auf dem roten Wandbehang zur Schau, mit dem dieser Salon ausgekleidet ist. Dahinter verborgen ein nie vollendetes Gemälde eines Ritters.

Es sind die Details dieses unglaublich gut erhaltenen Ortes, die ihm seine ganz besondere, ergreifende Atmosphäre verleihen.

Château au sanglier • Hauts-de-France

Die große Wiese war vermutlich einst ein gepflegter Garten, der der Persönlichkeit des Eigentümers Ausdruck verlieh und die Blicke der Passanten auf sich zog. Hier steht einsam ein herrschaftliches Gebäude aus rotem Ziegel und weißem Stein. Einen der Türme ziert eine große Uhr.

Es handelt sich hier um ein altes Bürgerhaus, in dessen lichtdurchfluteten Räumen die Bewohner vermutlich ein angenehmes Leben führten. Gleich hinter der Tür wacht ein Wildschweinkopf über das Entrée. Im Salon, dem zentralen Raum des Anwesens, ist das Mobiliar bis heute erhalten. Einzig Staub und vereinzelte Löcher im Dach lassen erkennen, dass hier schon lange niemand mehr lebt.

Das herrliche Anwesen steht seit Kurzem zum Verkauf und wird wohl deshalb von einem Sicherheitsdienst bewacht.

Château des passions · Hauts-de-France

Dieses, in einem kleinen Dorf, irgendwo auf dem Land gelegene Anwesen befindet sich von außen wie von innen in einem außergewöhnlich guten Zustand: Man könnte meinen, es warte geduldig auf die Rückkehr seiner Bewohner … Alles, wirklich alles, ist noch da. Und doch ist das Haus seit zwanzig Jahren verlassen. Was für ein Juwel auf der langen Liste der Lost Places!

Im großen blauen Zimmer herrscht eine angenehme Stimmung, die einlädt, es sich gemütlich zu machen und den Moment zu genießen. Am liebsten würde man ganz in diesen Ort eintauchen, mehr über seine so gut dokumentierte Geschichte erfahren. In allen Räumen hohe Regale voller Bücher und Alben. Die Farbgestaltung der Zimmer wechselt scheinbar mühelos von Grün über Blau bis hin zu Rot.

Fotografien und Kleidungsstücke lassen vermuten, dass hier einst ein Angehöriger der Marine mit Familie lebte, die viel in der Welt herumkam. Mehr als einhundert Fotoalben aus den 1920er-, 1950er- und 1960er-Jahren in den Regalen deuten darauf hin, dass sich das Anwesen schon sehr lange im Familienbesitz befindet. Zahlreiche Bücher über Psychologie und Medizin bis hin zur Weltgeschichte zeugen von den vielseitigen Interessen der früheren Bewohner.

Das schöne Gebäude wartet weiter geduldig.

Théâtre des Reines • Hauts-de-France

Lange vor seiner Renovierung hatte ich das Glück, eine offizielle Erlaubnis für einen Besuch dieses einzigartigen Art-déco-Schmuckstücks zu erhalten. Ganz exklusiv konnte ich dabei den hohen Saal mit seinem Tonnengewölbe und seiner großen, ellipsenförmigen Glaskuppel bewundern. Bei der mit einem Halbkuppelgewölbe überbauten rückwärtigen Wand handelt es sich um die Apsis einer einstigen Kapelle. Die Fresken entlang der Wand- und Deckenrundungen erzählen von prägenden Momenten aus der Vergangenheit der Stadt. Die bewegte Geschichte der Kapelle des Jesuitenkollegs reicht von der Grundsteinlegung 1624 bis heute. Erster Baumeister war der belgische Jesuitenbruder Jean du Blocq. In der Folge wurde der Bau durch die Art-déco-Architekten Henri und Jean Laffite aus Maubeuge um ein Stockwerk und ein prachtvolles Vestibül erweitert. So umfasst der in seiner Qualität und Einzigartigkeit so besondere Bau heute zwei Räume – einen Musiksaal im Erdgeschoss und einen Ballsaal im Obergeschoss, in den eine schöne gegenläufige Treppe hinaufführt.

Als das nordfranzösische Maubeuge nach dem im Oktober 1748 unterzeichneten Zweiten Aachener Frieden wieder französisch wurde, brach in der Nacht ein Freudenfest aus, von dem eine der Fresken erzählt. Ein weiteres Fresko trägt den Titel La fête Mabuse zu Ehren des aus der Stadt stammenden Malers Jan Gossaert, genannt „Mabuse". Während der Französischen Revolution wird die Kapelle entsakralisiert und zu Verwaltungszwecken genutzt. Später dient sie als Pferdestall der Garnison, Lagerraum, Kaserne und Museum. Zu Ehren des jungen Trommlers Sthrau, Held der Schlacht bei Wattignies, wird sie in Salle Sthrau umbenannt. 1833 findet ein großer Ball zu Ehren von König Louis Philippe statt. Im Zweiten Weltkrieg werden die Glasfenster übermalt, um durch das Licht nicht die Menschen zu verraten, die sich im Inneren des Bauwerks verstecken, das den Krieg wie durch ein Wunder unbeschadet überlebt. Seit 2002 steht die Salle Sthrau unter Denkmalschutz. 2017 starteten die Gemeinde Maubeuge und die Fondation du Patrimoine (französische Stiftung zum Erhalt des kulturellen Erbes) eine gemeinsame Crowdfunding-Kampagne für die Sanierung des Gebäudes. Die Renovierungsarbeiten wurden 2018 abgeschlossen und seitdem erstrahlt die Salle Sthrau als Kulturzentrum für Ausstellungen, Kunstevents und Konzerte in neuem Glanz. Eine außergewöhnliche Sanierung für ein außergewöhnliches Gebäude!

Château de l'empailleur · Hauts-de-France

Das Anwesen liegt am Ende einer gepflasterten Allee, geschützt vor indiskreten Blicken. Errichtet zwischen 1680 und 1700 fristet es heute ein Dasein in Vergessenheit.

Es ist das älteste Gebäude im Dorf und folgt mit seiner Mischung aus Ziegel und Kalkstein dem Geschmack seiner Zeit und der aristokratischen Familie, für die es gebaut wurde. Unterlagen aus dem Jahr 1973 ist zu entnehmen, dass das Gebäude in seiner heutigen Form auf Umbauten im 19. Jahrhundert zurückgeht.

Einige Decken sind eingestürzt und haben im freien Fall alles mitgerissen, was sich im Raum darüber befand. Papiere, Zeitungen und Briefe liegen, vom Winde verweht, überall in den verlassenen Zimmern verstreut.

In der Mitte eines Raumes, der den Einflüssen der Zeit erbittert trotzt, thront ein Billardtisch, über den ein Schrank voller ausgestopfter Tiere wacht. Ein Reiher fixiert uns mit starrem Blick, während in anderen Räumen ein Adler mit ausgebreiteten Schwingen und ein imposanter Hirsch über den Ort zu wachen scheinen … für wie lange wohl noch?

Atelier du sculpteur • Hauts-de-France

Sobald man diese in tiefes Dunkel eingetauchte Bildhauerwerkstatt betritt, kommt man nicht umhin, in Verzückung zu geraten. Denn nach und nach enthüllen sich dem Auge feine Zierelemente aus Massivholz: von Tierskulpturen über Statuen bis hin zu prächtigen Möbeln und schön verzierten Fensterläden zeigt sich die Holzverarbeitung hier in ihrer höchsten Form.

Jede Holzart offenbart eine andere Textur, eine andere Farbe und verleiht diesen so kunstvoll gearbeiteten Gegenständen eine unbeschreibliche Noblesse.

Die Holzschnitzerei verlangt ebenso viel Geduld wie Können, das nur die Jahre zu vermitteln vermögen. Welch ein Jammer, dass die hier in so hingebungsvoller Arbeit entstandenen Kunstwerke nicht den Schutz erfahren, den sie verdient hätten.

Piscine du Mai • Hauts-de-France

Ein Jahr nach den kläglichen Resultaten der französischen Schwimmer bei den Olympischen Spielen 1968, ruft das Ministerium für Jugend, Sport und Freizeit ein Programm ins Leben, durch das alle Kinder schwimmen lernen sollen. Diese Anlage ist eines von 183 Schwimmbädern, die im Zuge dessen seit Anfang der 1970er-Jahre gebaut werden. Das im industriellen Stil entworfene Hightech-Ufo ruht auf einer kreisförmigen Basis mit 35 Metern Durchmesser und bietet auf 25 Metern Länge und 10 Metern Breite Platz zum Eintauchen. Die sechs Meter hohe Kuppel ist im 120-Grad-Winkel geöffnet und wird von eisernen Bogenstreben getragen.

Ein kleines Wunderwerk, das heute ein einsames Dasein fristet.

Fac de l'Iris • Hauts-de-France

Das Gebäude beherbergt seit seiner Wiedereröffnung 2017 die politikwissenschaftliche Fakultät. Die Lehrtätigkeit an der philosophischen Fakultät der Region Hauts-de-France, einer von drei Fakultäten der früheren Universität für Human- und Sozialwissenschaften von Lille, wurde bereits im Jahr 1970 aufgenommen, zwischenzeitlich aber unterbrochen. Ich konnte das Gebäude während der Schließung besichtigen. Wie alle großen öffentlichen Bauwerke in Frankreich ist auch dieser Ort schlicht atemberaubend.

Die katholische Gesellschaft von Lille zeichnete sich in der zweiten Hälfte des 19. Jahrhunderts durch einen großen Tatendrang aus, in dessen Zuge zur Neubelebung eines früheren Kollegs eine katholische Universität entstand. Die Gründer entschieden sich dabei für ein architektonisches Ensemble im gotischen Stil des 13. Jahrhunderts, das ganz im Sinne der damaligen Zeit an angelsächsische Bauten erinnern sollte. Der brillante Louis Dutouquet, spezialisiert auf den Bau von Kollegien und religiösen Gebäuden, trug einen Großteil zur Schönheit dieses Ensembles bei. Die Anerkennung der Universität brachte den Katholiken der Stadt das „Kreuz des Ordens von Pius IX." ein. Im November 1874 öffnete die Hochschule zunächst mit nur einer juristischen Fakultät ihre Pforten, der jedoch schon bald weitere Fakultäten für Theologie, Medizin, Wissenschaften und Philosophie folgten.

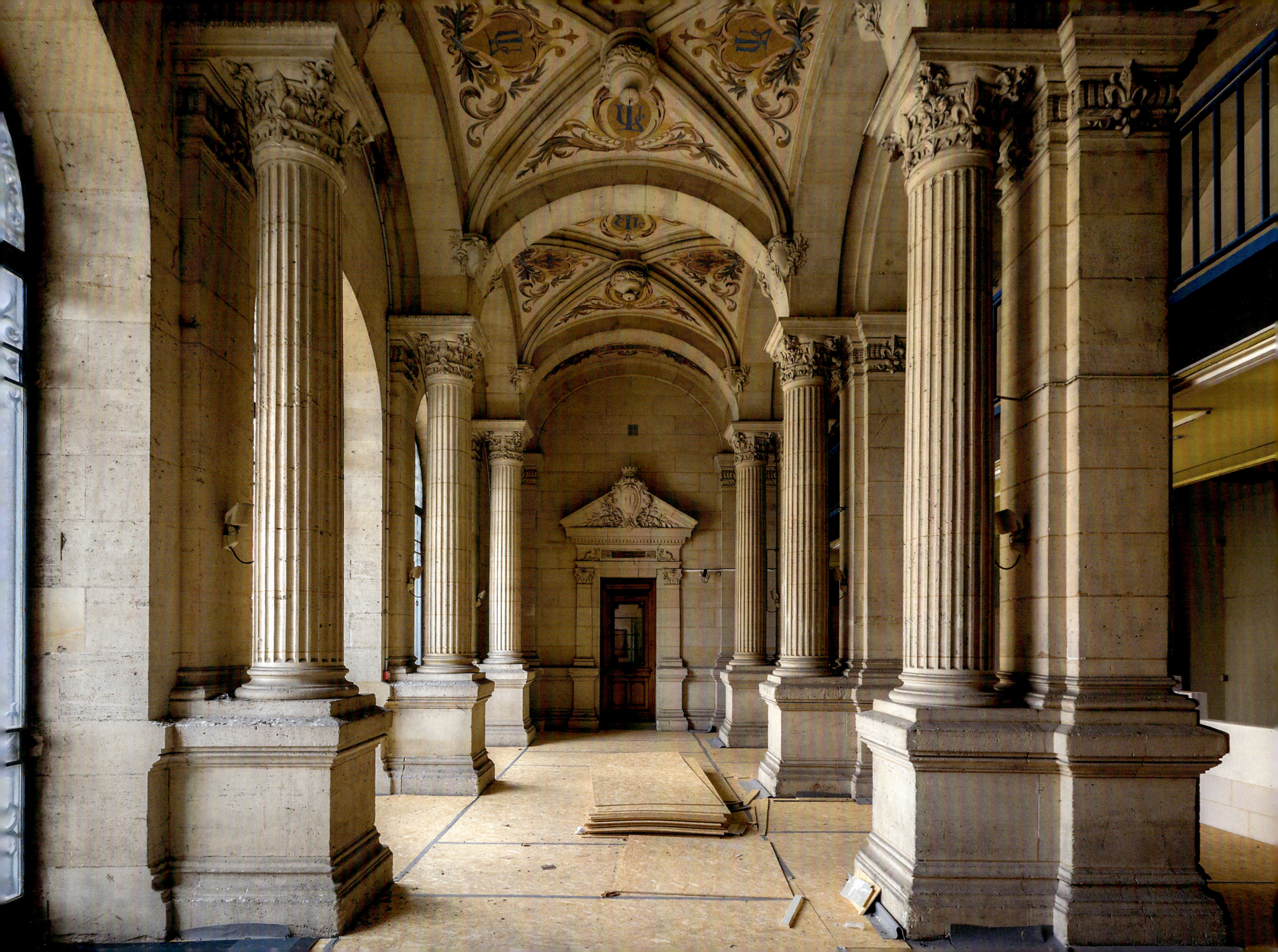

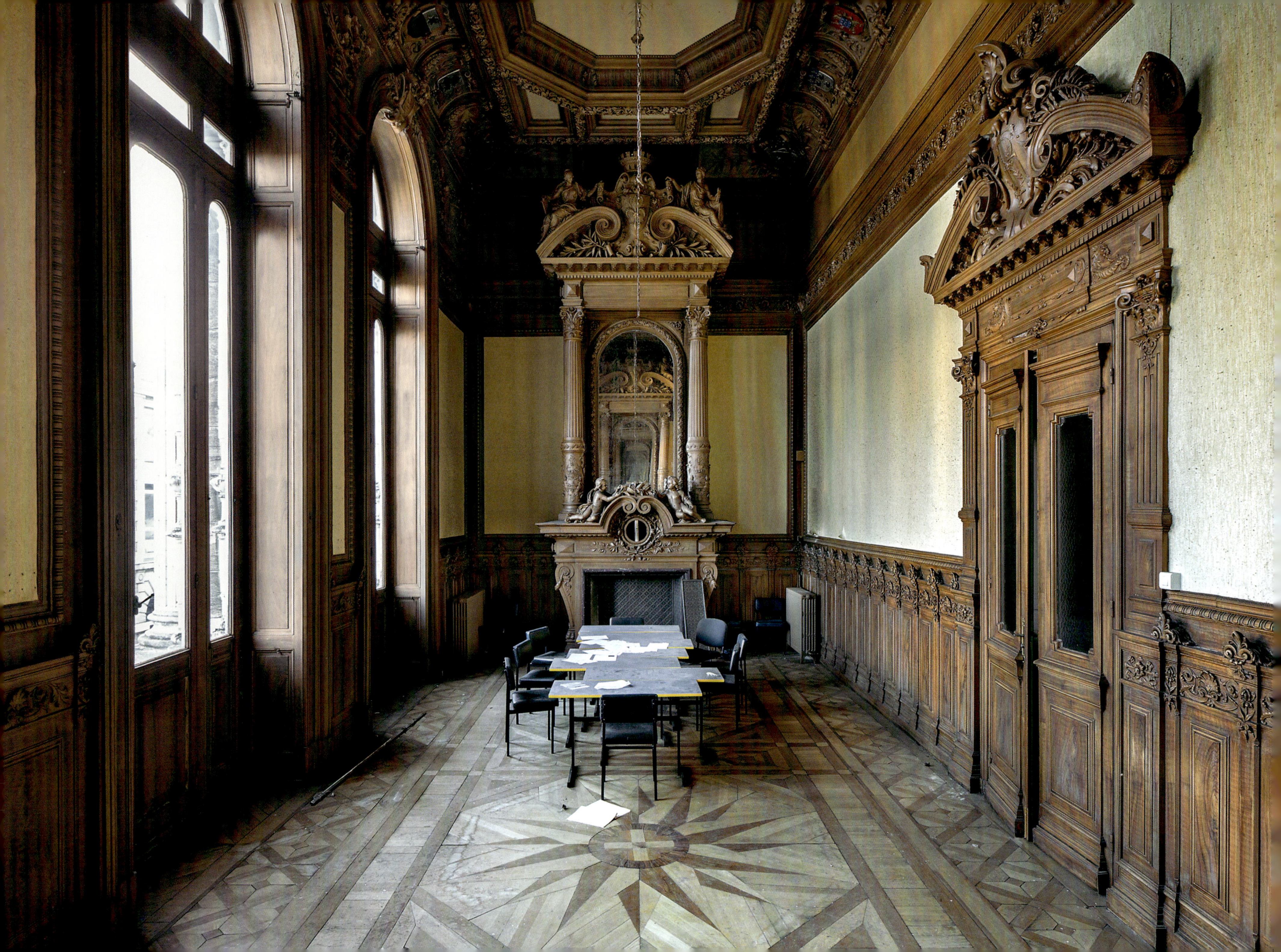

Das schöne Gebäude wurde in rotem Klinker und weißem Stein errichtet. Das Wappen zeigt auf Wunsch von Ludwig XIV. eine Iris und keine Lilie. Gusseiserne Säulen stützen das äußere Dach. Den Abschluss des Hofes bildet ein Hörsaal. Das berühmte, über zwei Etagen reichende Fresko mit Darstellungen von Lehrenden, Tieren und Textilfabriken aus der Region zu sehen blieb mir leider verwehrt. Es war aufgrund der Renovierung des Gebäudes hinter einem Schutzvorhang verborgen.

Interessant ist die auf einem blauen Steinsockel stehende Statue von Louis Pasteur aus dem Jahr 1895, dem Jahr seines Todes. Er war von 1854 bis 1858 erster Dekan der Fakultät für Wissenschaften und Philosophie von Lille. Der Physiker und Chemiker und Pionier der Mikrobiologie erlangte mit der erstmaligen Anwendung von Impfungen auf den Menschen weltweite Berühmtheit.

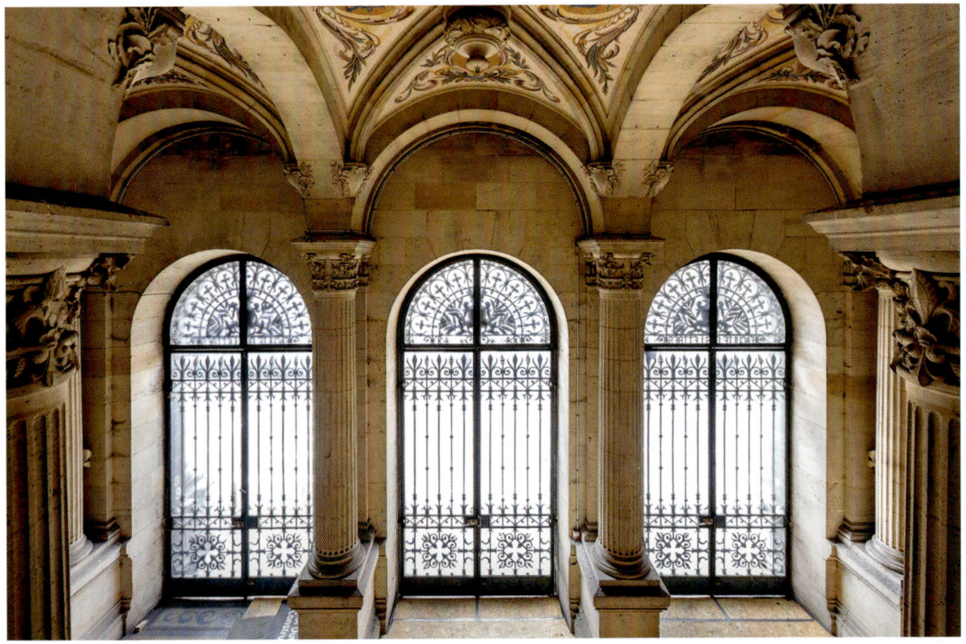
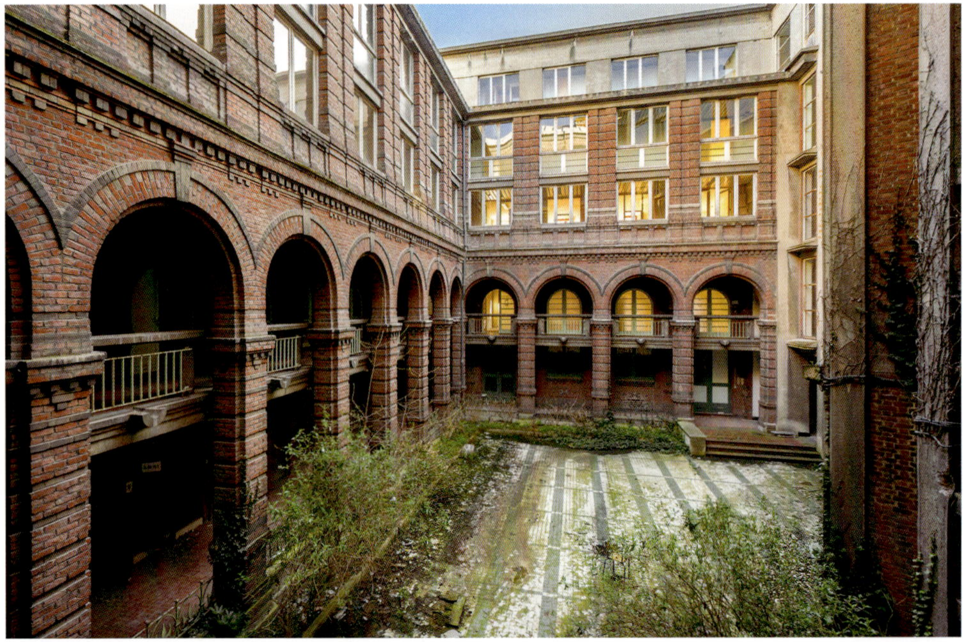
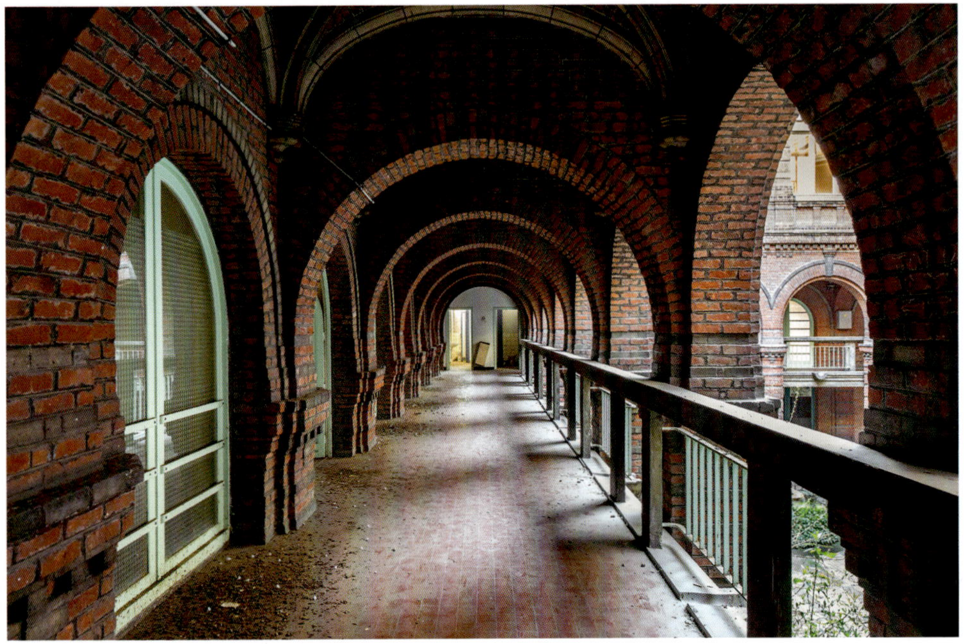
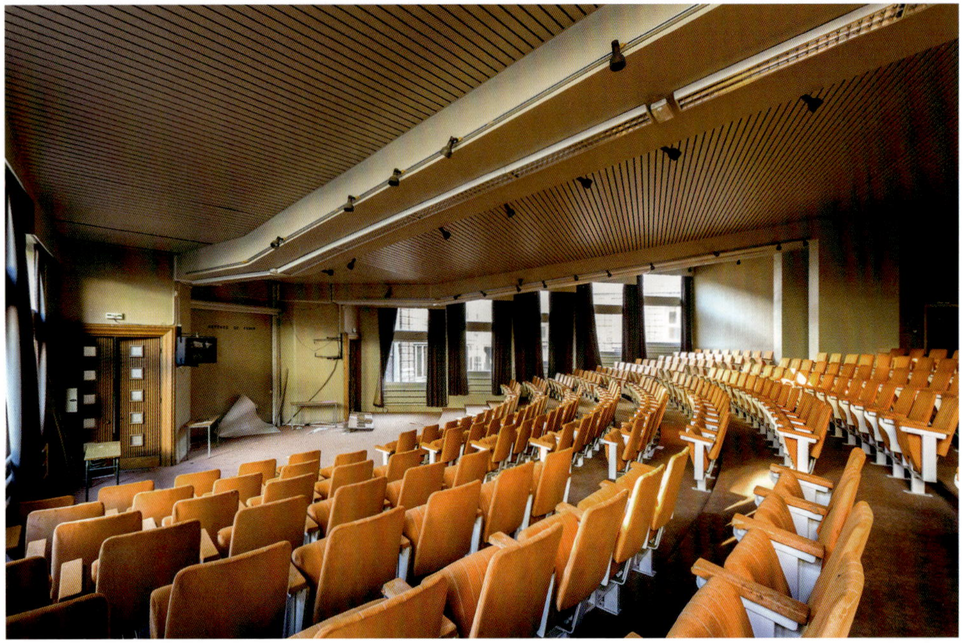

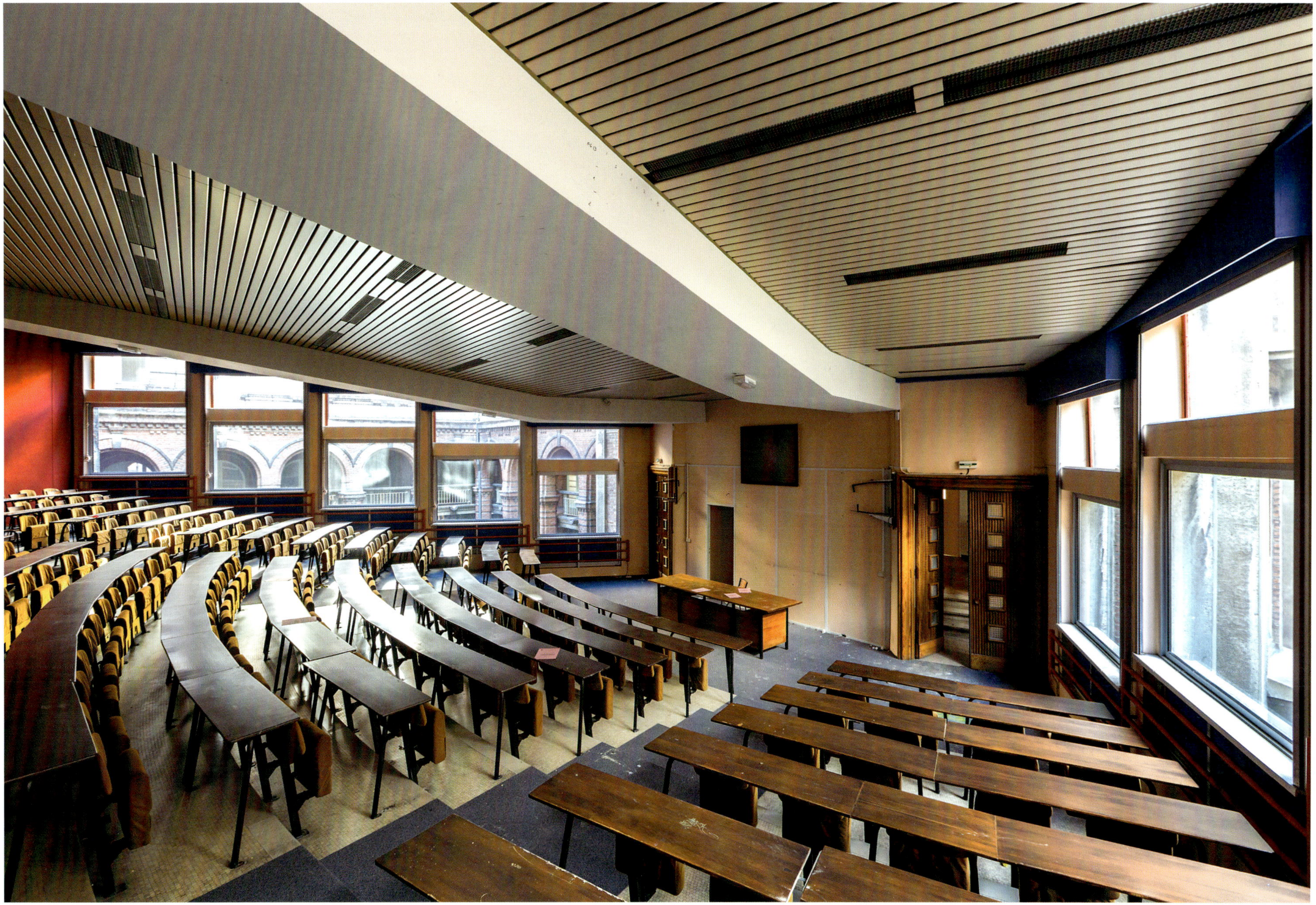

Justizpalast und Filmkulisse • Hauts-de-France

Dieser 650 Quadratmeter große Justizpalast aus dem Jahr 1843, der seit 2007 aufgrund struktureller Gebäudeschäden nicht mehr genutzt wird, bietet zahlreiche historische und kulturelle Referenzen.

Im März 1898 fand hier im Kontext einer nationalen Krise, geprägt von anarchistischen Attentaten, sozialen Streiks und der Dreyfus-Affäre, der Prozess um Louise Ménard unter Vorsitz des „Guten Richters Magnard" statt. Dieser sprach eine arme Mutter, die für sich und ihre kleine Tochter in einer Bäckerei einen Laib Brot gestohlen hatte, vom Vorwurf des Diebstahls frei. Über den Fall und das Urteil, in dessen Folge viele Juristen begannen, eine Notlage als Entlastungsgrund zuzulassen, wurde in Frankreich viel geschrieben. Darüber hinaus diente das unverwechselbare Gebäude in der Geburtsstadt des Schriftstellers und Fabeldichters Jean de la Fontaine (1621–1695) als Kulisse für den Film Rémi – Sein größtes Abenteuer (2018) mit Daniel Auteuil.

Viele, teilweise skurrile Pläne für das Gebäude gelangten nie zur Umsetzung. Heute jedoch liegt der Justizpalast in den selbstlosen Händen von Monsieur Brest, einem Liebhaber von Musik und alten Gemäuern, der seit 30 Jahren aktiver Teil des Gemeindelebens ist und das Gebäude gekauft hat, um es zu renovieren und seiner Leidenschaft zuzuführen: der Musik. Die Wandelhalle, der eindrucksvolle Gerichtssaal und der Ratssaal blieben als Reminiszenz an alte Zeiten erhalten. Die schönen Holzvertäfelungen und alten Wandteppiche, die Deckenrosetten und das Mobiliar befinden sich ebenfalls in ausgezeichnetem Zustand. Eine Sanierung, die dem Gebäude alle Ehre macht.

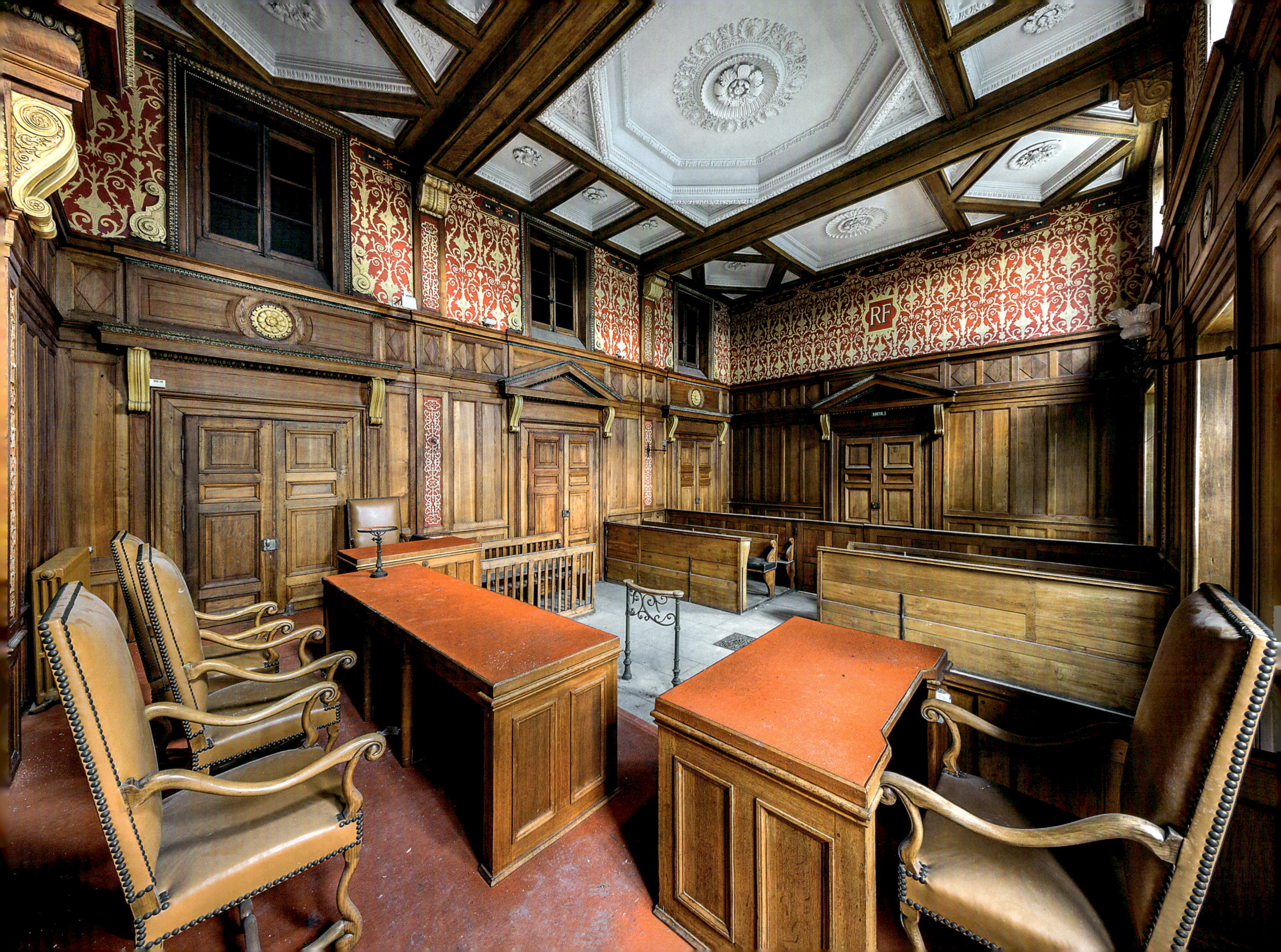
RF

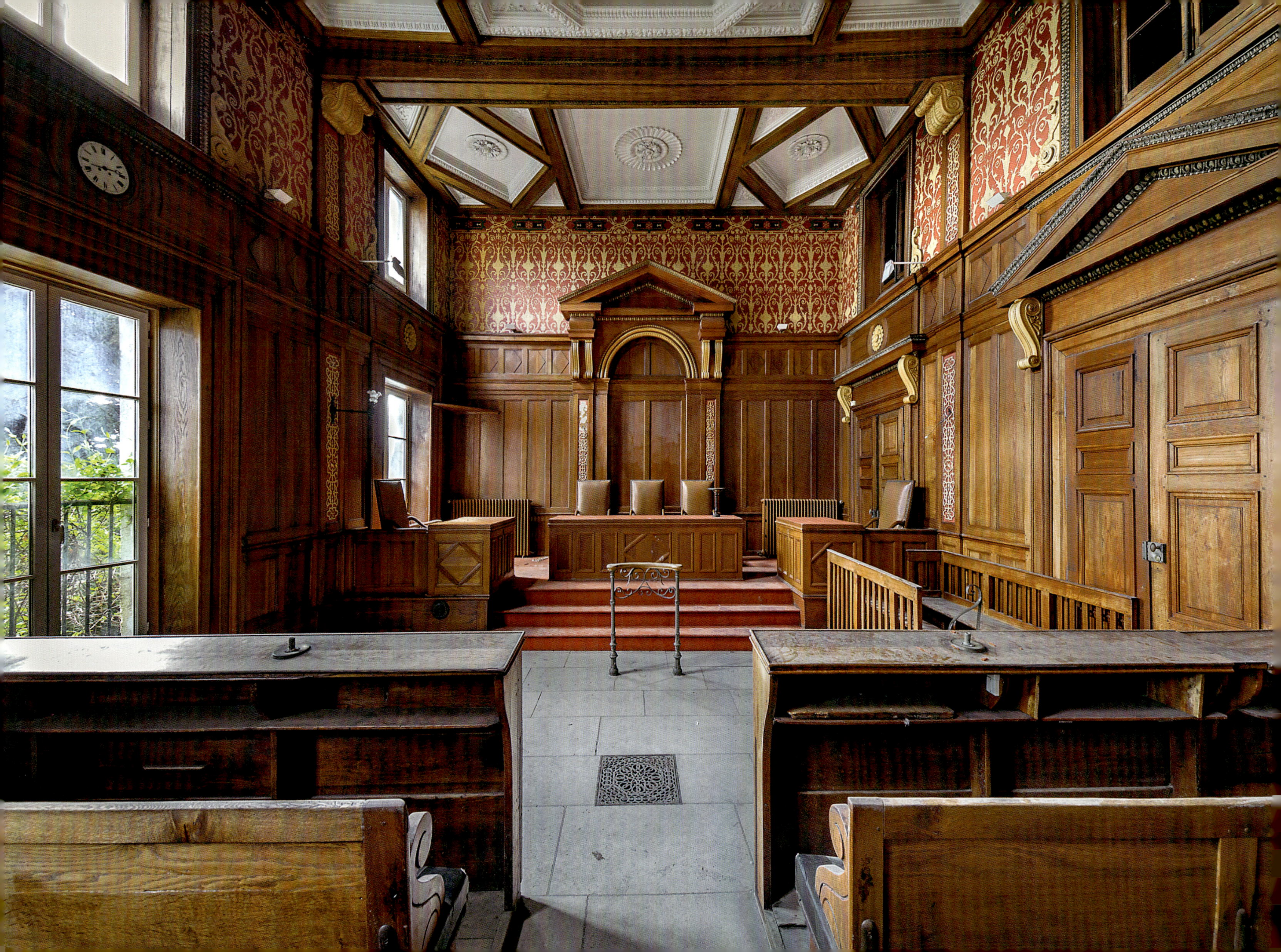

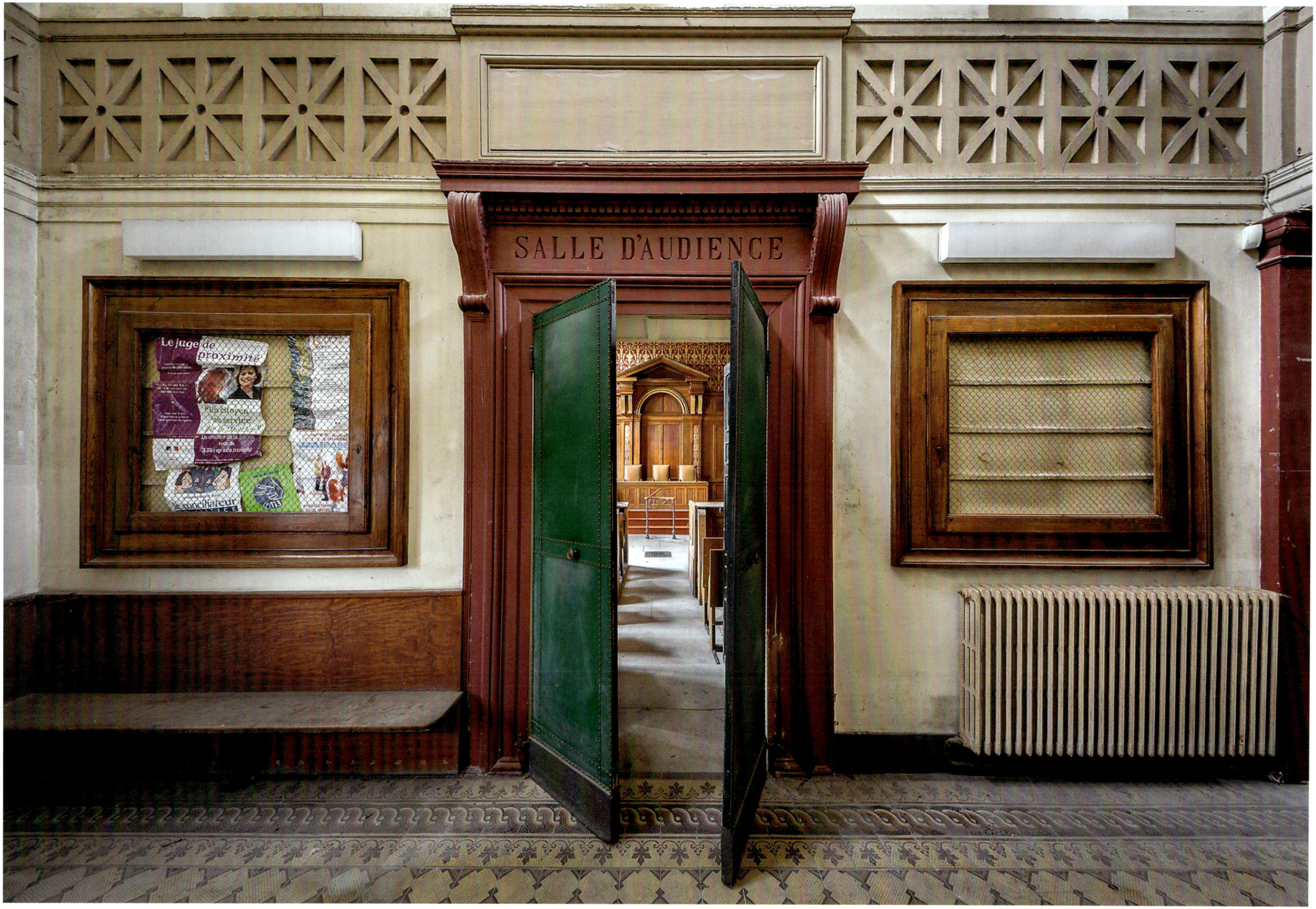
SALLE D'AUDIENCE
Le juge de proximité

Château des Rois • Île-de-France

Erste Hinweise auf ein Bauwerk aus dem Jahr 1377 legen die Vermutung nahe, dass hier bereits damals ein Gutshaus stand. Erst 1504 jedoch findet sich mit Erwerb der Lehen durch Kardinal Georges d'Amboise eine erste Nennung als „Château". Das schöne Gebäude war einst im Besitz der bedeutendsten Familien Frankreichs, allen voran der Familien d'Amboise, de Montmorency und de Rohan, die sich auf dem Anwesen, das viele illustre Staatsmänner von Heinrich II. über Ludwig XIII. bis hin zu Richelieu und Adolphe Thiers anzog, von religiösen und politischen Angelegenheiten erholten. 1867 wurde das durch den Zahn der Zeit geschwächte Gemäuer im Troubadourstil renoviert, der bis heute Garant für seine anhaltende Popularität ist. In der jüngeren Vergangenheit diente es als Kulisse für zahlreiche französische Filme: Mordrezepte der Barbouzes (1964) wurde fast komplett hier gedreht, ebenso wie die Komödie Hurra, die 7. Kompanie ist wieder da! (1975) oder Die Besucher (1993) mit Jean Réno und Christian Clavier.

Das Anwesen samt seiner Nebengebäude sowie die einzigartigen Gewächshäuser stehen seit 1984 unter Denkmalschutz. Im Inneren umfängt einen eine außergewöhnliche, mit Geschichte und Erinnerungen aufgeladene Atmosphäre. Beinahe würde man erwarten, nach der Mode vergangener Zeiten gekleidete Menschen durch die Räume wandeln zu sehen. Das auf einer rechteckigen Insel errichtete Schloss ist von Wassergräben umgeben. Rundherum wurde, anders als bei anderen damaligen Bauten, bei denen das Wasser bis an die Mauern heranreichte, ein Grünstreifen angelegt. Zwei Brücken dienen als Verbindung zu den Ländereien des Anwesens, eine in einer Achse mit dem Vorbau und dem Ehrenhof, eine zweite an der Ecke der kleinen Insel in Richtung der südlich gelegenen Gärten. Leider hat die internationale Investorengruppe, die Eigentümerin des Anwesens ist, dieses in den letzten fünfzehn Jahren weitgehend sich selbst überlassen, sodass sich mit dem Hausschwamm ein äußerst ungebetener Gast eingenistet hat. Wenngleich es von außen nicht so aussieht, ist dieser bemerkenswerte Ort doch im Verfall begriffen und bedarf zu seinem Erhalt dringender Schutzmaßnahmen!

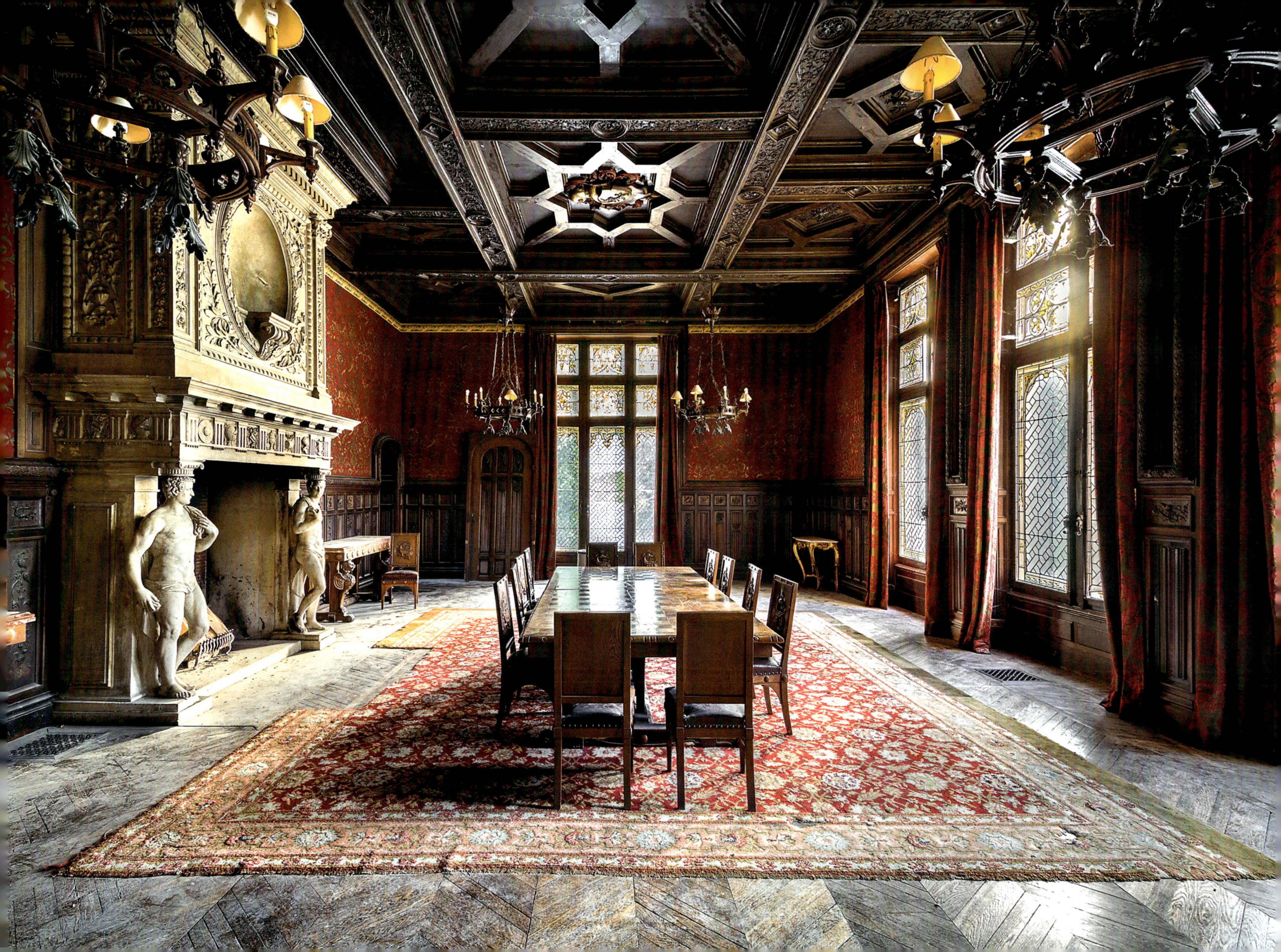

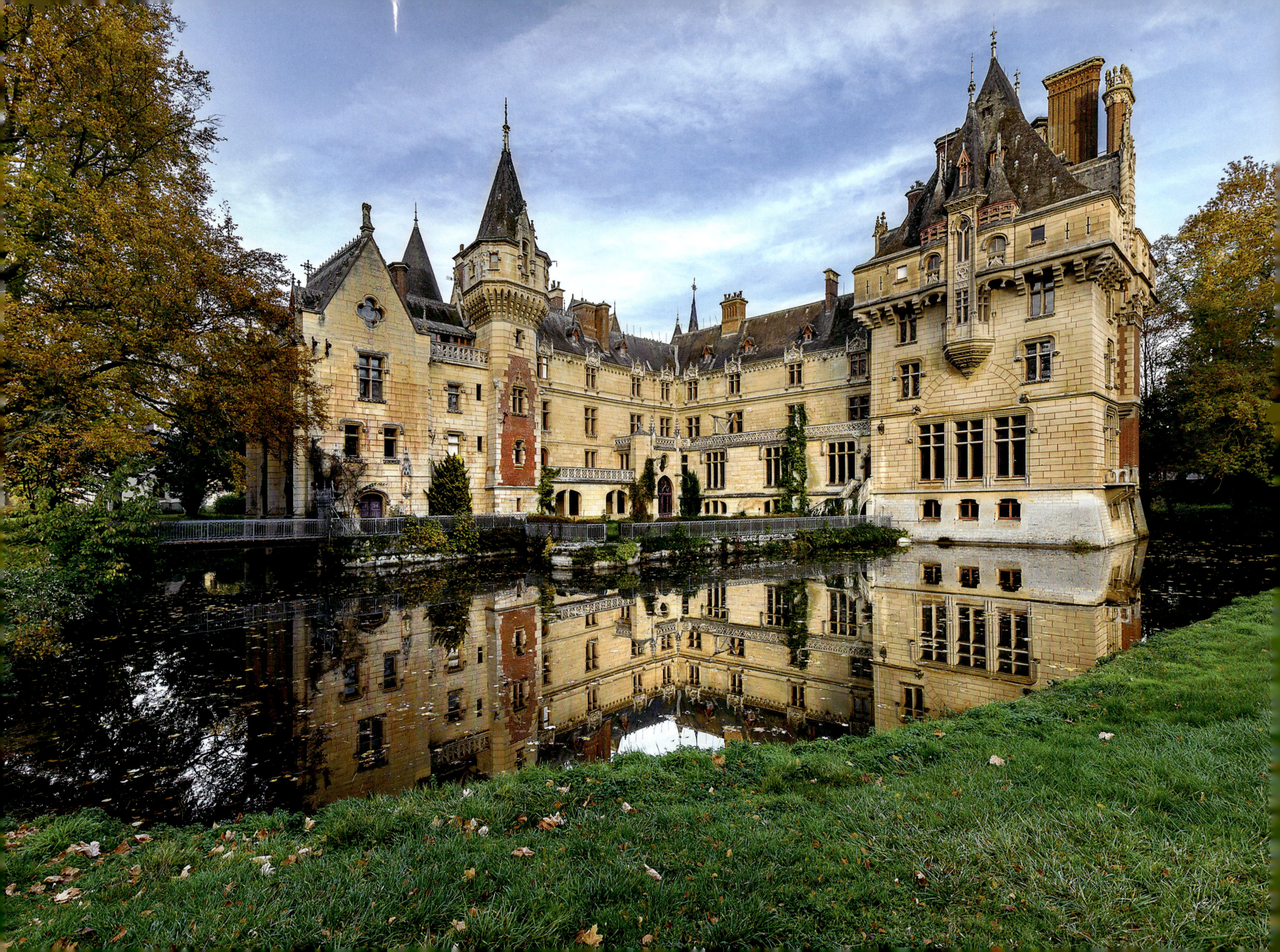

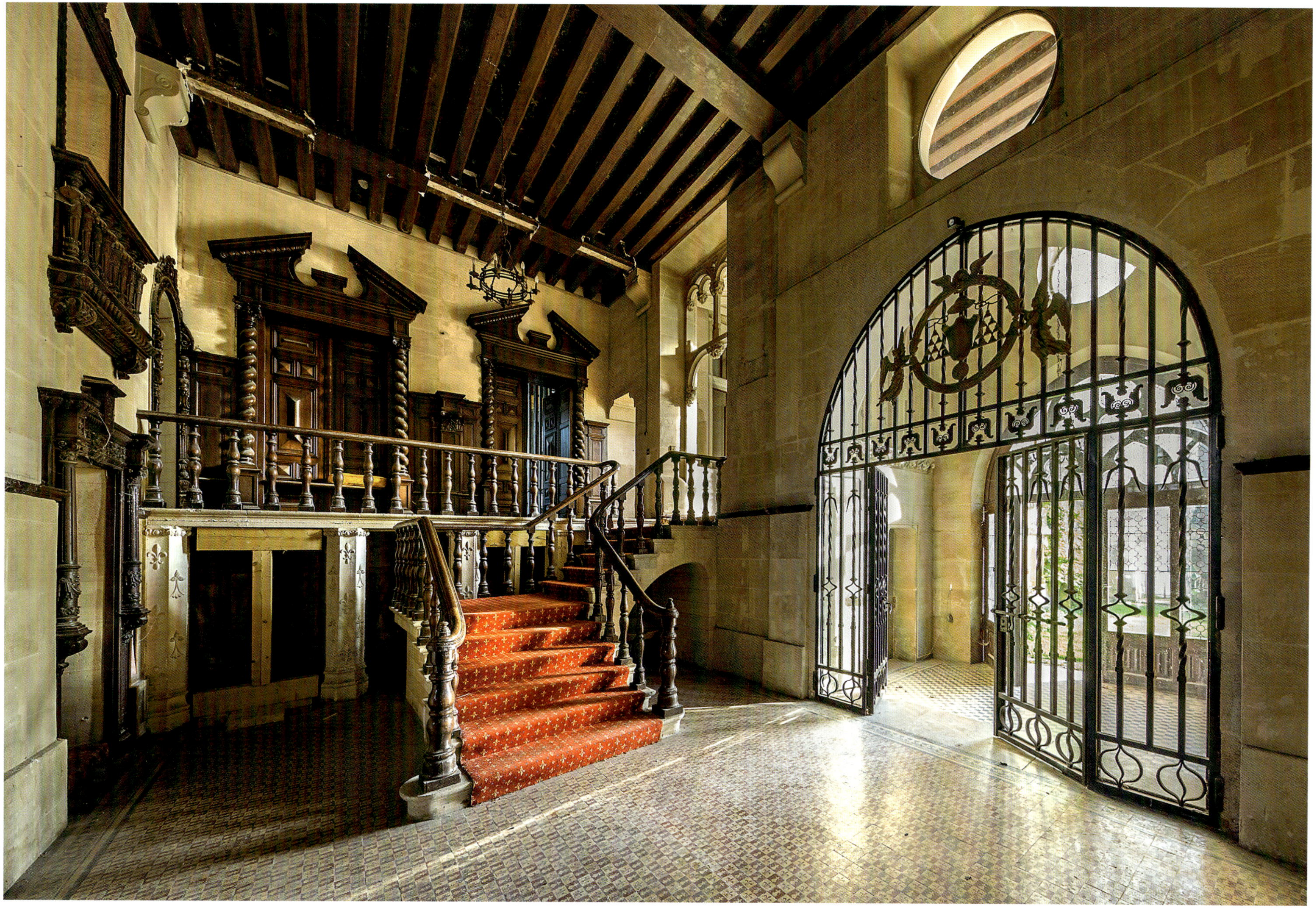

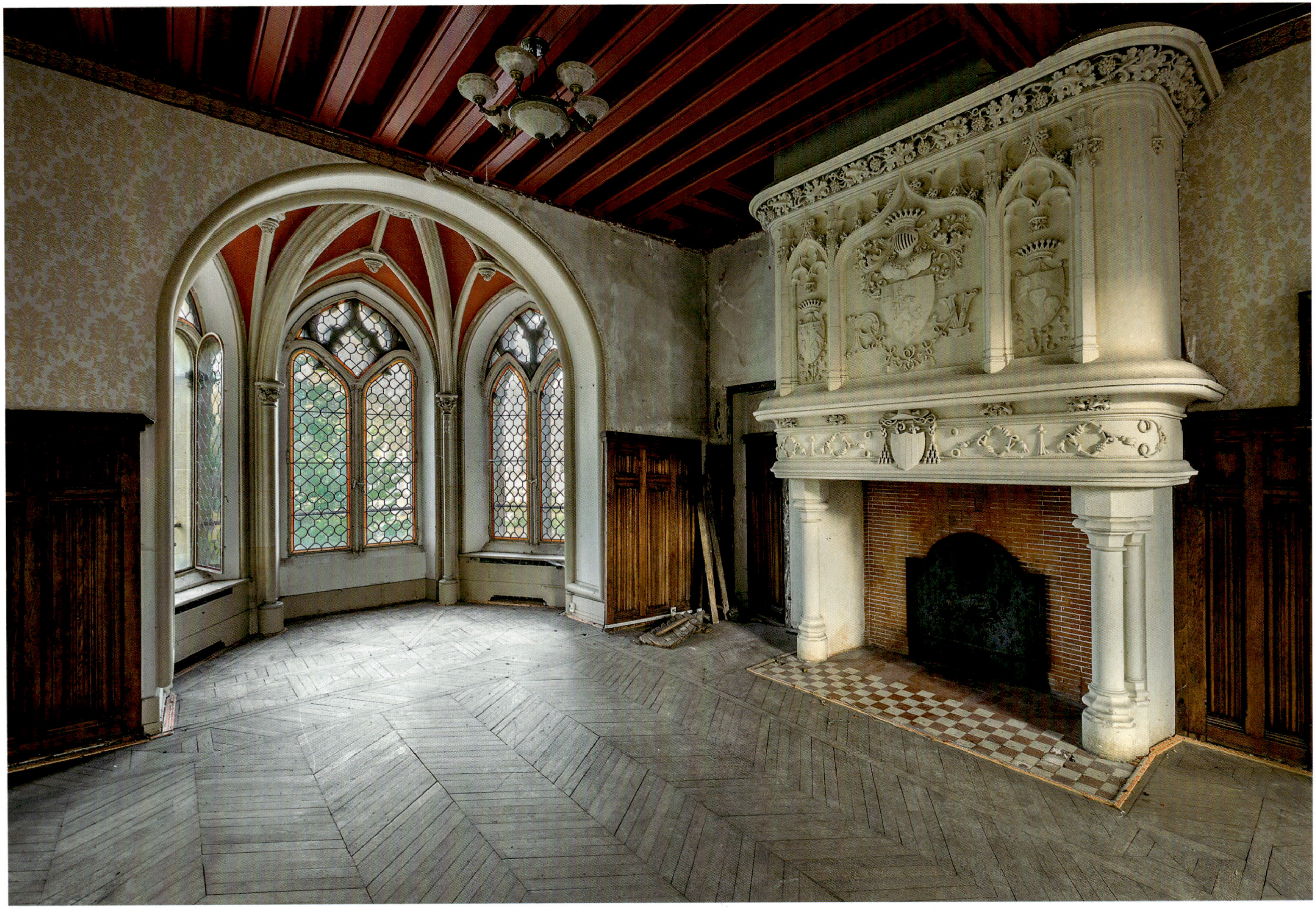

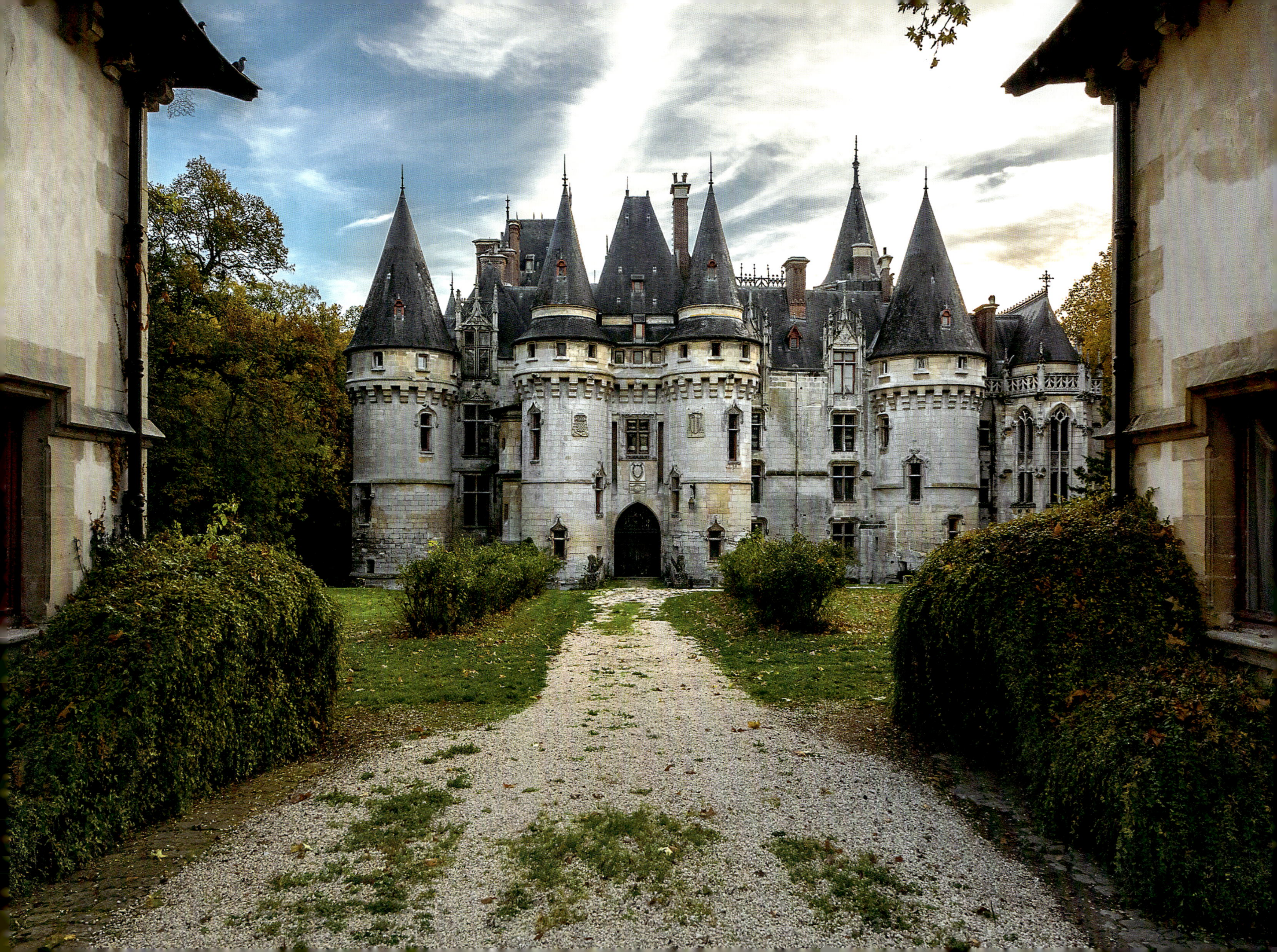

Château Moulinsart • Île-de-France

Die majestätische Residenz liegt mitten in einem vierzig Hektar großen, waldbestandenen Park. Im 19. Jahrhundert wurde sie im Louis-XIII-Stil errichtet und beherbergte in früheren Zeiten die französische Hochschule für Feuerwehroffiziere. Bis 2007 war das Anwesen im Besitz des Innenministeriums und ich hatte das Glück, es besichtigen zu können, lange bevor es seiner neuen Bestimmung zugeführt wurde.

Das Entrée empfängt einen in glanzvoller Pracht mit einem im schwarz-weißen Schachbrettmuster gekachelten Boden und einer monumentalen Marmortreppe. An deren Ende thront eine Galerie mit schmiedeeisernem Geländer und eingesetzten Bronzeelementen. Die Böden und Decken der oberen Stockwerke zieren schöne Holzeinlegearbeiten, deren honigfarbene Tönung den Räumen ein warmes Ambiente verleiht.

2019 wurde die Residenz für über drei Millionen Euro an Privatanleger verkauft. Die neuen Eigentümer, passionierte Liebhaber des französischen Kunst- und Kulturerbes, verbrachten all ihre Abende, Wochenenden und Feiertage mit Aufräum- und Renovierungsarbeiten. Mit viel Schweiß und Mühe gelang es ihnen, dem Schloss seinen früheren Glanz zurückzugeben. Heute finden auf dem prestigeträchtigen Anwesen Unternehmensempfänge, Hochzeiten und andere Feierlichkeiten statt.

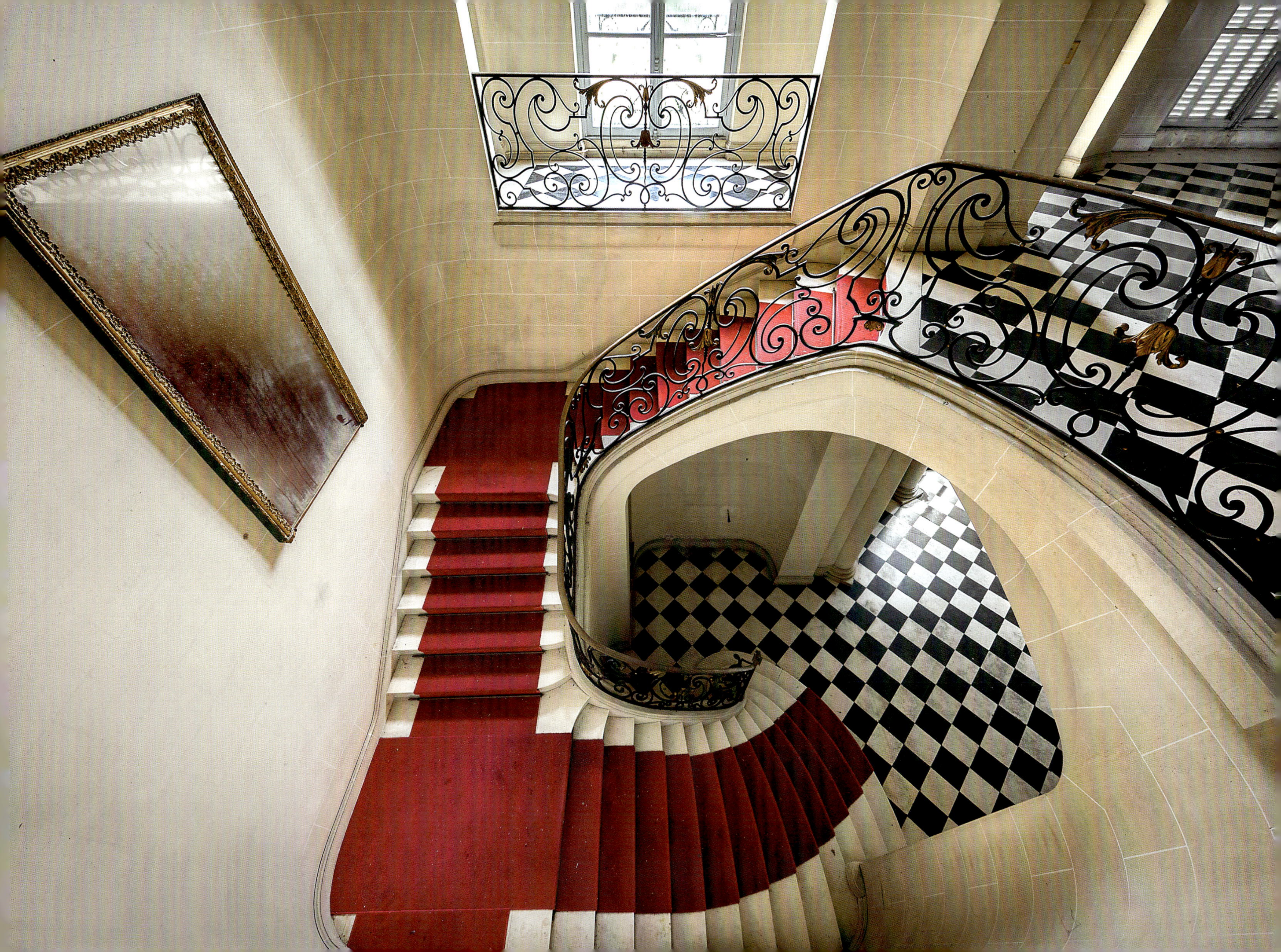

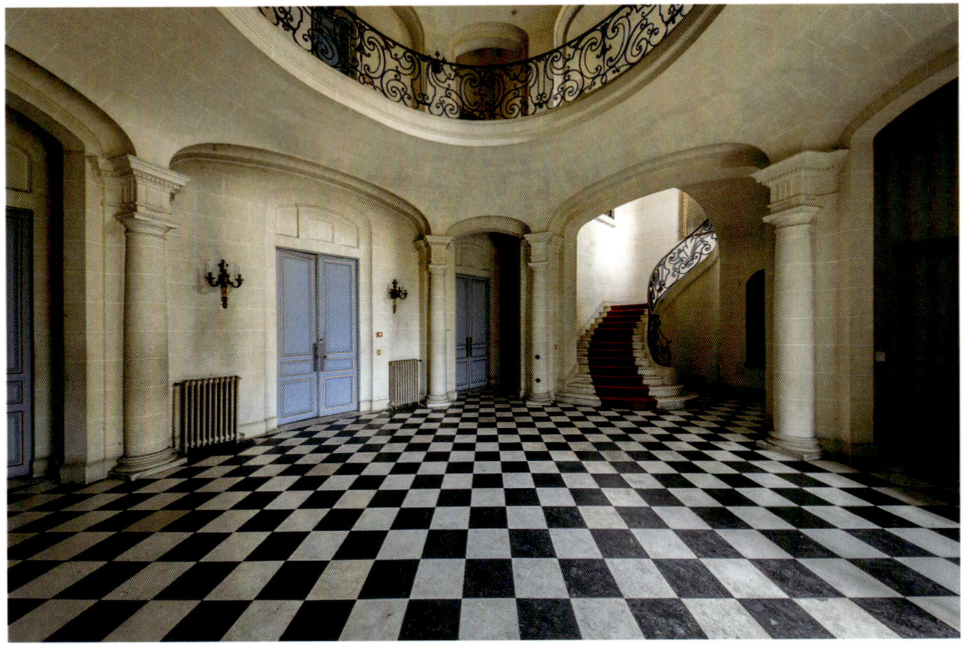

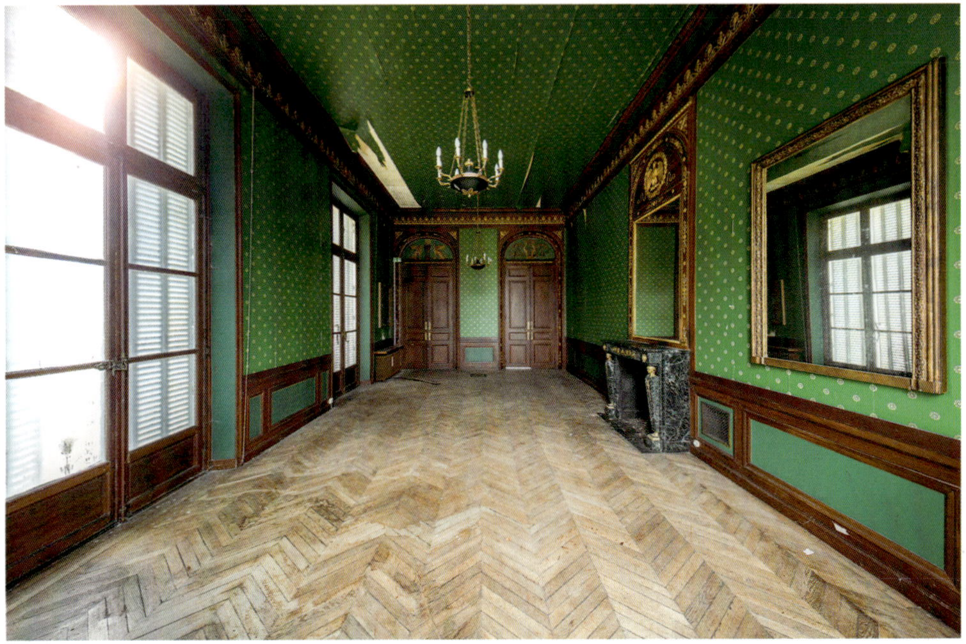

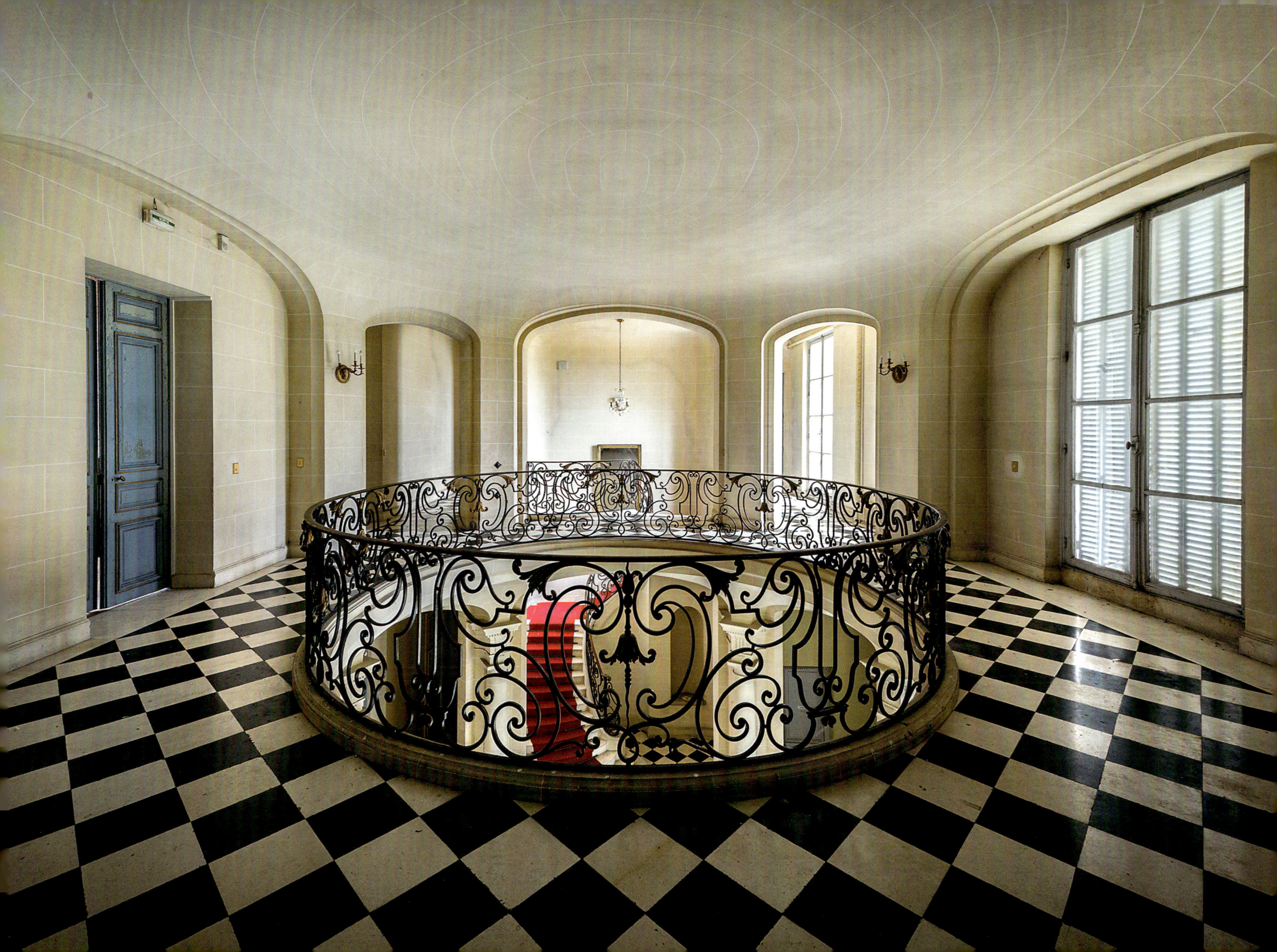

Château Cluedo • Île-de-France

Im Laufe des 5. Jahrhunderts gründeten die Franken in der Region zahlreiche Siedlungen. Unter Erde und Vegetation kamen in diesem seit dem 13. Jahrhundert erwähnten Weiler Spuren mehrerer antiker Straßen und Bauten zum Vorschein. Am Standort eines früheren Gutshauses namens „La maison du chemin" (Das Haus am Weg) entstand 1760 nach Entwürfen des Architekten Saget des Louvières ein herrschaftliches Anwesen, in dem ein Vicomte und mehrere Gutsherren aus der Gegend residierten.

Über die gesamte Länge des großen Gebäudes erstreckt sich ein offener Dachstuhl. Gleich im Entrée stellt man fest, dass die Einrichtung zwar stilvoll, aber doch bunt zusammengewürfelt wirkt: haufenweise Tische, große Wandgemälde, raumgreifende Spiegel, ausgestopfte Vögel auf Kaminsimsen und verschiedenste andere Objekte, die vor Ewigkeiten zurückgelassen wurden. Der Salon weckt besonders das Interesse. Der letzte Eigentümer war Maler und verewigte seine Werke bevorzugt auf Leinwänden. Dutzende Skizzen und Zeichnungen liegen auf dem Boden seines Ateliers verstreut; die gelungensten Arbeiten hängen überall in den Zimmern.

Heute ist das Haus unbewohnt. Bei meinem Besuch quoll der Briefkasten über und an der Grundstücksmauer klebte ein Pfändungsbescheid. Heute, da ich diese Zeilen schreibe, ist das Objekt teilweise saniert und wird für Empfänge vermietet. Mit den Einnahmen sollen weitere Renovierungsarbeiten finanziert werden. Gute Neuigkeiten für dieses wunderbare Gebäude!

LE FONDEMENT DE LA VIE
PSYCHIQUE ET SOCIALE
ART
SCIENCE
PHILOS.
THEOL.

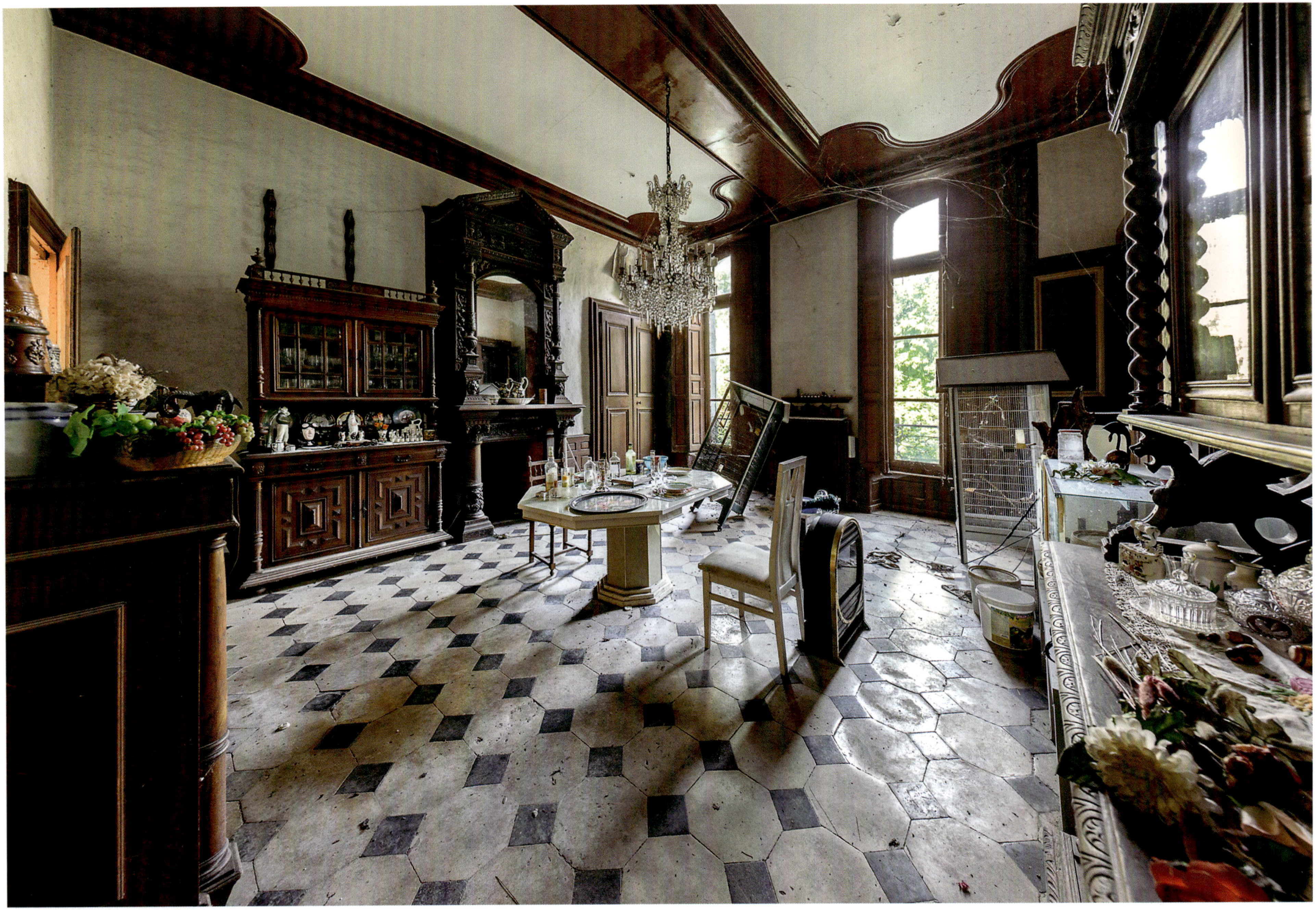

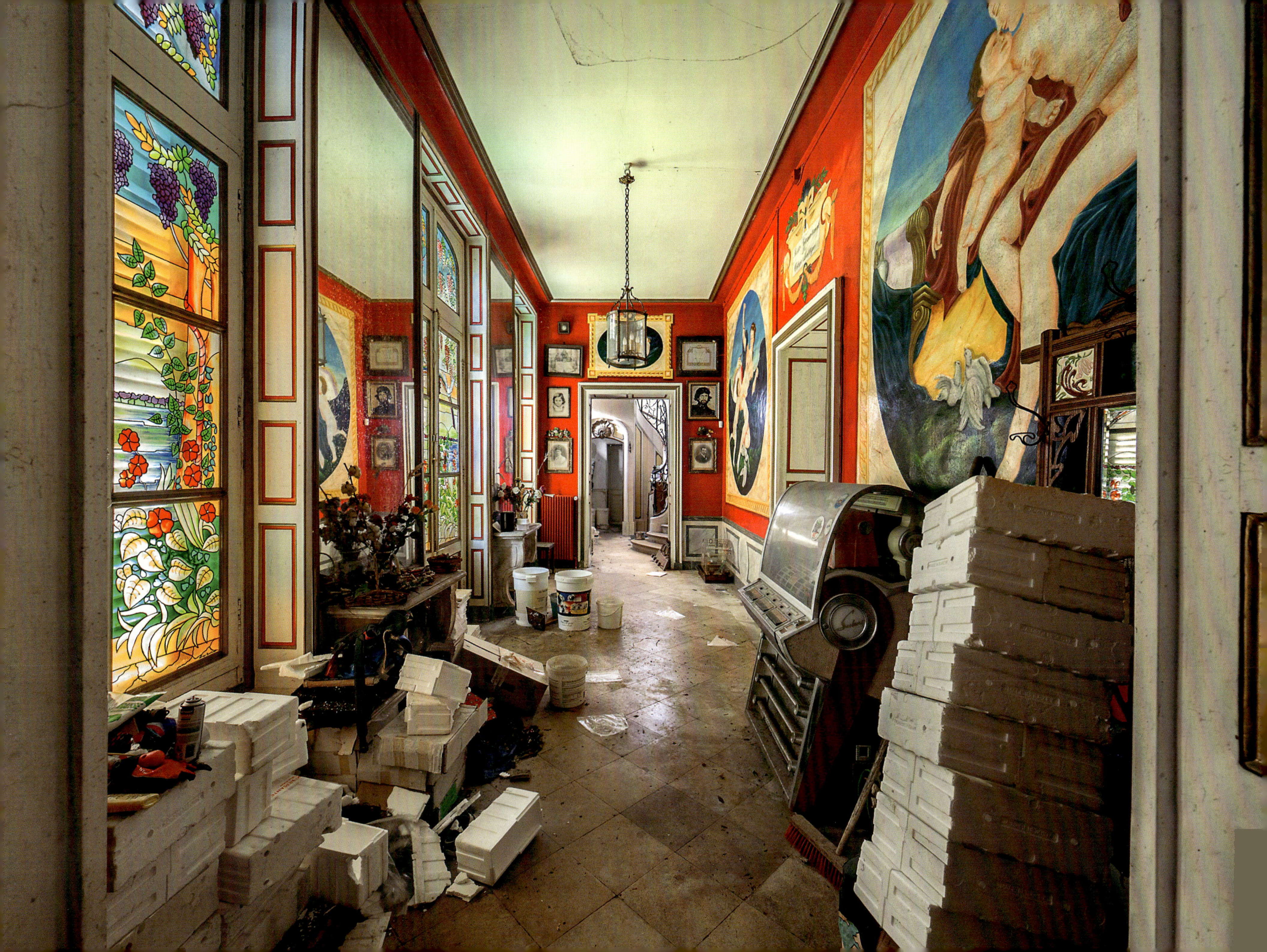

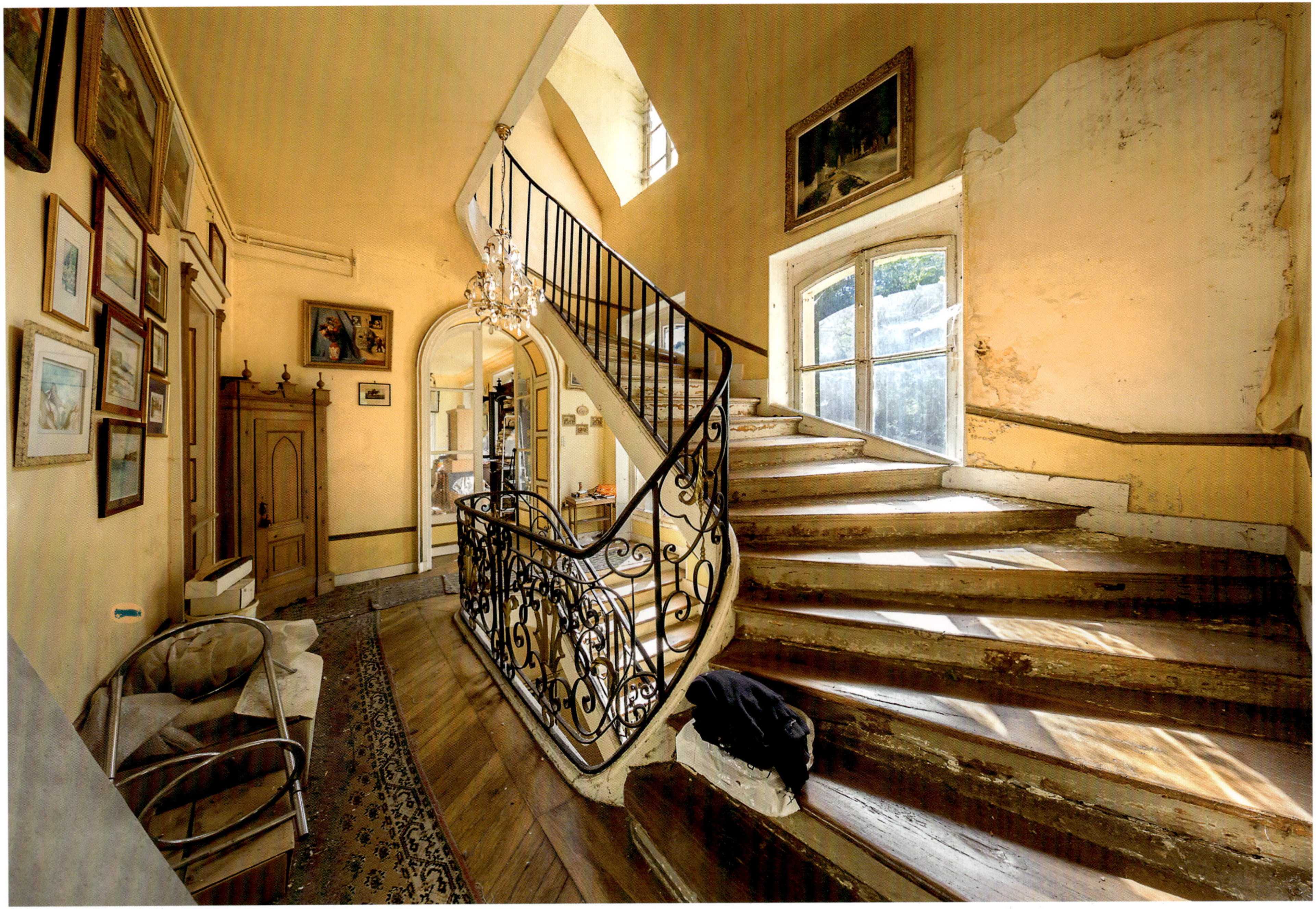

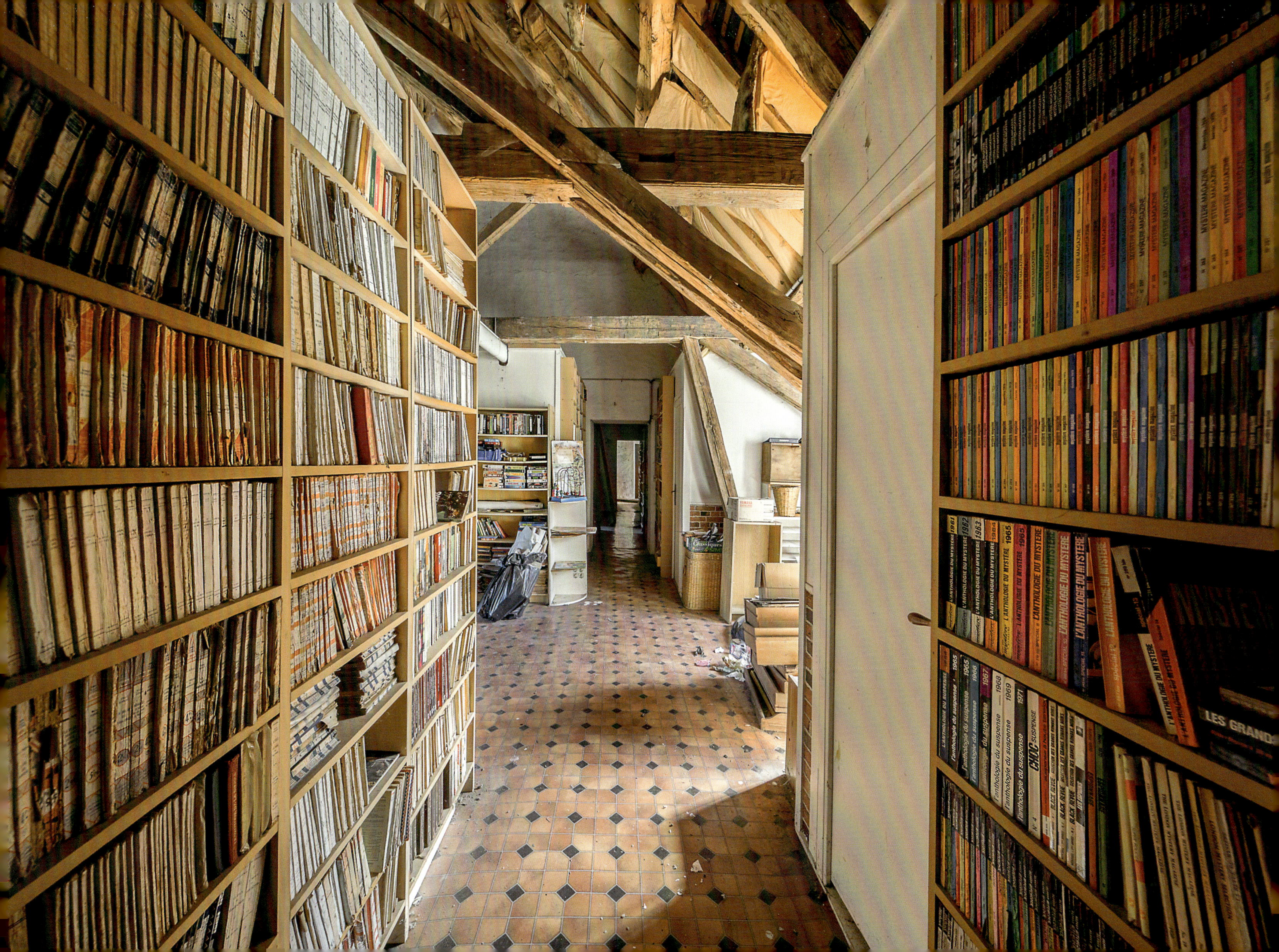
L'ANTHOLOGIE DU MYSTÈRE
LES GRANDS
CHOC SUSPENSE

Château Verdure • Île-de-France

In einem wohlhabenden französischen Vorstadtviertel verbirgt sich hinter einer hohen Mauer dieser in den 1930er-Jahren erbaute Wohnsitz, der hier – seit den 1990er-Jahren in völlige Vergessenheit geraten – heimlich, still und leise verfällt.

Die Eingangshalle des Gebäudes ist seine Hauptattraktion. In einer Nische unter der steinernen Aufgangstreppe thront ein alter, eingestaubter Flügel. Sein einstiger Glanz ist verblasst und der Lack blättert nach Jahren der Verwahrlosung ab, doch die durch die Doppelflügelfenster einfallende Sonne wirft ein schönes, sanftes Licht auf die Tasten. Vom Treppenabsatz im ersten Stock aus bietet sich ein fantastischer Blick auf das Instrument, wie es stolz, scheinbar eskortiert von der sanft geschwungenen Silhouette des schmiedeeisernen Treppengeländers, auf dem schwarz-weiß gekachelten Boden der Eingangshalle steht. Einfache Holzgerüste stützen das, was vom oberen Stockwerk übrig geblieben ist. Das ist, abgesehen von zwei Stühlen und zerrissenen Vorhängen, nicht viel. Die Decken sind eingestürzt, in einigen Räumen und den von Tauben in Beschlag genommenen Türmchen türmt sich der Schutt, der Boden gleicht einem verdreckten Hühnerstall. Das Gebäude befindet sich in bemitleidenswertem Zustand. In der Vergangenheit gab es hier und da Versuche, die Bausubstanz zu retten, doch dieses Thema scheint heute vom Tisch zu sein. Und so werden die Tauben, die sich hier niedergelassen haben, wohl seine einzigen Bewohner bleiben, bis es unter der schweren Last der Zeit endgültig zusammenbricht.

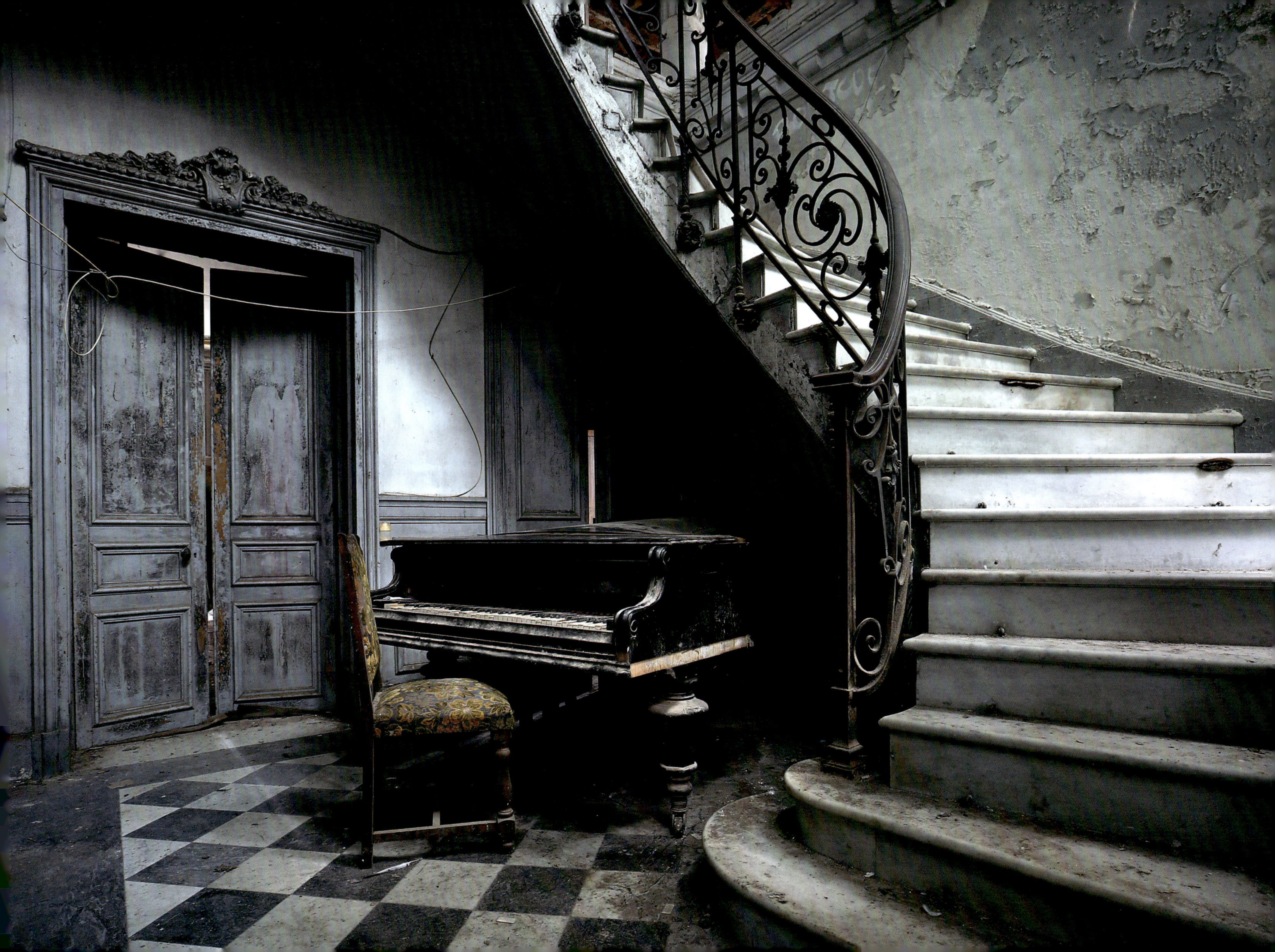

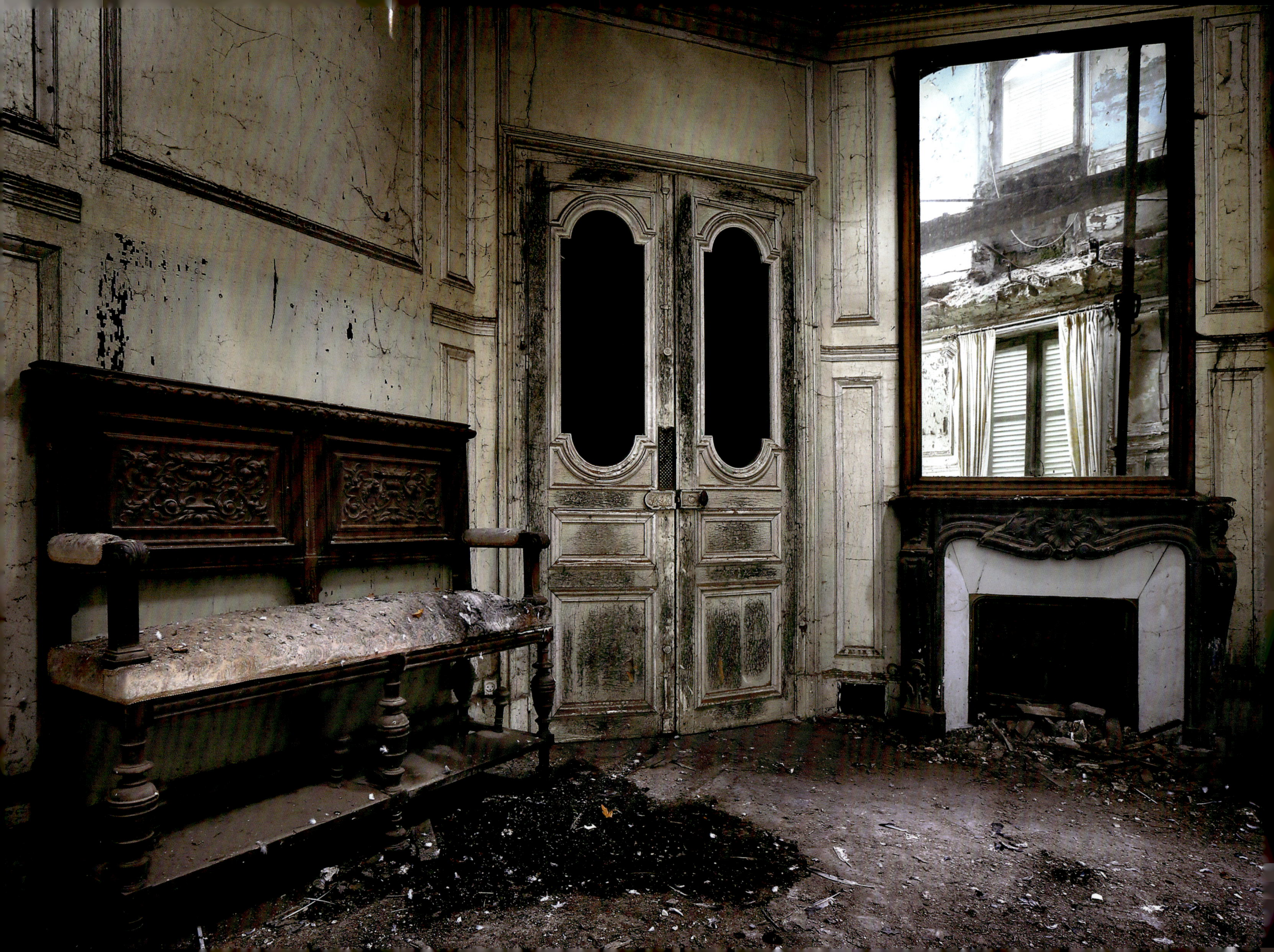

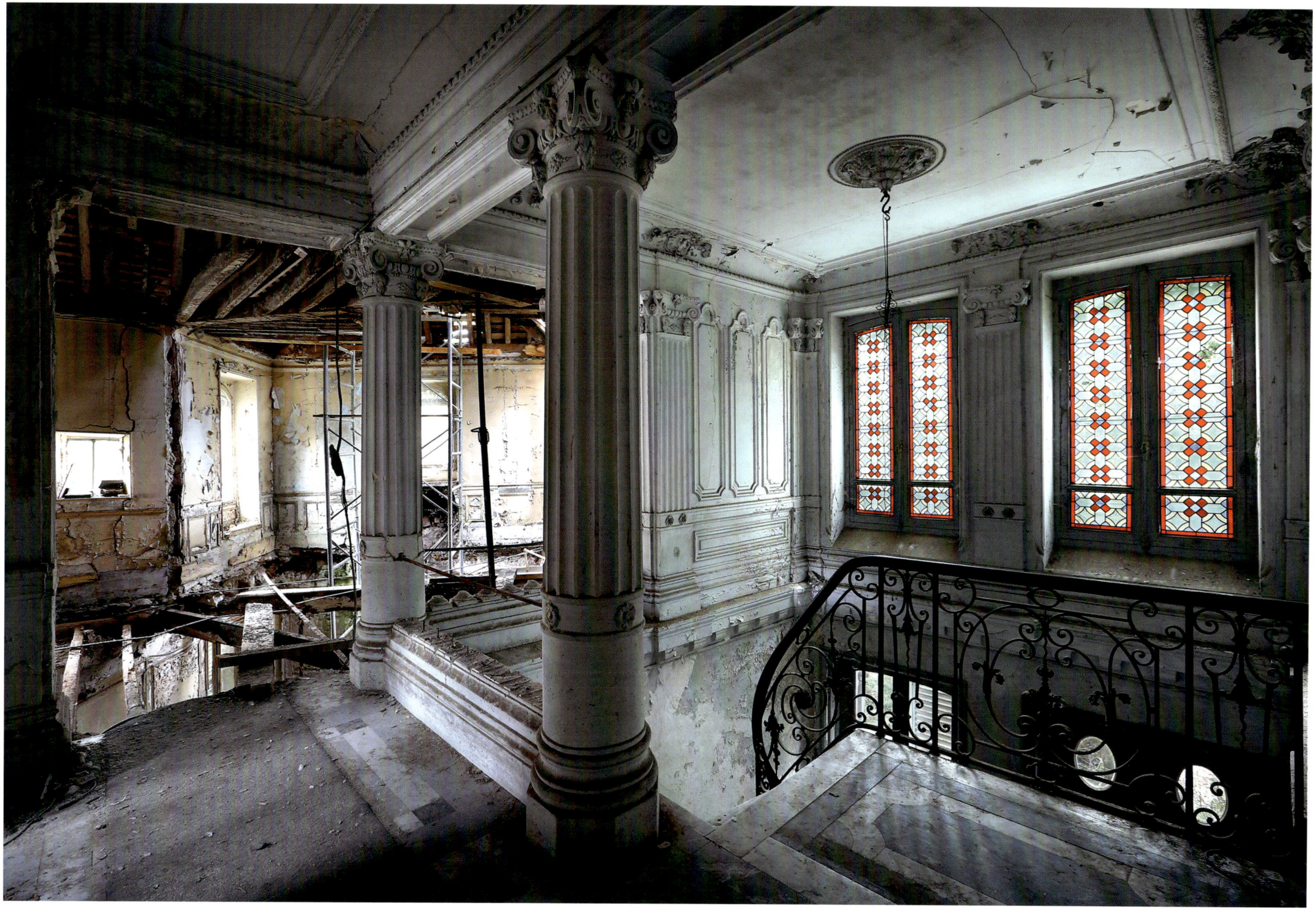

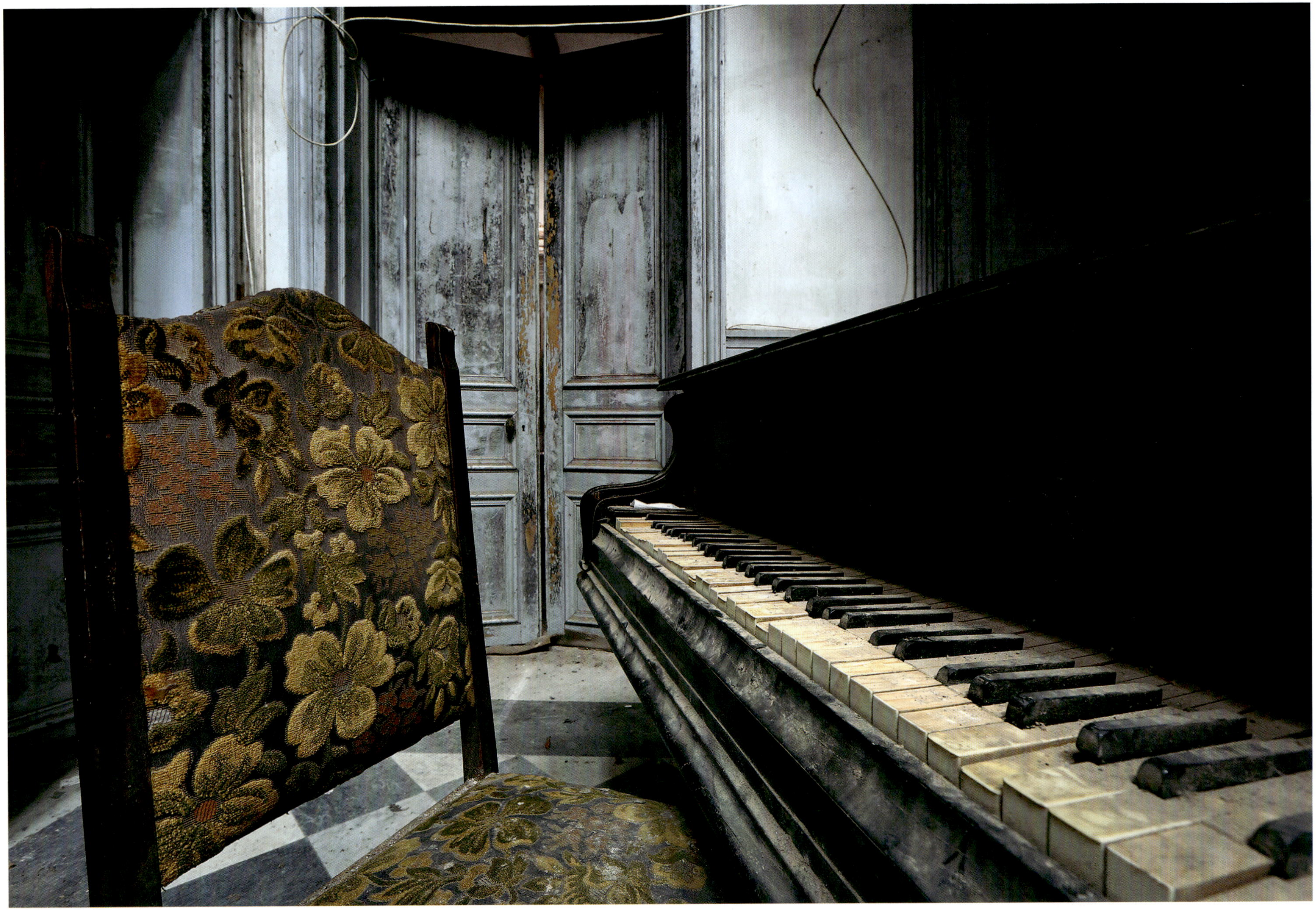

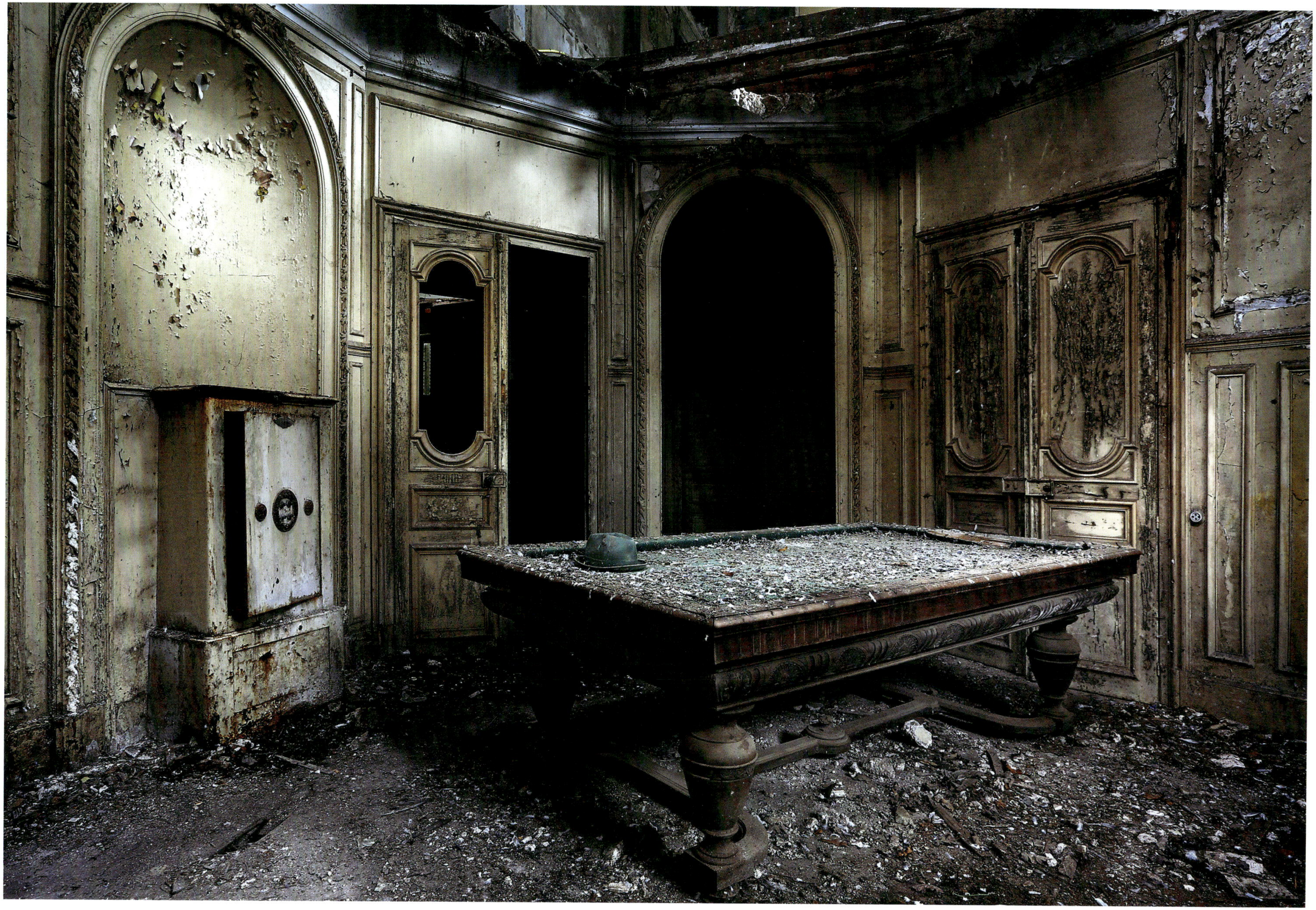

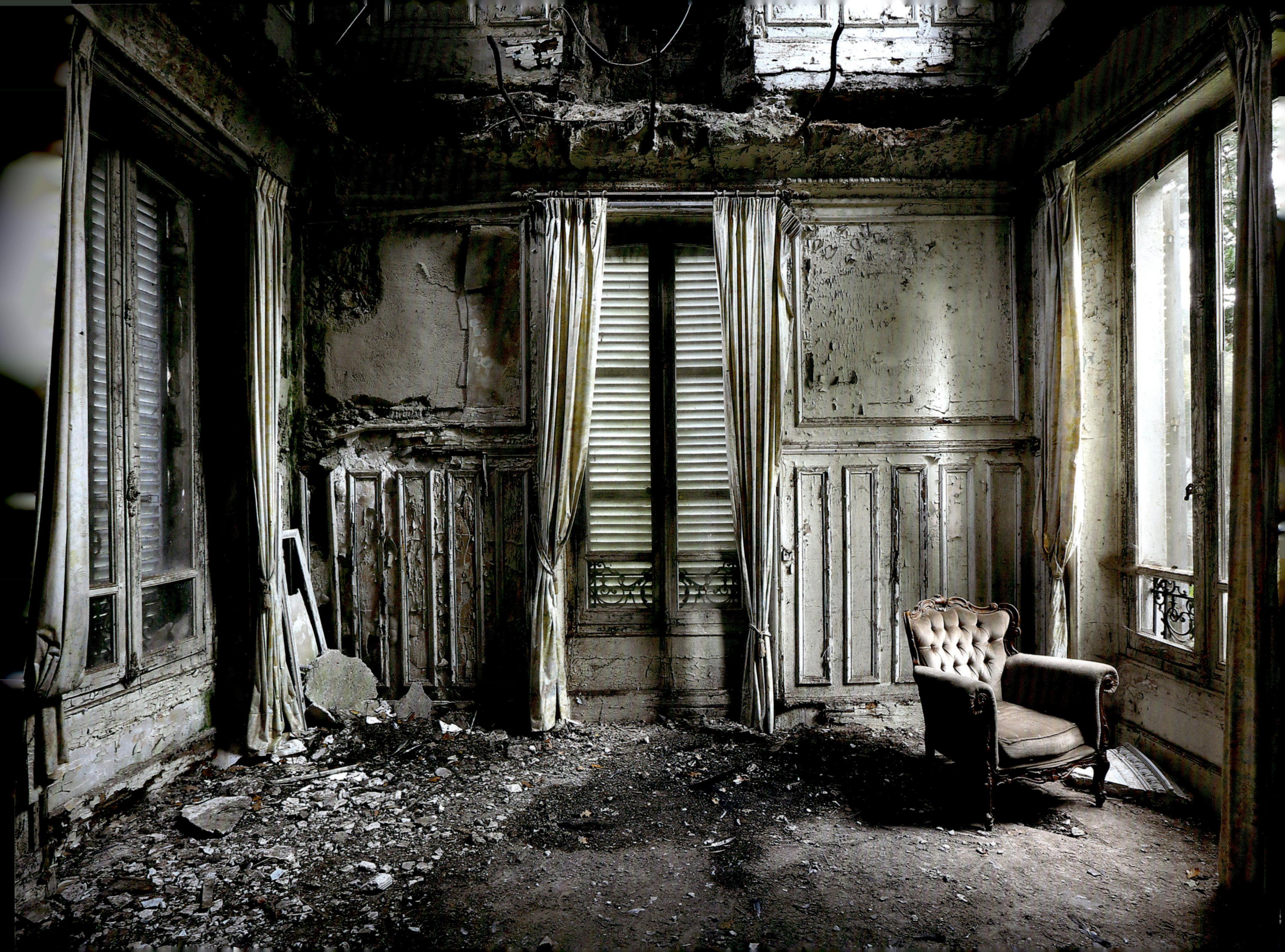

67

Historische Filmkulisse • Île-de-France

Die französische Historien-Serie *Un village français – Überleben unter deutscher Besatzung* zeichnet die Chronologie der deutschen Besatzung in einem kleinen, fiktiven Dorf im Jura unweit der Demarkationslinie nach. Die letzten Folgen der abschließenden Staffel wurden 2009 in einer noch aktiven Sägerei gedreht, in der Bühnenbildner mit viel Fingerspitzengefühl verschiedene Räume im Stil vergangener Zeiten eingerichtet haben. Es dauerte mehrere Monate, um alles, von der falschen Schmiede über die Werkräume bis hin zu den Umkleiden, authentisch nachzubilden.

Allein an der Lehrerwohnung aus dem Jahr 1943, dem Kommissariat und dem Dienstmädchenzimmer im ersten Stock arbeitete ein 20-köpfiges Team zehn Tage lang. Die gesamte Einrichtung stammt original aus der ersten Hälfte des 20. Jahrhunderts und wurde Stück für Stück im ganzen Land zusammentragen. Schränke, die sich nicht öffnen lassen, Treppen ins Nirgendwo, Betonmauern aus einfachen Holzbrettern. Der Parkettboden ist aus Linoleum, auf manche Böden wurden Fliesen aufgemalt, die Wandfarben sind künstlich auf alt getrimmt. An den Decken nichts, außer ein einsam herabhängender Scheinwerfer ... Die Wirkung ist atemberaubend!

Die Szenerie nimmt mich gefangen und ich tauche ein in eine andere Zeit und das Gefühl, mitten in den Dreharbeiten zu stecken. Schließen Sie die Augen – hören Sie auch das Stampfen der Stiefel von Wehrmachtssoldaten? Ruhe! Kamera läuft!

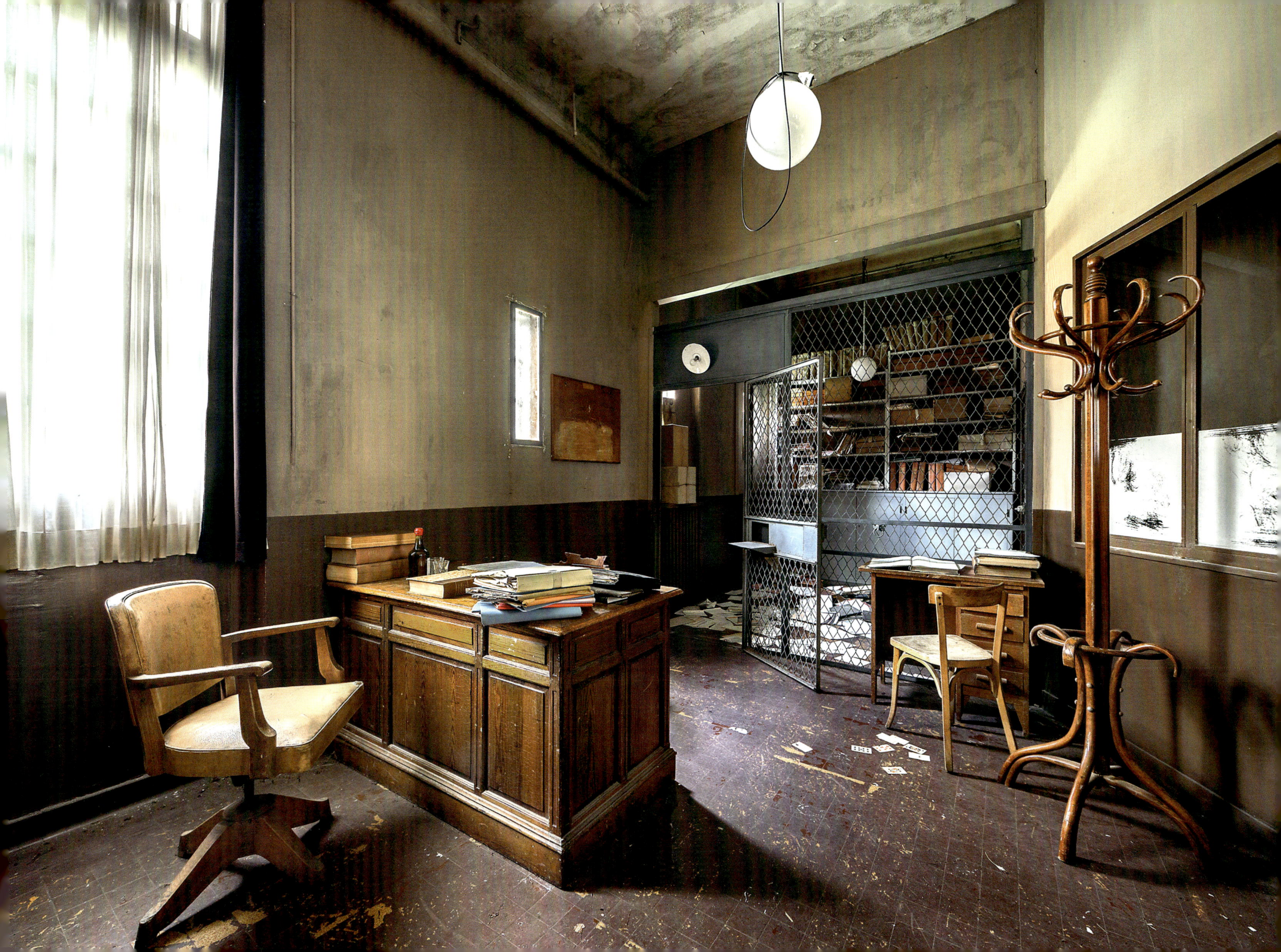

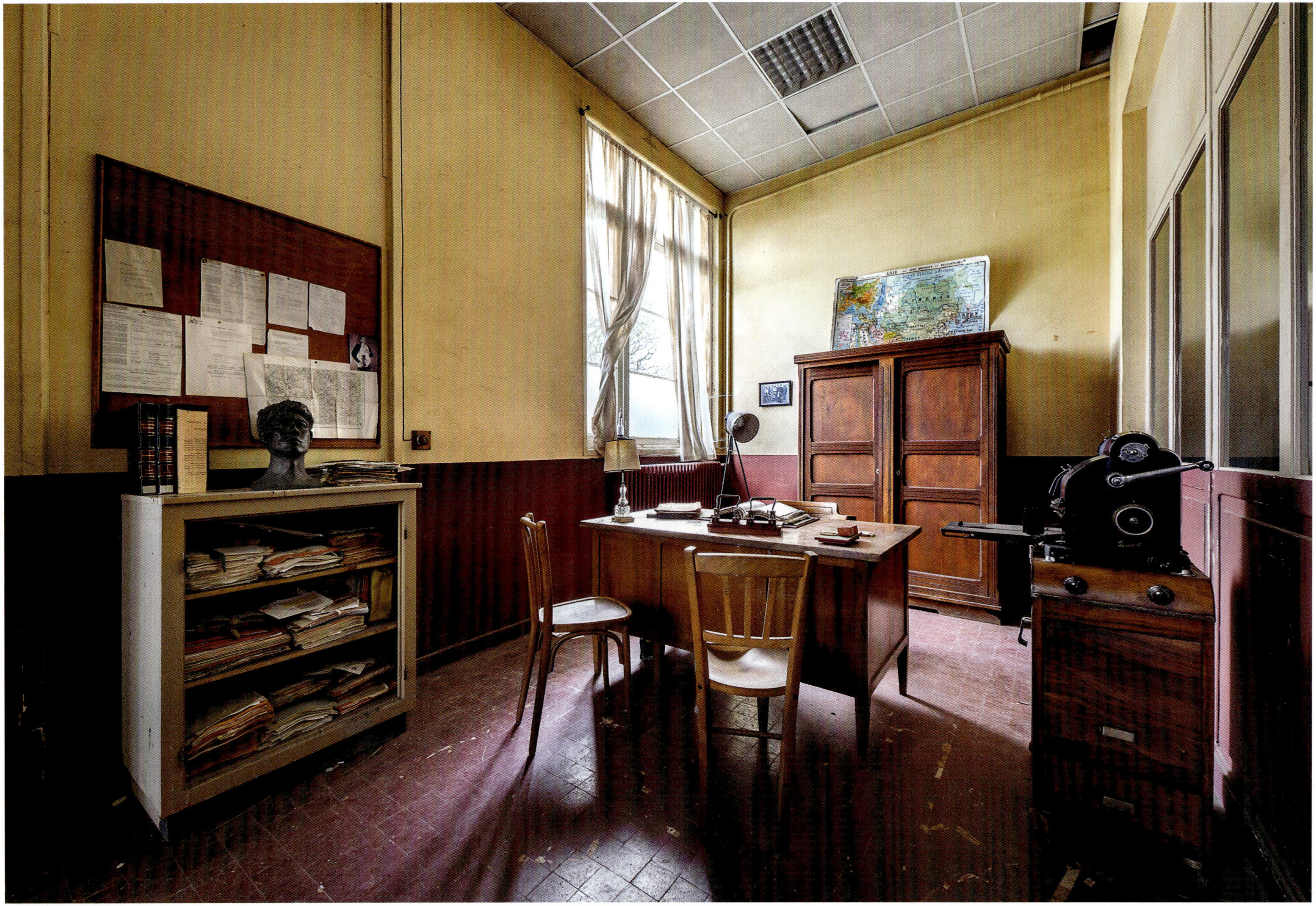

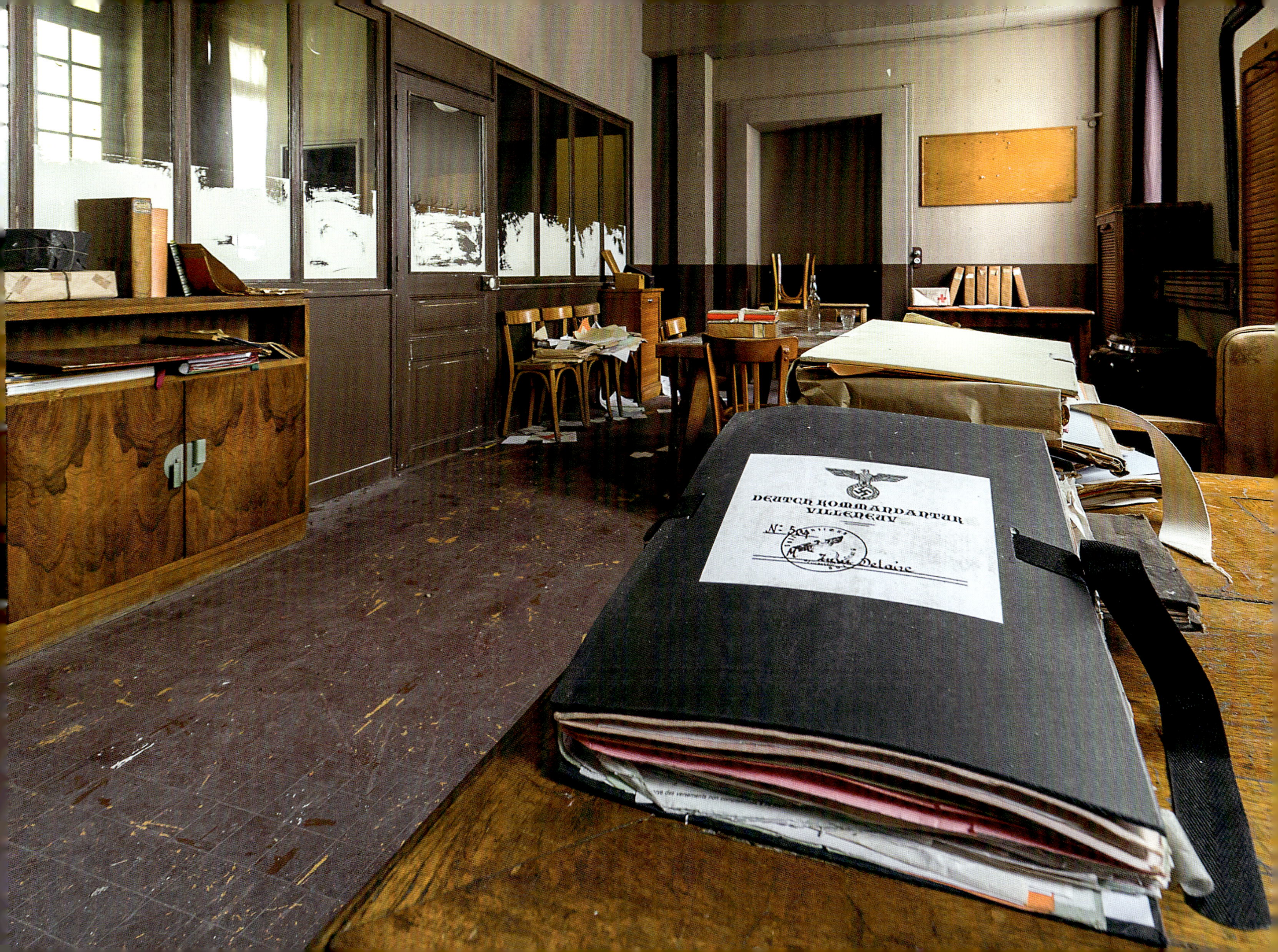
DEUTCH KOMMANDANTUR
VILLENEUV
Delaire

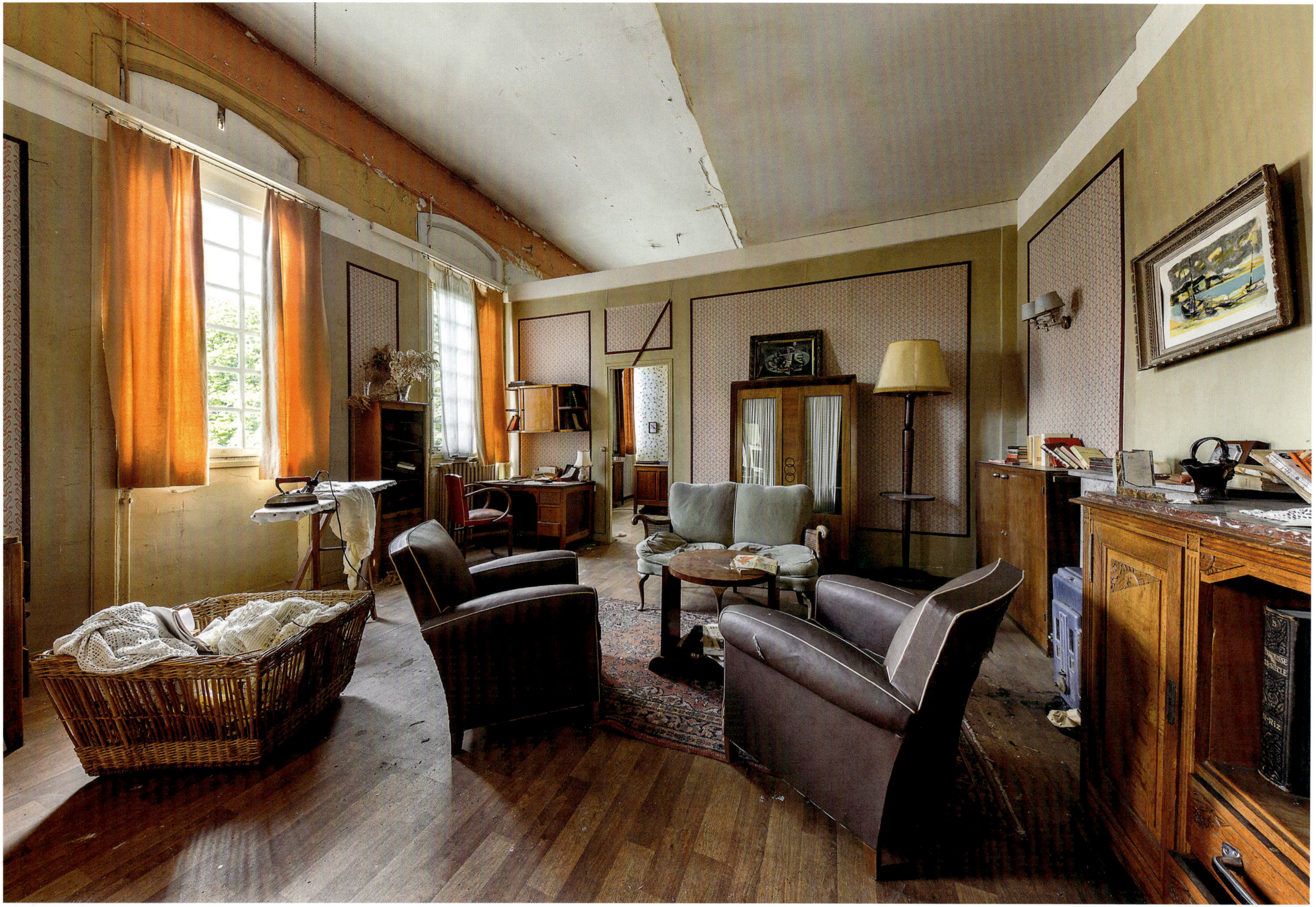

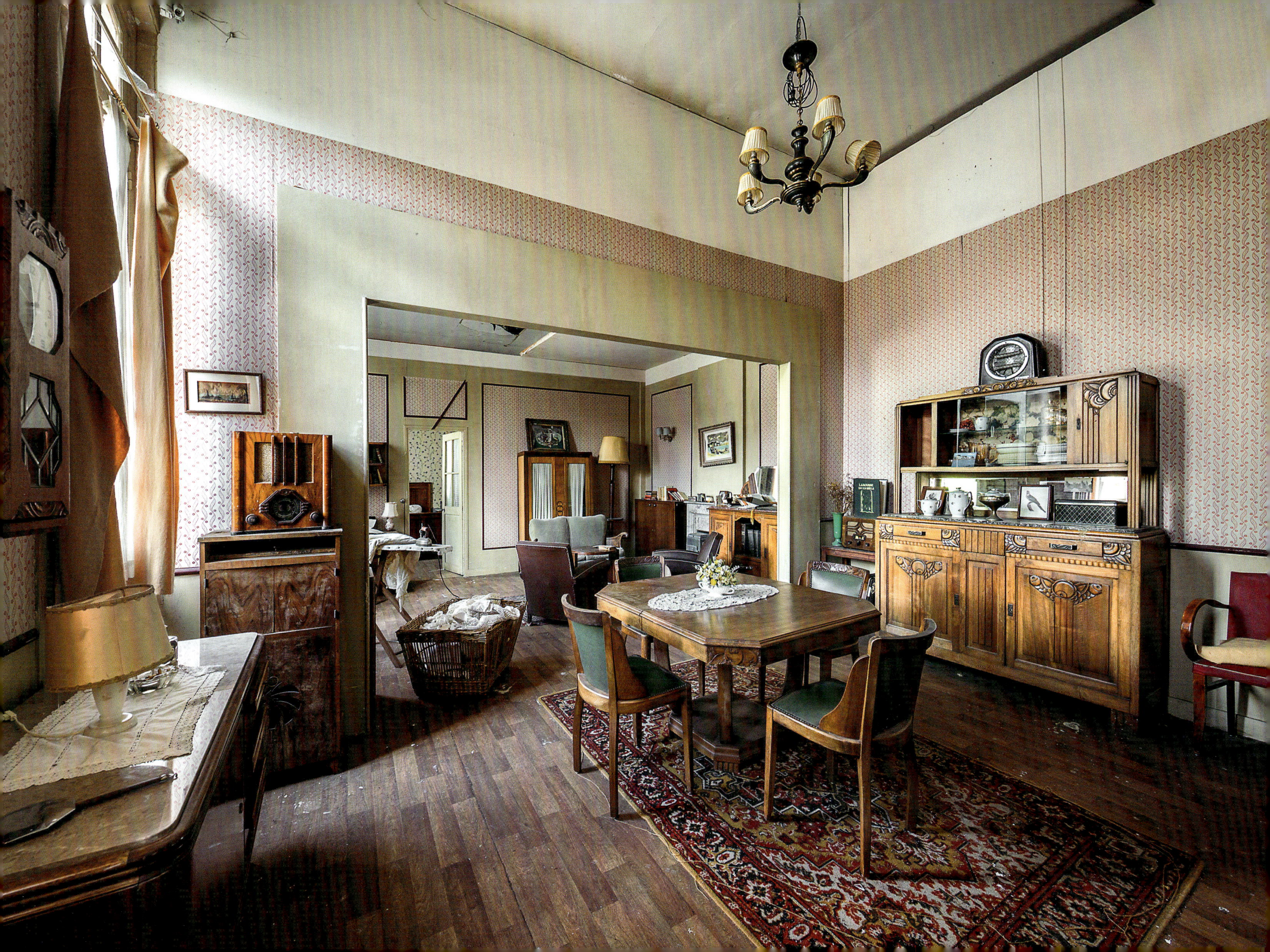

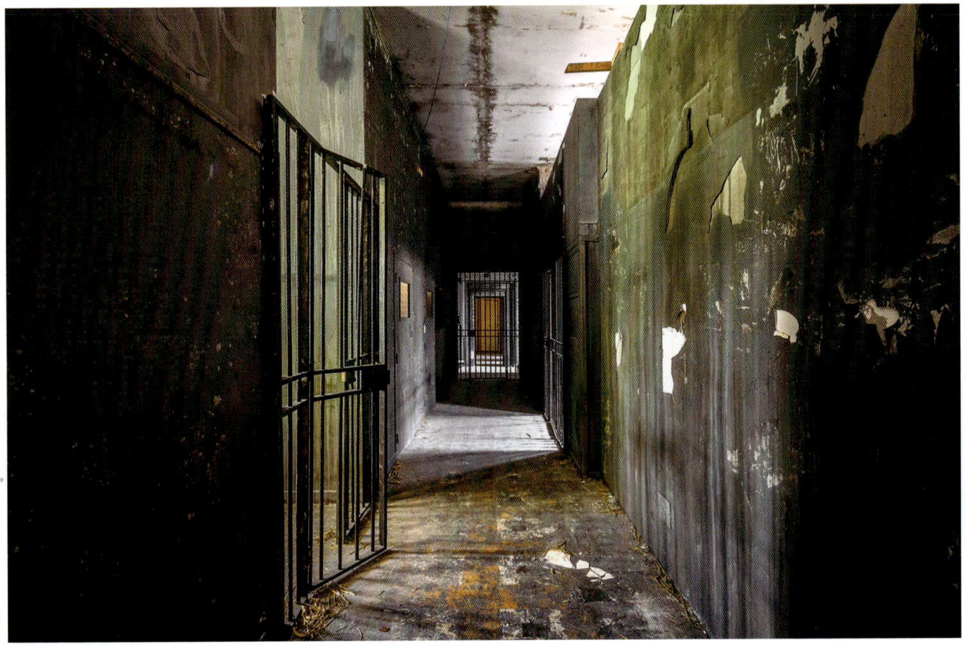
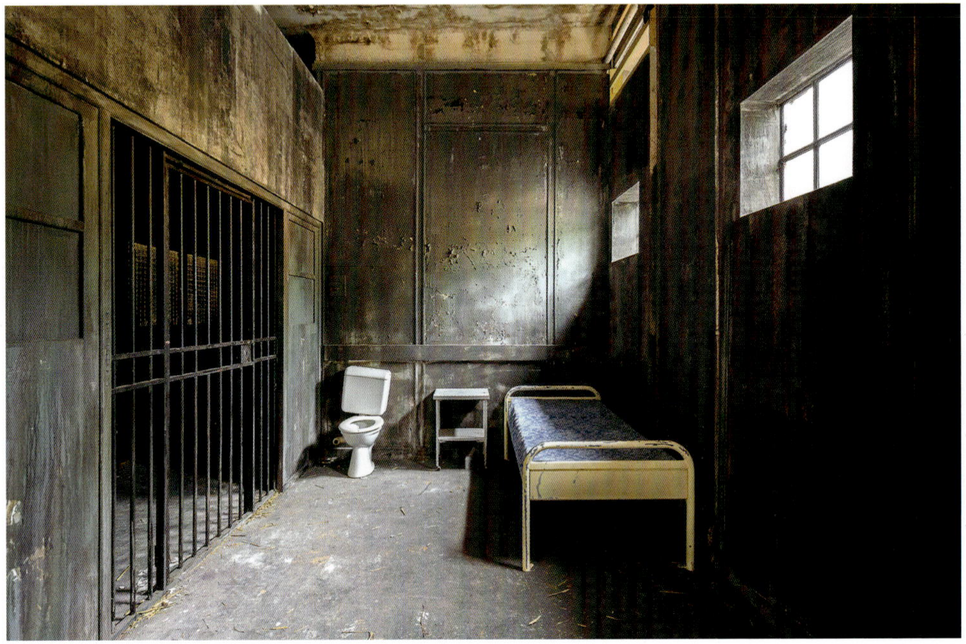

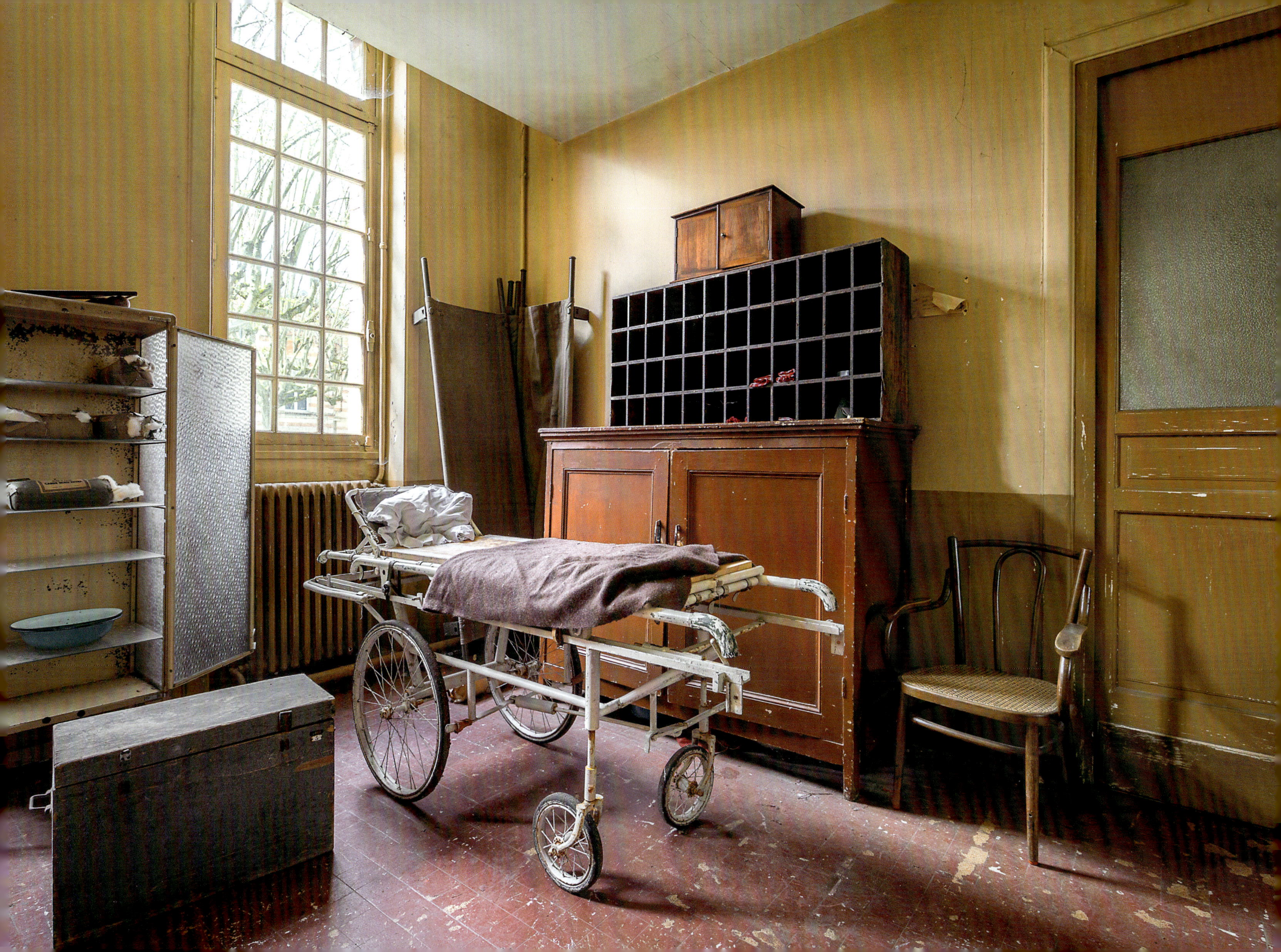

Bibliopolis • Île-de-France

Bibliotheken sind das Tor zu Wissen und Kultur. Ohne sie würde die Forschung auf der Stelle treten und es wäre unmöglich, das Kulturerbe der Menschheit für künftige Generationen zu bewahren. Die Notwendigkeit, dieses Wissen weiterzugeben, spiegelt sich in dieser mächtigen Bibliothek wider, die einst für die älteste Lehranstalt Frankreichs eingerichtet wurde. Entlang der Wände erstrecken sich auf Hunderten von Metern endlose Regale, in denen seit der Schließung der Schule im Jahr 2012 keine Bücher mehr stehen.

Das Pensionat samt angeschlossenem Oratorium wurde 1638 auf Befehl Ludwigs XIII. gegründet und beherbergte in seinen Mauern knapp 400 Jahre lang Generationen von Schülern. An der privaten katholischen Lehranstalt unterrichteten die besten Lehrer der Institution die Kinder der namhaftesten Familien des Landes, darunter nicht wenige berühmte Persönlichkeiten wie Montesquieu und Jean de la Fontaine, Jérôme Bonaparte (Bruder von Napoléon) oder auch, in jüngerer Zeit, die Schauspieler Philippe Noiret, Claude Brasseur und Jean-Pierre Castaldi, den Fußballspieler Michel Hidalgo, den Chansonnier Michel Polnareff – und den Gewaltverbrecher Jacques Mesrine.

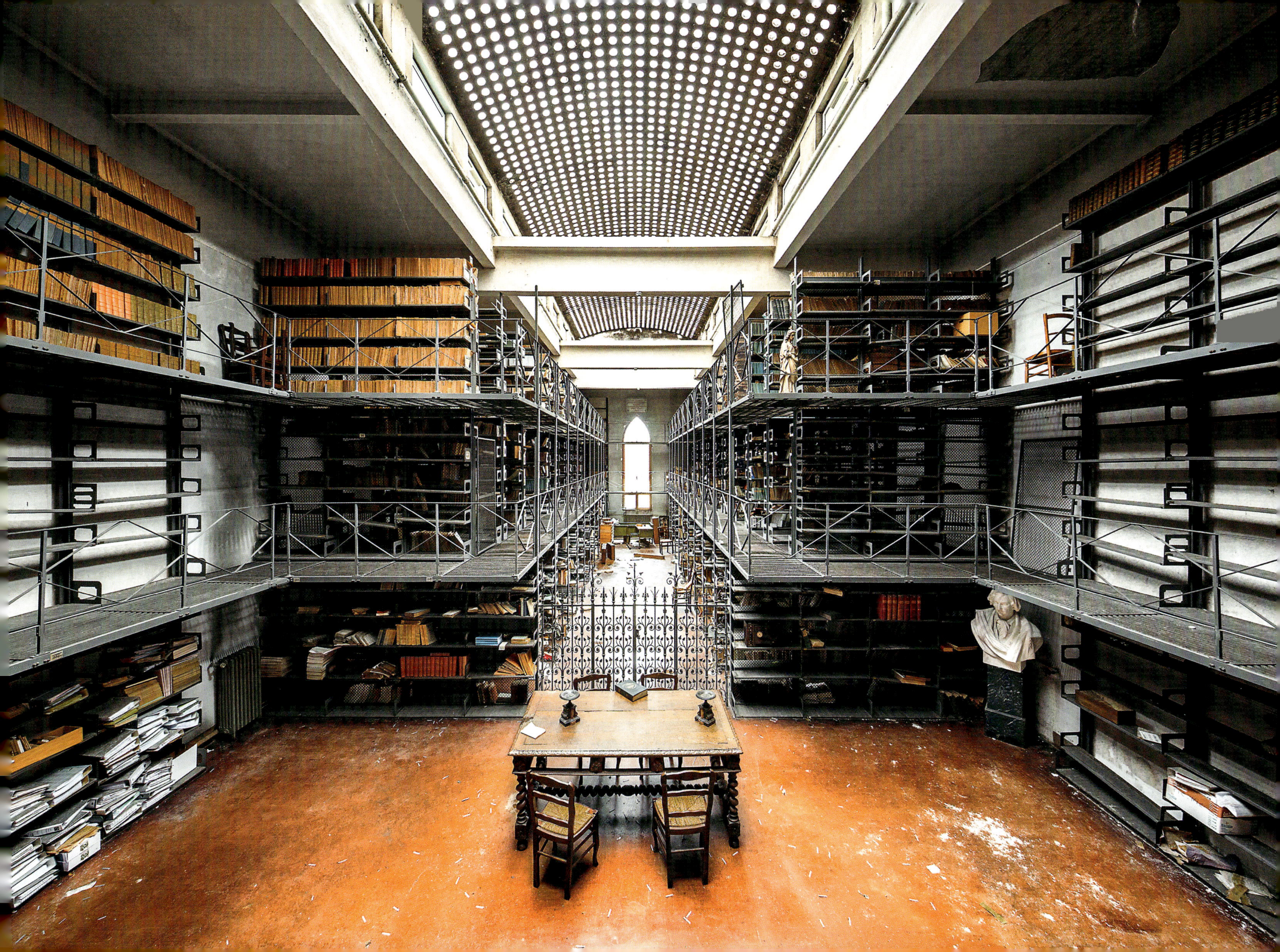

REVUE DES DEUX MONDES 1874 5 C.J.
REVUE DES DEUX MONDES 1874 6 C.J.
18
19

Um die Versorgung des Pensionats sicherzustellen, hatte das Oratorium verschiedene Erweiterungsarbeiten und Umbauten veranlasst und es im Zuge dessen um weitere große Gebäude, ein Refektorium und diese gigantische Bibliothek ergänzt. Während und nach der Revolution sah sich das Pensionat jedoch mit einer Reihe von Schwierigkeiten konfrontiert. Nach anderweitigen Nutzungen, insbesondere als Lazarett, beherbergte es unter Napoleon I. eine Oberschule. Nach dem Fall des Kaiserreichs fegten alle Ereignisse der französischen Geschichte über die Einrichtung hinweg.

Seit ihrer Schließung 2012 hat sich der Zustand der Gebäude zusehends verschlechtert. Heute ist geplant, dem historischen und architektonischen Juwel durch Einrichtung von 217 Luxuswohnungen unter Einbeziehung des französischen Denkmalschutzes (ABF) neues Leben einzuhauchen und seine Geschichte so fortzuschreiben.

Concorde-Überschallflugzeug · Île-de-France

Wir befinden uns im Cockpit einer von zwei Vorproduktionen des britisch-französischen Überschallflugzeugs Concorde: der 102. Das in Zusammenarbeit von Sud-Aviation (der späteren Aérospatiale) und der British Aircraft Corporation (der späteren British Aerospace Corporation) entwickelte Flugzeug verfügt über einen „gotischen" Deltaflügel und Turboreaktoren mit Nachbrenner. Der Jungfernflug der Concorde fand am 10. Januar 1973 statt. Die Reisegeschwindigkeit von Mach 2,02 – in etwa 2145 km/h – ist eine Herausforderung für das menschliche Vorstellungsvermögen.

Insgesamt wurden nur 20 Exemplare dieses einzigartigen Flugzeugs gebaut. Sechs davon zu Entwicklungszwecken, 14 für gewerbliche Flüge: zwei Protoypen (001 und 002), zwei Vorproduktionen (101 und 102) und 16 Produktionsmaschinen (201 bis 216), von denen 14 kommerzielle Interkontinentalflüge absolvierten und im April 2003 noch im Dienst waren.

Das kürzeste aktive Leben hatte mit gerade einmal drei Jahren die Concorde 102 F-WTSA, die jedoch in zahlreichen Flugschauen zum Einsatz kam, mit denen der Passagierverkehr von Überschallflügen beworben wurde. Die Geometrie dieses Modells war an Heck und Höhenleitwerk sowie mit dem neuen Konzept der Hilfseinlassöffnungen sowie größerer Länge und Flügelspannweite einzigartig. Zwischen 1973 und 1975 absolvierte es 311 Flüge mit 642:28 Flugstunden – davon 280:19 im Überschallbetrieb – und erwies sich als extrem nützlich für das Gesamtprogramm.

Der kommerzielle Flugverkehr wurde 1976 aufgenommen und endete 27 Jahre später im Jahr 2003. Durch den hohen Treibstoffverbrauch war der Betrieb schlicht defizitär. Beschleunigt wurde der Niedergang der Concorde durch den einzigen Unfall ihrer Geschichte: Im Juli 2000 starben 113 Menschen, als nach der Kollision mit einem Metallteil auf der Startbahn ein Treibstofftank von Flug Air France 4590 Feuer fing und das Flugzeug wenige Minuten nach dem Start abstürzte.

Die Concorde ging dennoch als einzigartiges Wunderwerk der Technik in die Geschichte ein.

THROTTLE MASTER
ENGINE ANTI-ICING
ENGINE · FIRE · CONTROLS
AUDIO CANCEL
ROLL TRIM

O/FULL
PUMPS
O/HEAT
JETTISON
ACC
LEAK
TANK PRESS
CAPT SUPPLY
F/E

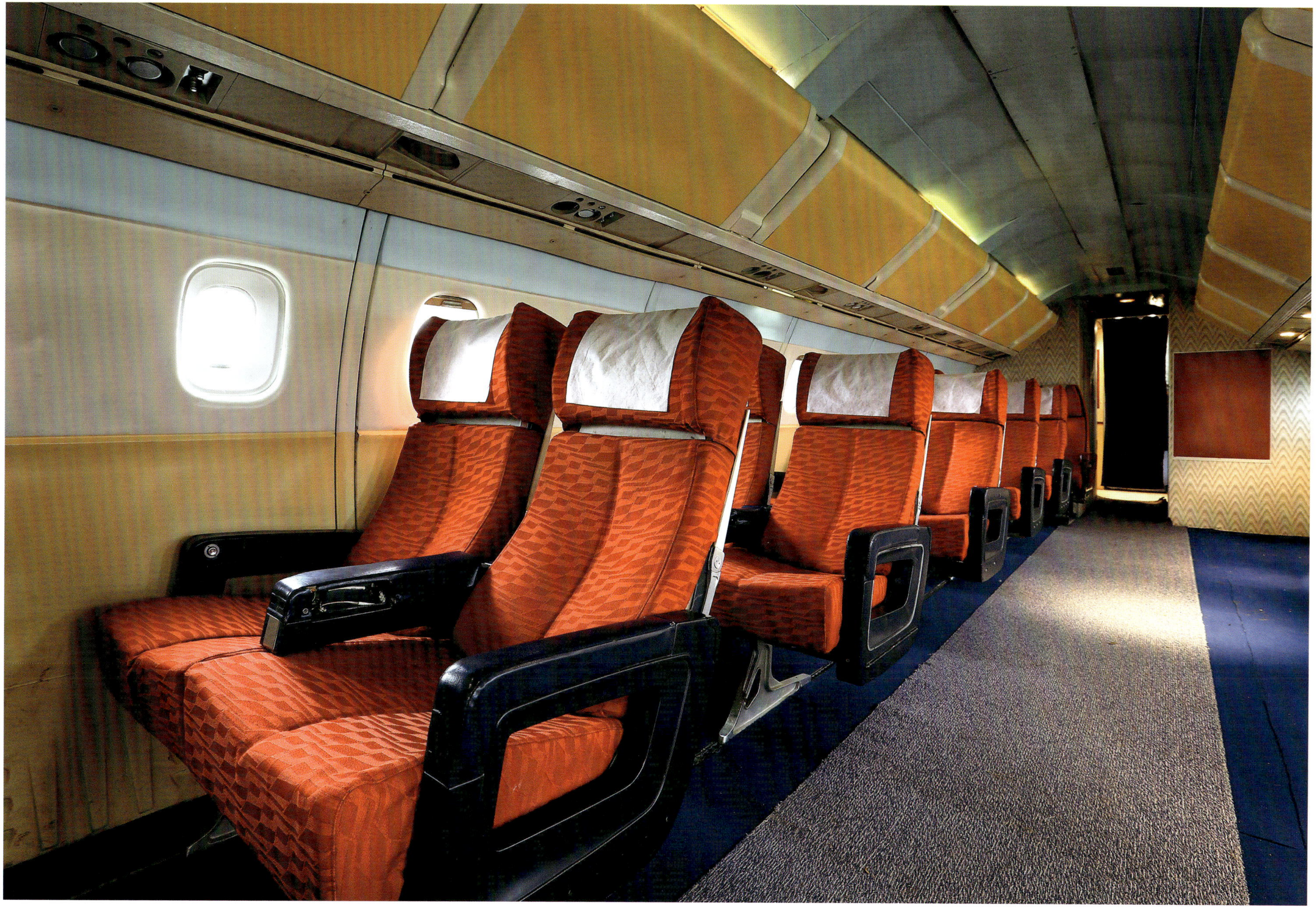

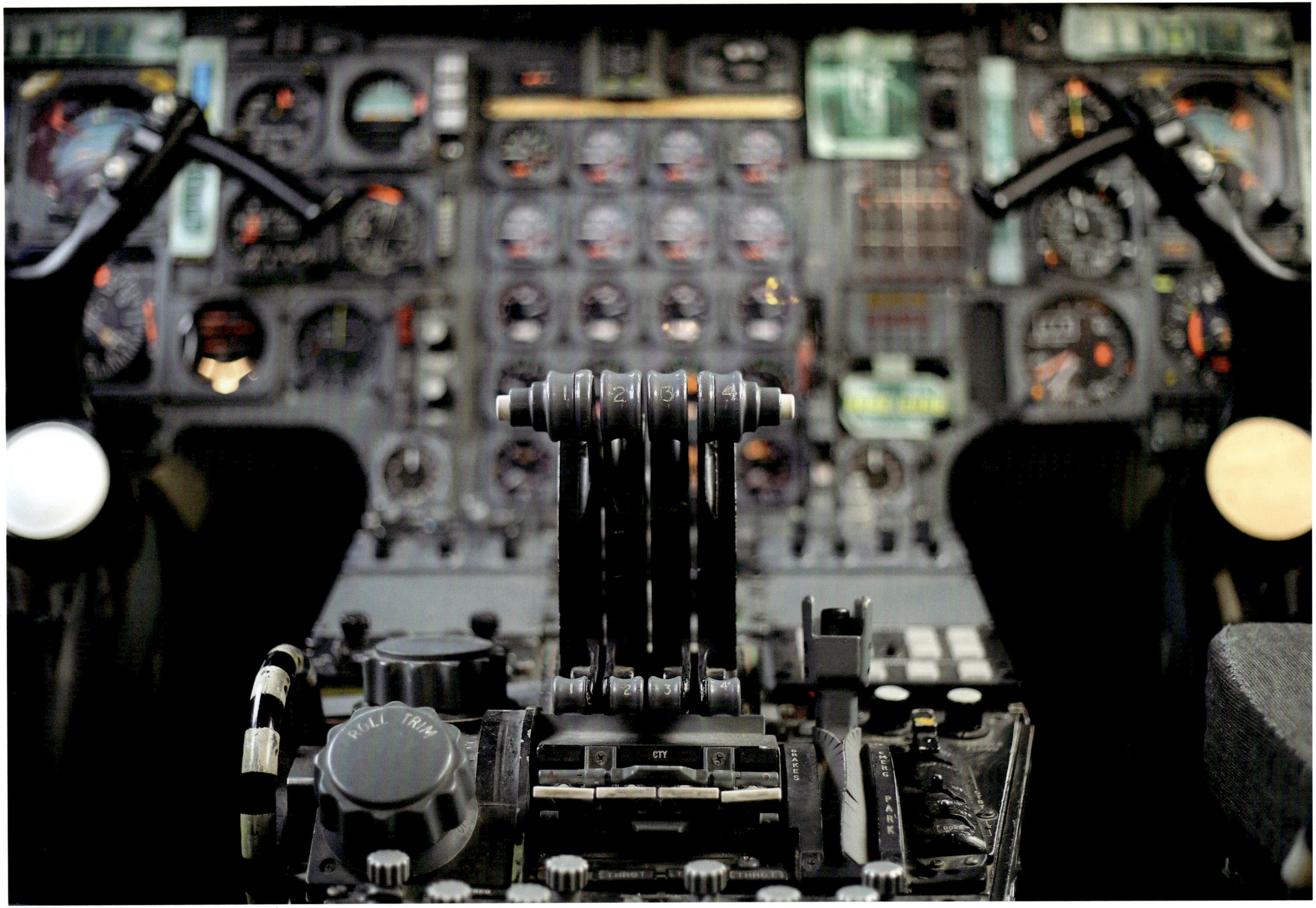
ROLL TRIM
CTY
PARK

TOTAL CONTENTS

TOTAL FUEL REMAINING

kg

CANCEL B
MIN 9 10 11 MC MIN

TON 732KS AUTO MASTER
FORWARD
OFF
REARWARD

INLET OVER
VALVES RIDE
OPEN
SHUT
MAIN AUTO

PUMP GREEN
PUMP BLUE

O/FULL
U/FULL

LOW LEVEL

TRANS VALVE 7A TO 7
SHUT
OPEN
INTER-CON VALVES
OPEN

Aérotrains „Made in France" • Île-de-France

Der 25 Jahre vor dem TGV entwickelte Aérotrain war eine bemerkenswerte technologische Innovation.

Auf einer Testfahrt im Februar 1966 erreichte der Prototyp 01 des luftkissenbetriebenen Aérotrain eine Geschwindigkeit von 200 km/h. Zwei Jahre später richtete der französische Ingenieur Jean Bertin in Gometz-la-Ville südlich von Paris eine allein diesem neuen Transportmittel gewidmete einspurige Teststrecke ein. Diese sollte später in die geplante Strecke Paris-Orléans eingegliedert werden, die mit dem Aérotrain in nur 20 Minuten zurückzulegen sein sollte, und war 1969 Schauplatz der Testfahrten des Prototyps 02, der mit Turbotriebwerk und Raketenantrieb Geschwindigkeiten von bis zu 422 km/h erreichte. Zwischen 1969 bis 1974 verkehrten hauptsächlich die Prototypen I80-250 und I80-HV auf der Strecke. Letzterer stellte am 5. März 1974 mit 430,4 km/h einen neuen Geschwindigkeitsweltrekord für spurgeführte Transporte auf.

Trotz des großen Interesses vieler Länder, darunter die USA, an dieser Innovation wurde das Projekt letztlich zugunsten eines Hochgeschwindigkeitszuges aufgegeben. Das Unternehmen des Visionärs Jean Bertin ging in die Insolvenz. Der zu ähnlichen Geschwindigkeiten fähige TGV brachte den doppelten Vorteil mit, nicht mit Wasserstoff, sondern elektrisch angetrieben zu werden und auf dem bestehenden Schienennetz fahren zu können. Die 380 km/h erreichte er indes erst 1981, 1990 kam er auf 551,3 km/h.

Vor rund zwanzig Jahren stieß Thierry Farges, ein großer Motorenliebhaber, der sich insbesondere dem Erhalt von Militärfahrzeugen widmete, die bei der Landung der Alliierten in der Normandie zum Einsatz kamen, auf dem verwilderten Parkplatz der früheren Firma Bertin auf die Prototypen I80-250 und I80-HV und rettete sie vor der sicheren Verschrottung. Nach wie vor von der Luftkissentechnik als Antrieb überzeugt, restaurierte er sie und leistete so einen wichtigen Beitrag, diese Episode der Geschichte für die Nachwelt zu erhalten.

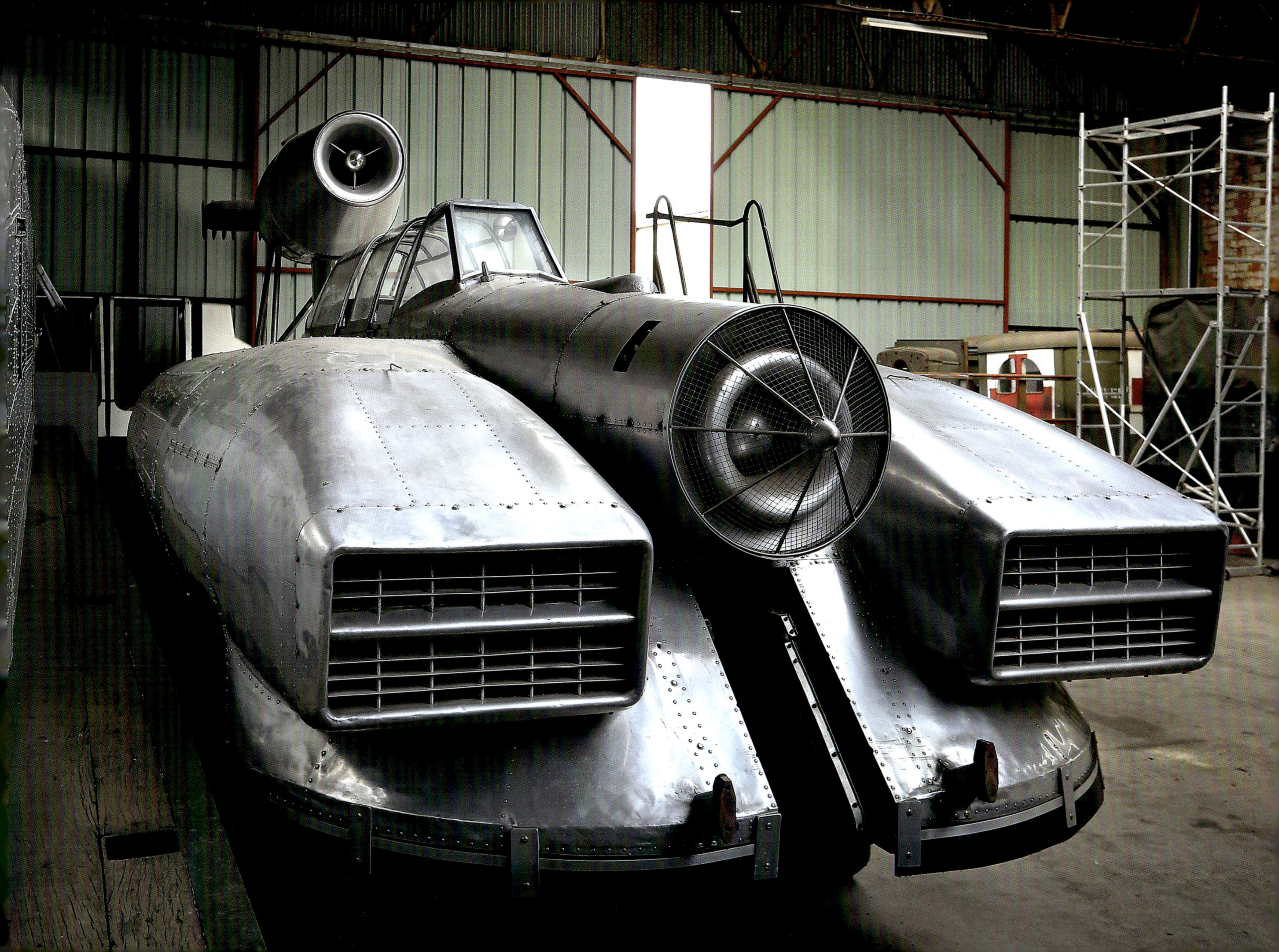

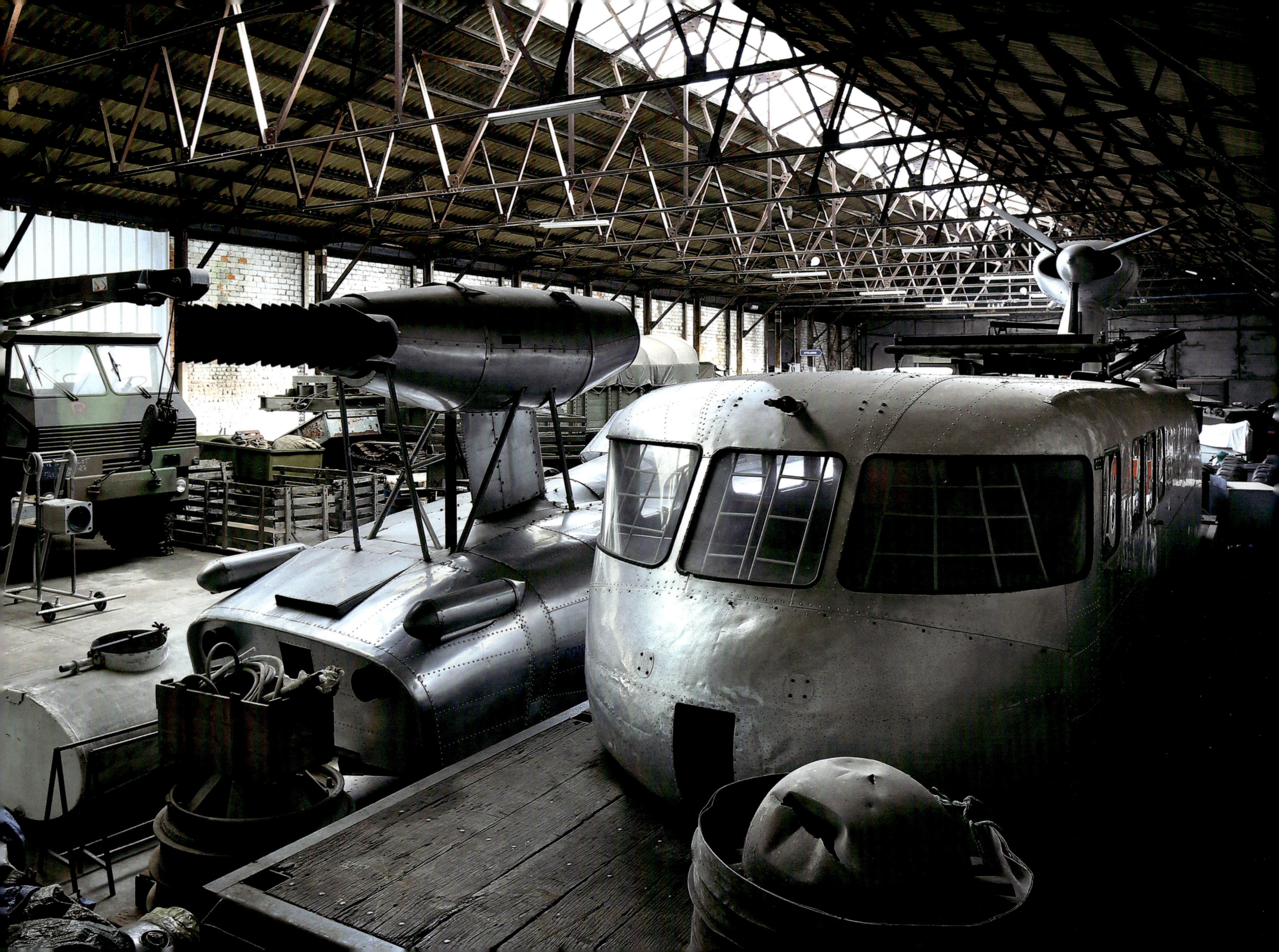

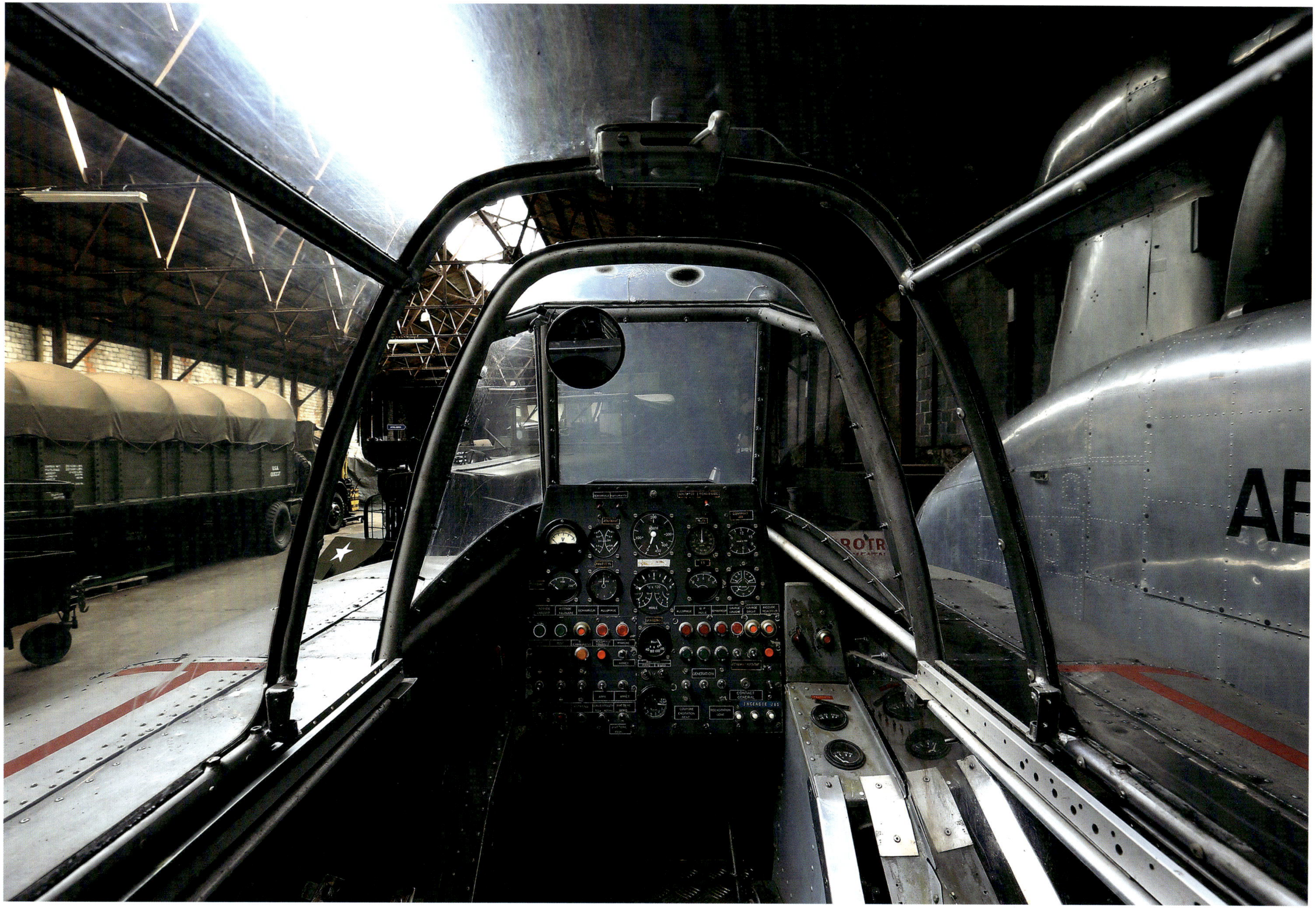

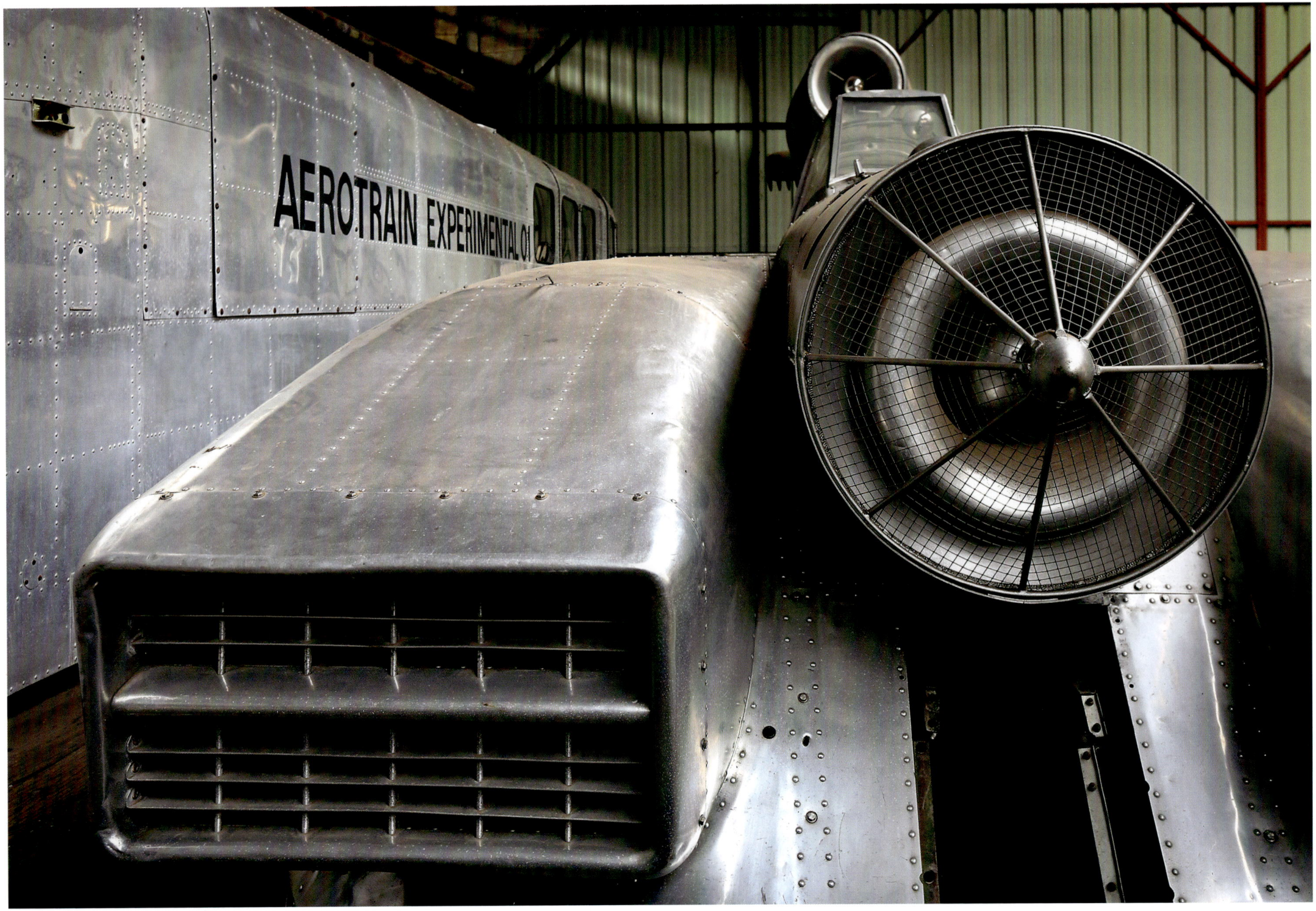
AEROTRAIN EXPERIMENTAL 01

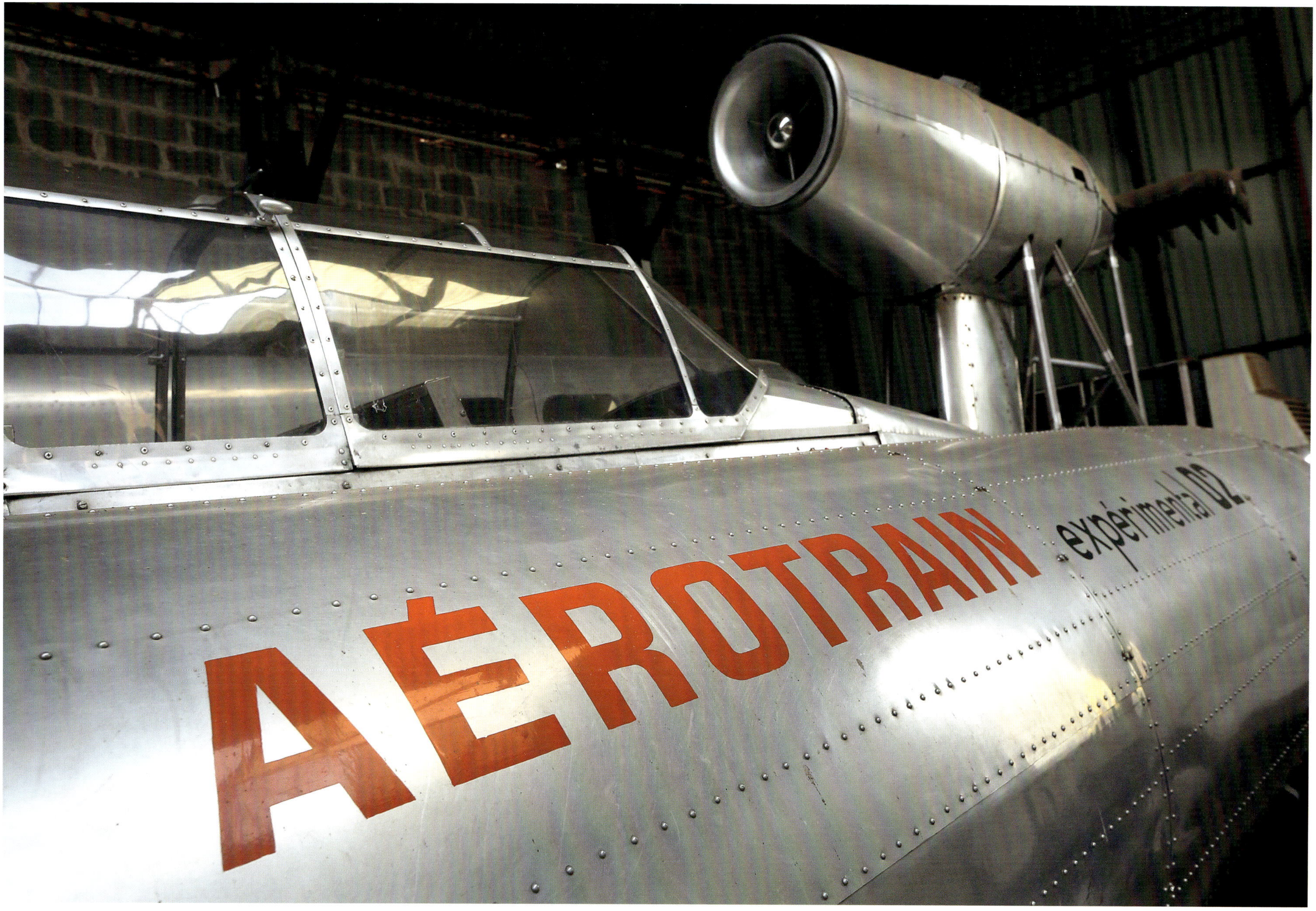
AÉROTRAIN
expérimental 02

Prison Pastel · Île-de-France

In den Jahren 1853 bis 1863 wurden in Frankreich nicht weniger als 48 Départemental-Gefängnisse gebaut. Diese alte Haftanstalt entstand ebenfalls im Zweiten Kaiserreich und steht in ganz besonderer Weise stellvertretend für ihre Zeit. Das imposante Gebäude wurde aus braunem Kalkstein aus der Region Île-de-France errichtet, der nicht nur sehr robust ist, sondern aufgrund seiner porenreichen Beschaffenheit zugleich gute Dämmeigenschaften mitbringt und bis 1880 ein beliebter Baustoff war. Dieses Gefängnis mit Einzelzellen wurde 1857 eröffnet. Rund fünfzig Häftlinge waren hier untergebracht, teilweise nur für eine kurze Übergangszeit bis zu ihrer Verlegung in die Strafkolonien. Seit ihrer Schließung im Jahr 2005 ist die Anlage sich selbst überlassen und heute nur noch ein Schatten ihrer selbst. Viele Fenster sind durch Witterung oder Vandalismus zerbrochen, von den Wänden bröckelt der Putz. Die verblassten Farben der in Pastelltönen gestrichenen Wände verleihen diesem Ort eine ganz eigene, ausgesprochen triste Stimmung.

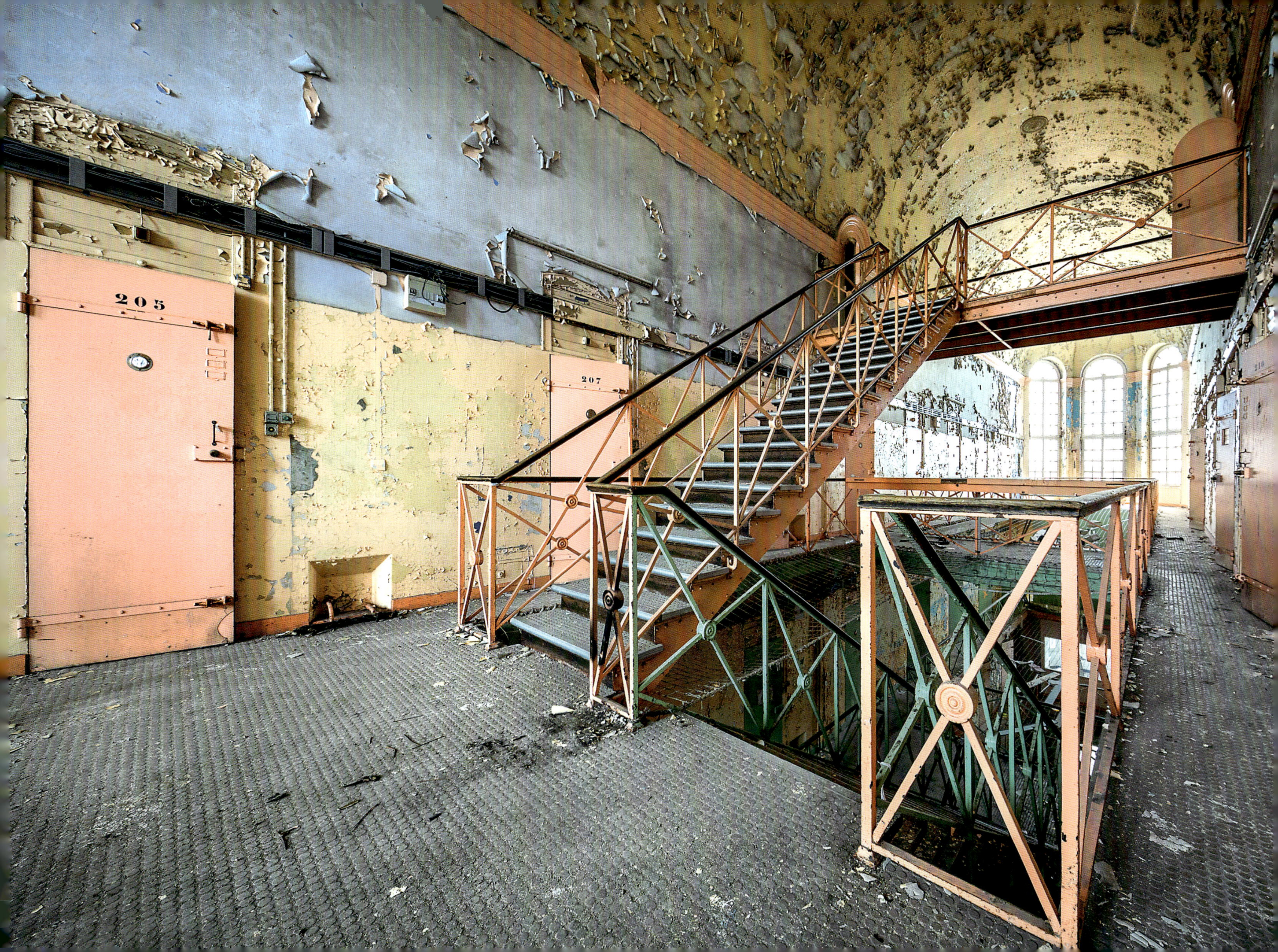
205
207

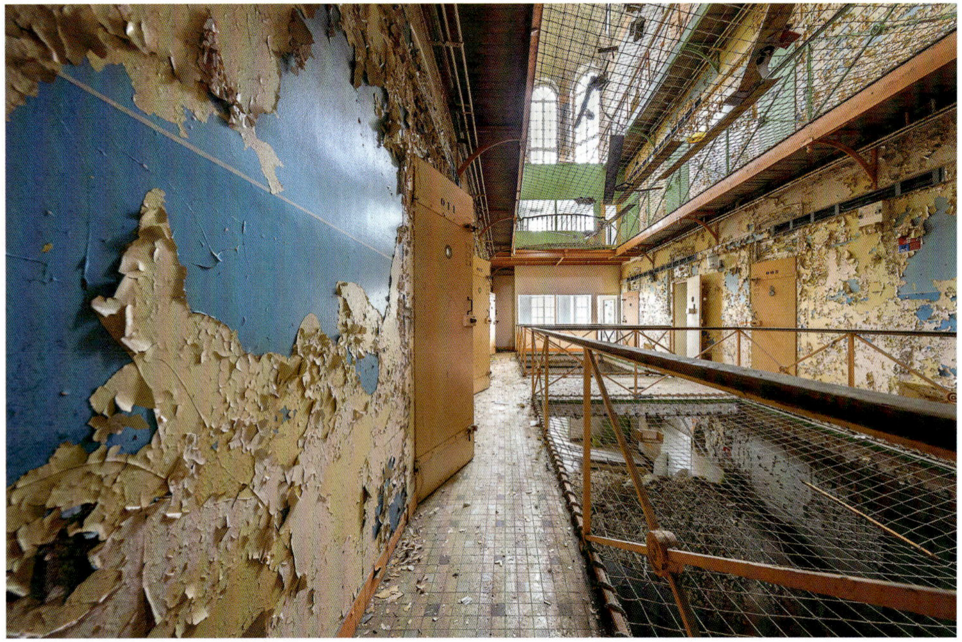

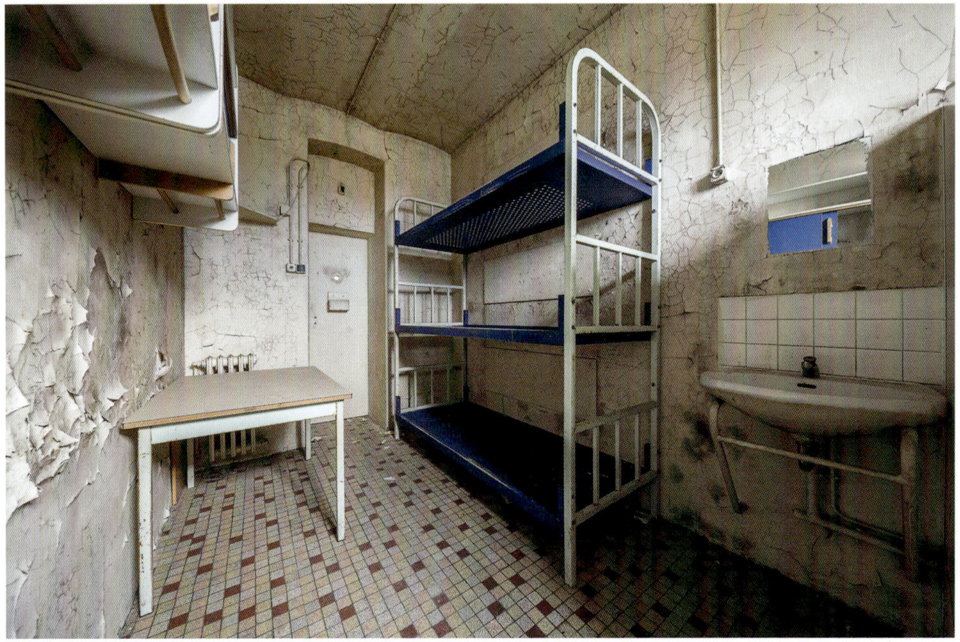

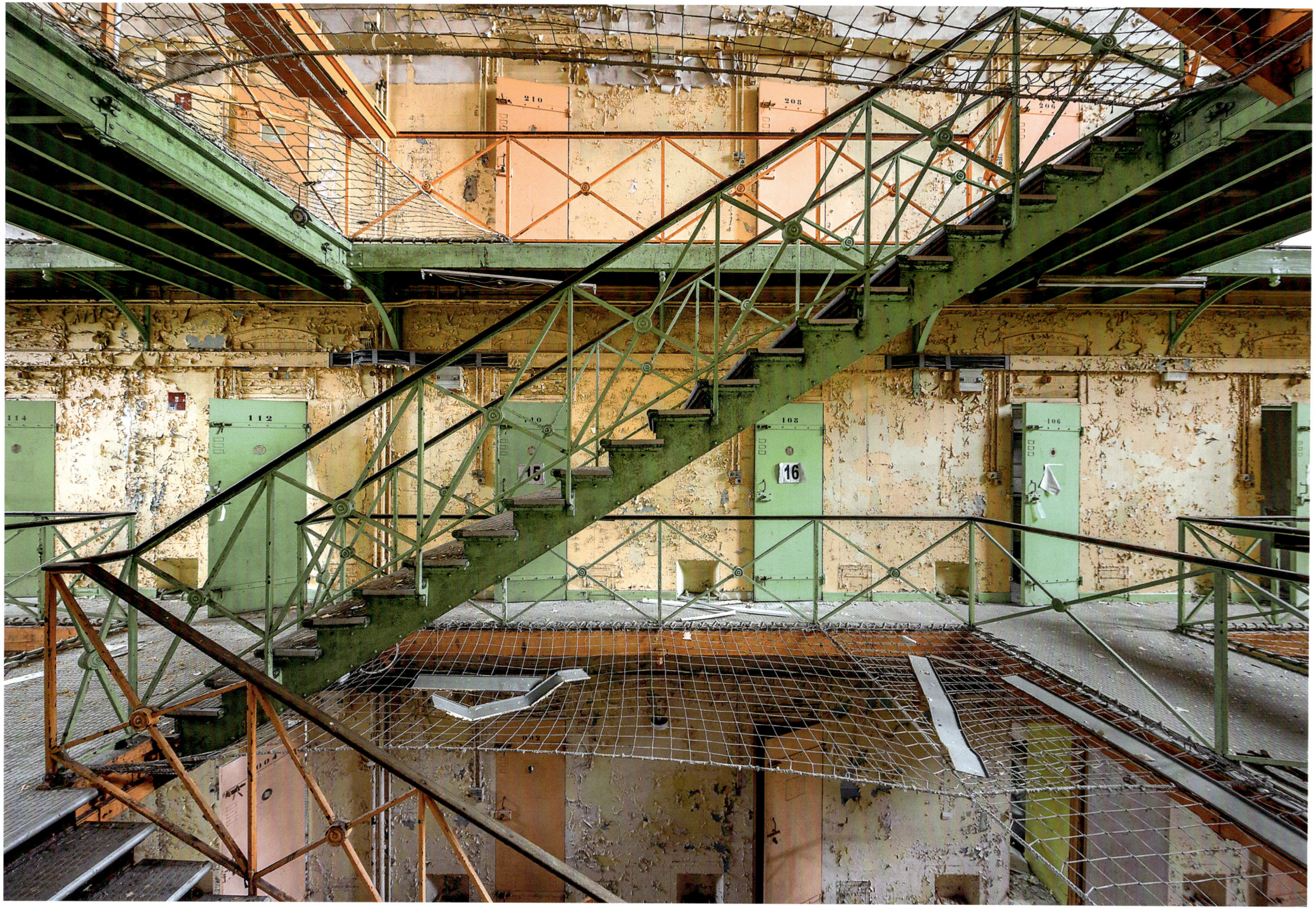
210
208
112
108
16

Château des bustes • Normandie

Im Herzen der Normandie fristet dieser prachtvolle Landsitz aus dem 17. Jahrhundert seit Jahrzehnten ein einsames und verlassenes Dasein. Das Innere überrascht jene, die den Schritt über die Schwelle wagen, mit seiner Größe. Eine surrealistische, ergreifende Stimmung geht von den alten Gemäuern aus.

Auf diesem Anwesen lebt schon lange niemand mehr. Doch die Einrichtung ist vollständig erhalten und bietet Einblick in das Leben seiner wohlhabenden früheren Bewohner. Die Aufnahmen der einzelnen Räume vermitteln das Gefühl, diese seien überstürzt aufgebrochen. Zahlreiche Alltagsobjekte hauchen diesem unbewohnten Ort Leben ein: An der Garderobe hängen noch Hut und Schal des einstigen Hausherren, nachlässig auf dem Tisch abgelegte Bücher wollen gelesen werden, der schöne Flügel wartet auf den Pianisten, der seine Tasten zum Schwingen bringt, Büsten stehen unverrückbar auf schweren Sockeln und die dazugehörigen Modelle finden sich in Gemälden wieder.

In einigen Teilen hat die Natur ihre Rechte zurückgefordert. Andere Bereiche dieses so lange unberührten Ortes wurden von skrupellosen Eindringlingen beschädigt und sogar geplündert. So ist diese Stimmung unwiederbringlich dem Untergang geweiht.

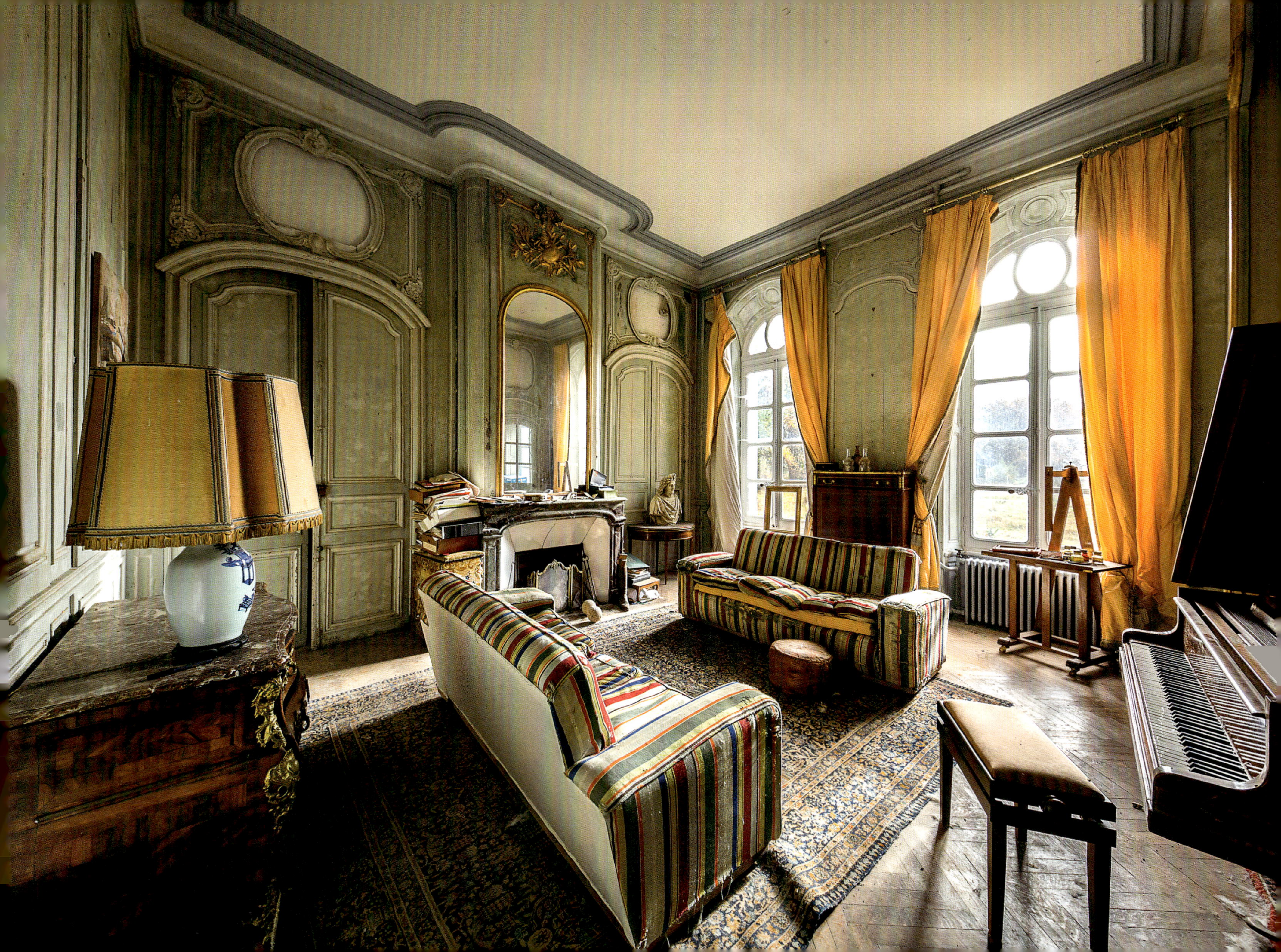

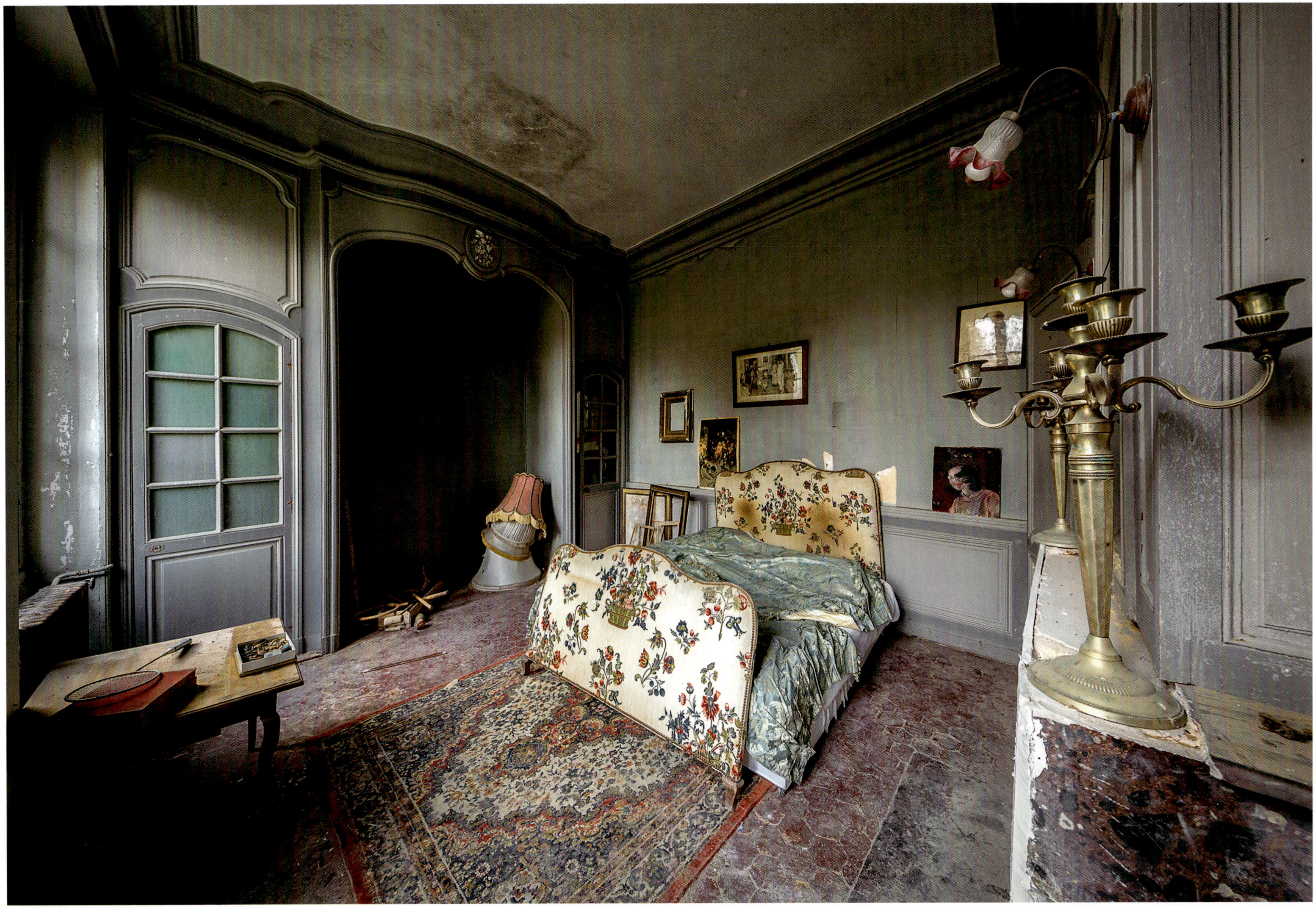

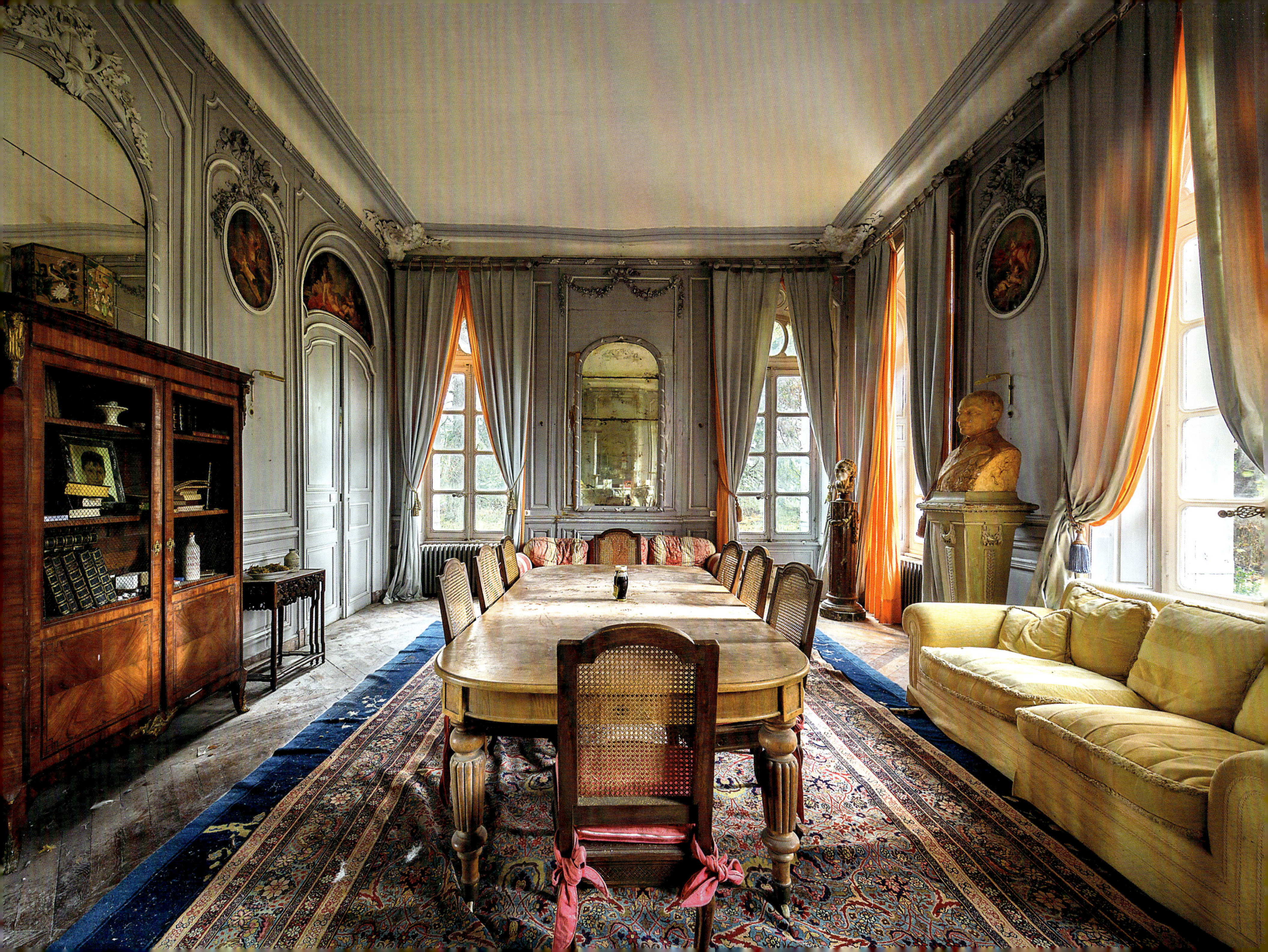

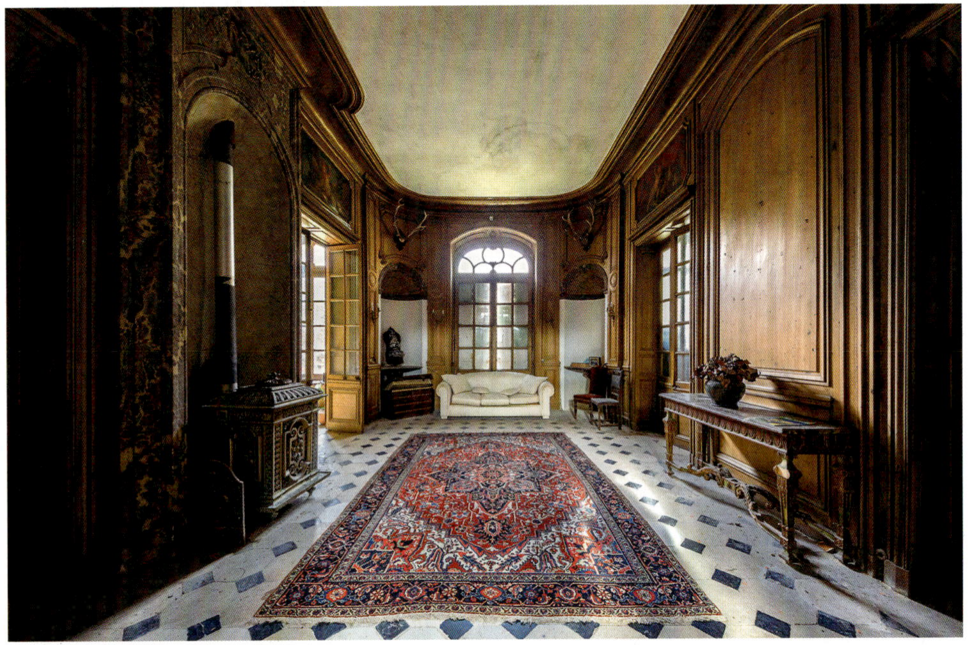

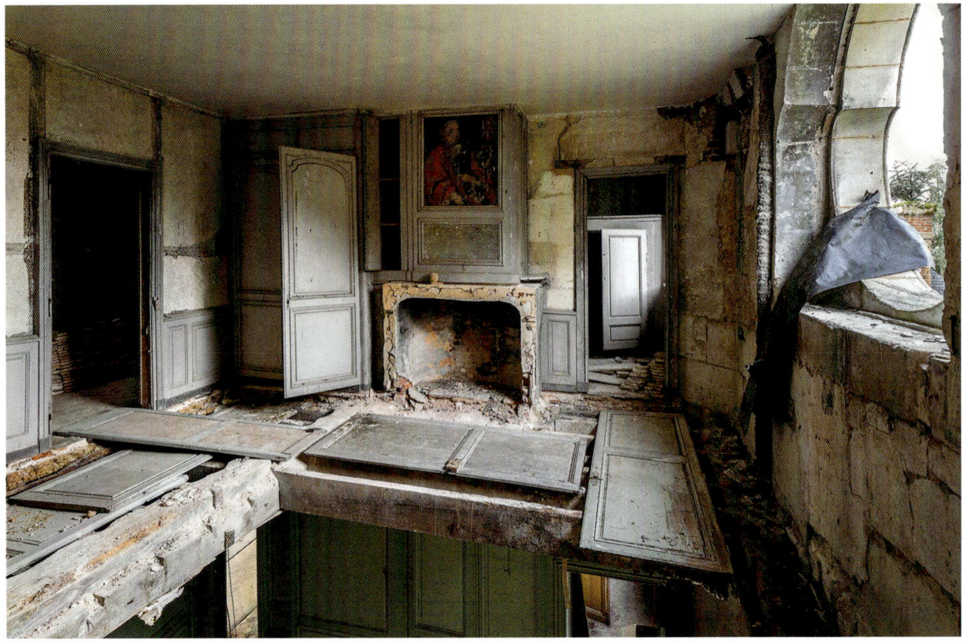

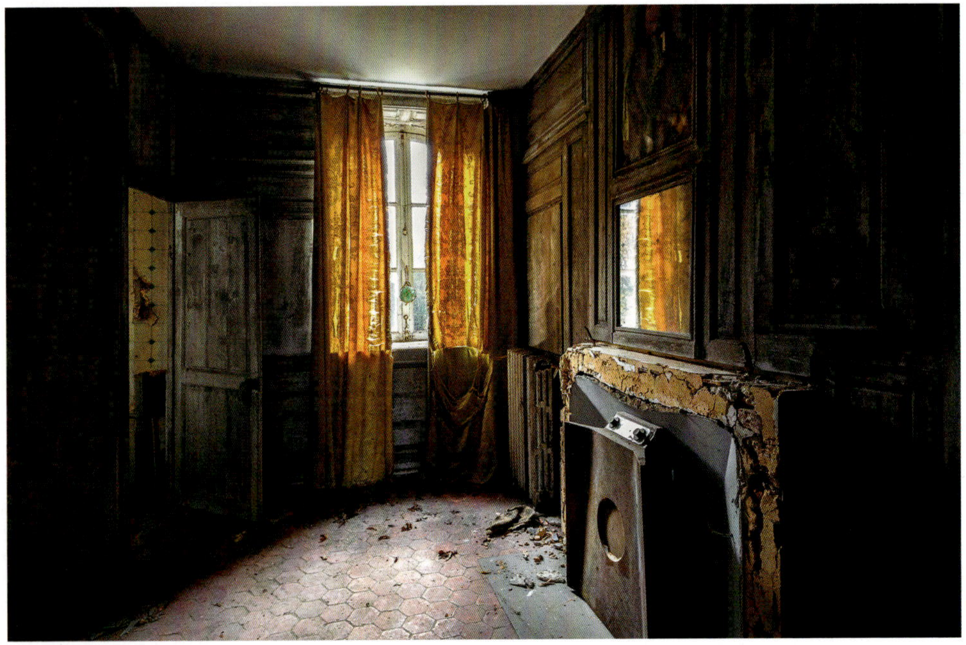

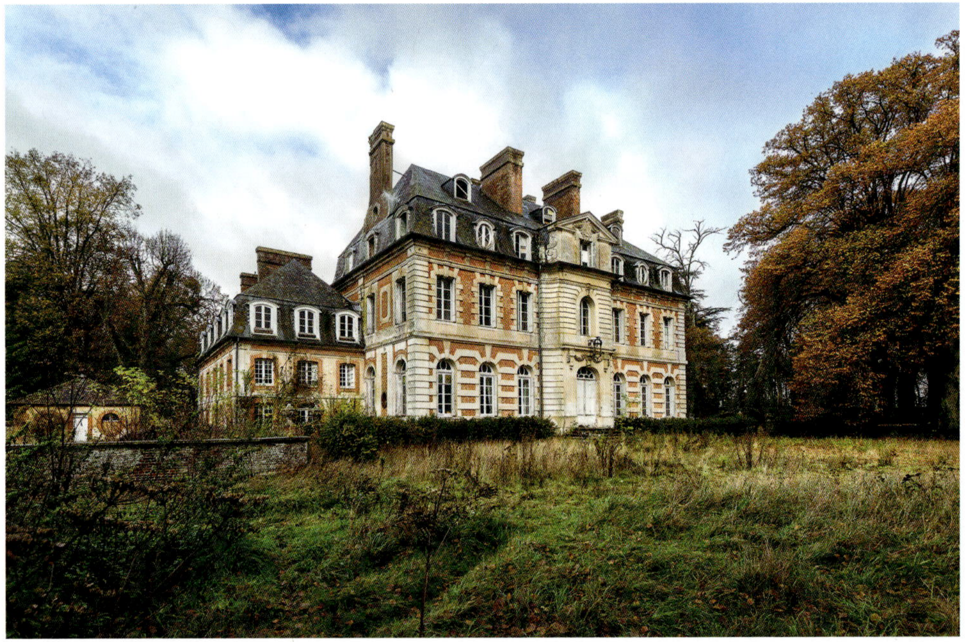

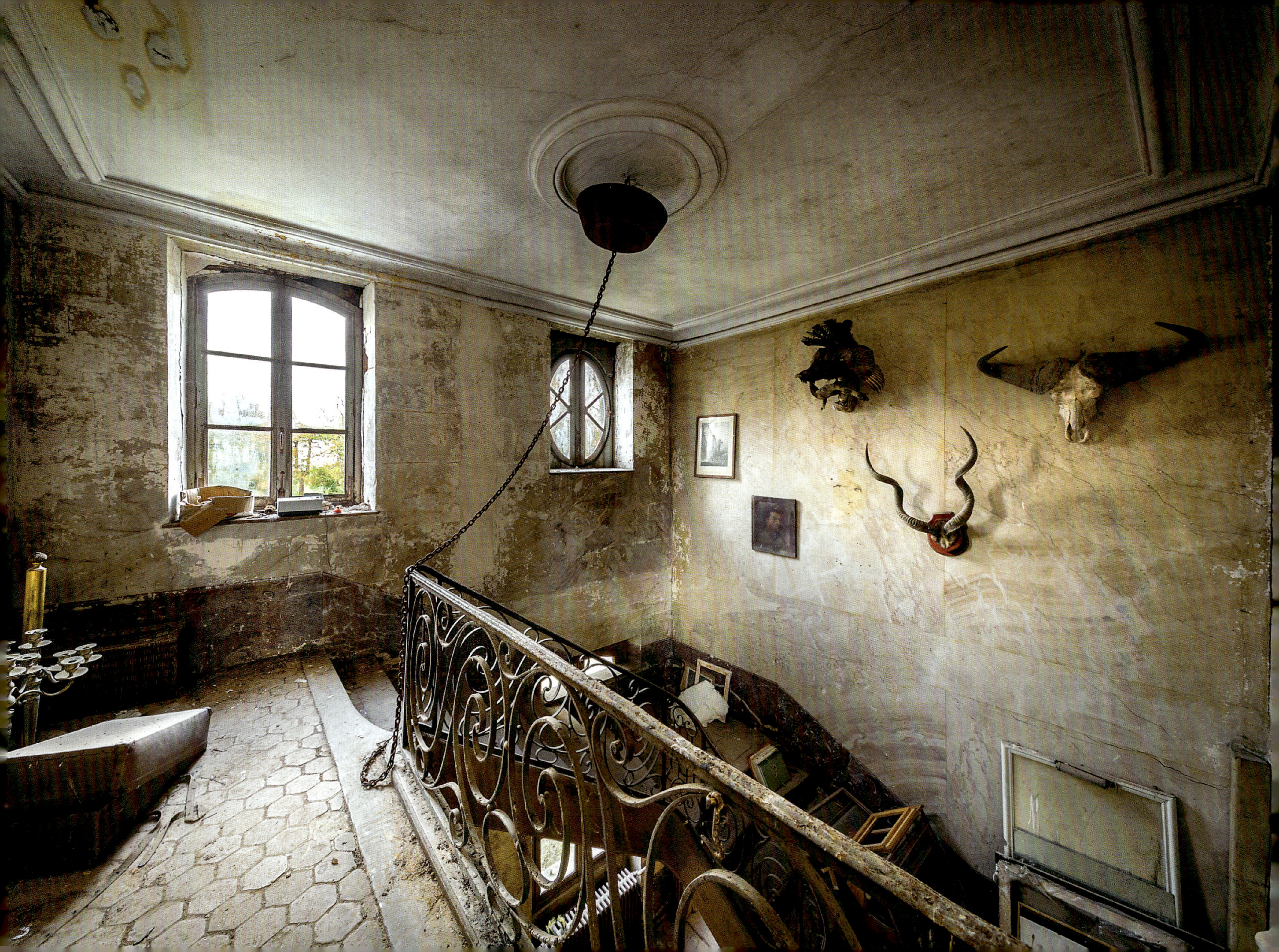

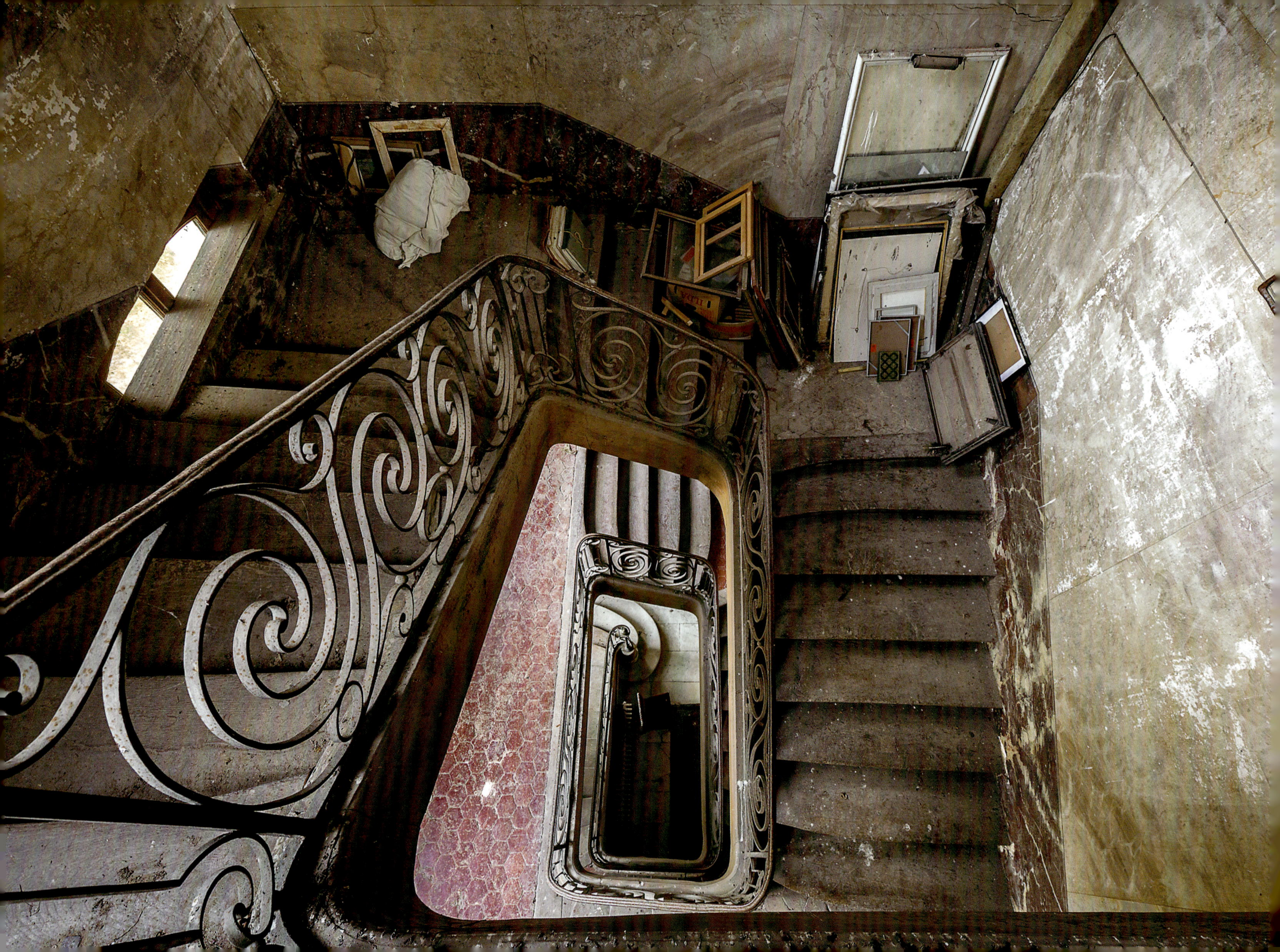

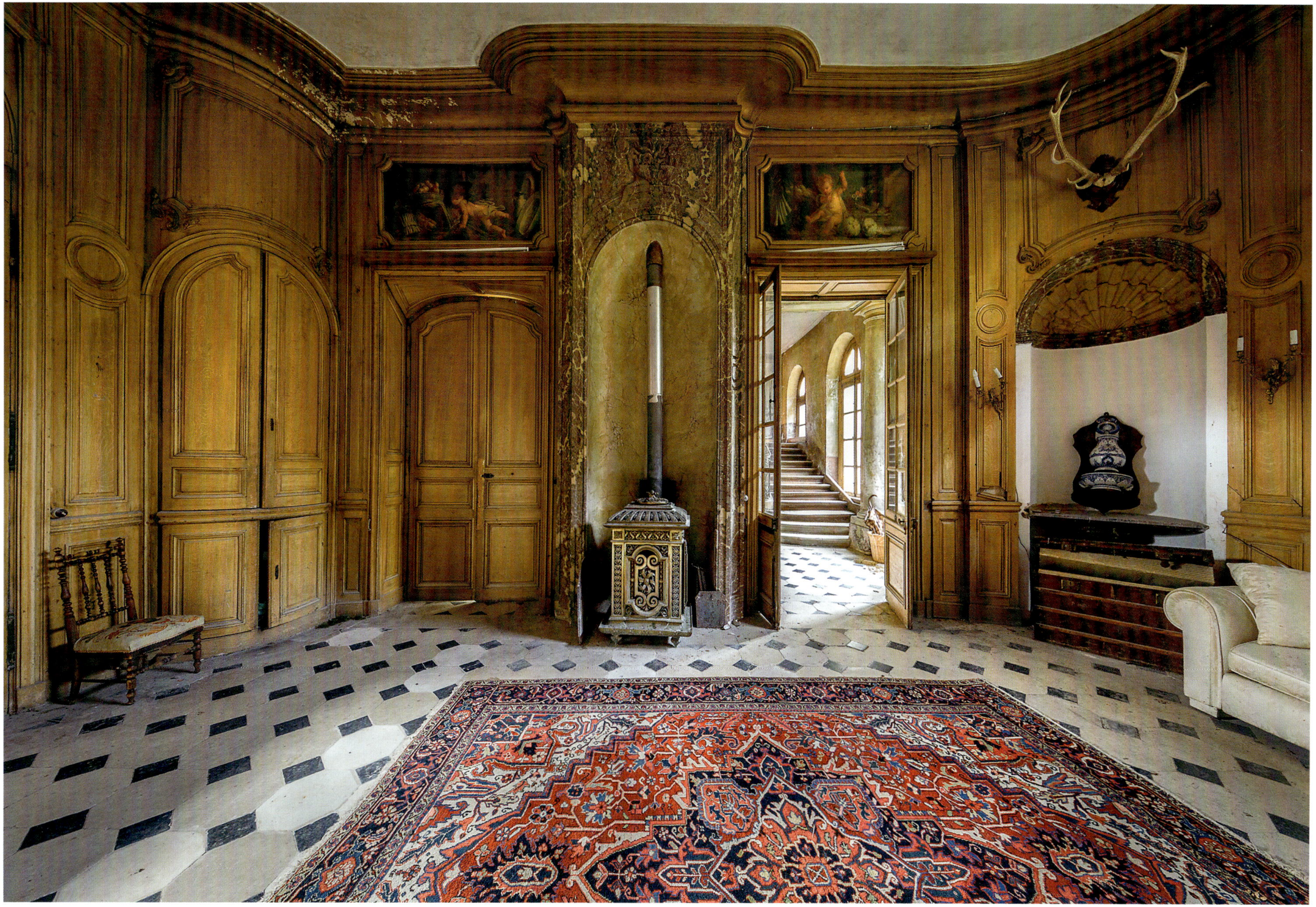

Château sous les nuages · Normandie

Dieses prunkvolle Anwesen aus dem 19. Jahrhundert wurde von einer reichen Familie, die es über drei Generationen als Färber zu Wohlstand gebracht hatte, als Privatwohnsitz in Auftrag gegeben. Die Pläne stammen von dem berühmten Architekten Juste Lisch, der sich vor allem durch die Sanierung von Schlössern, Justizpalästen und Sakralbauten einen Namen gemacht hatte. Das geschmackvoll eingerichtete Interieur ist bezaubernd.
Leider wird der junge Arthur, Vertreter der vierten Familiengeneration, im jungen Alter von 9 Jahren zum Waisen und kann das Unternehmen und das Familienanwesen nicht halten. 1990 findet sich nach Jahrzehnten der Verlassenheit ein Käufer für das bereits stark verfallene Gebäude. Der neue Eigentümer nimmt für die Sanierung viele Millionen Francs in die Hand: Er führt umfangreiche Renovierungsarbeiten aus, kauft bei renommierten Händlern edle Holzmöbel und feine Orientteppiche, bringt den Park neu in Form und lässt einen Pool, einen Tennisplatz und einen Rosengarten anlegen. Das Anwesen wird zu einem Bed & Breakfast und ziert den Titel der Broschüre Bienvenue au château (Willkommen im Schloss), in der schöne und angesagte Herrenhäuser aus der Region vorgestellt werden. Der Eigentümer hält sein Château in gutem Andenken, sieht sich jedoch im Jahr 2000 wehmütig gezwungen, es zu verkaufen.

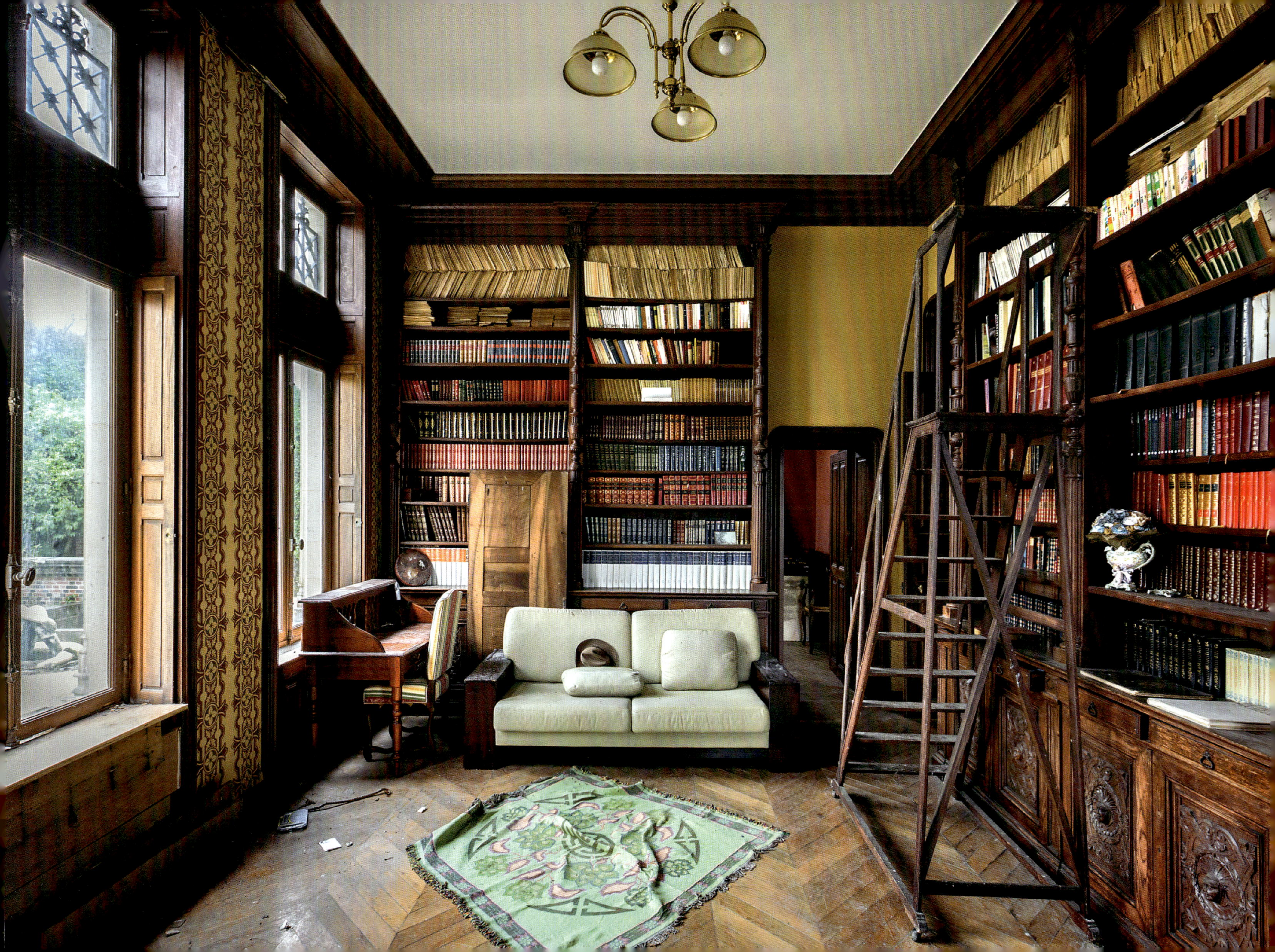

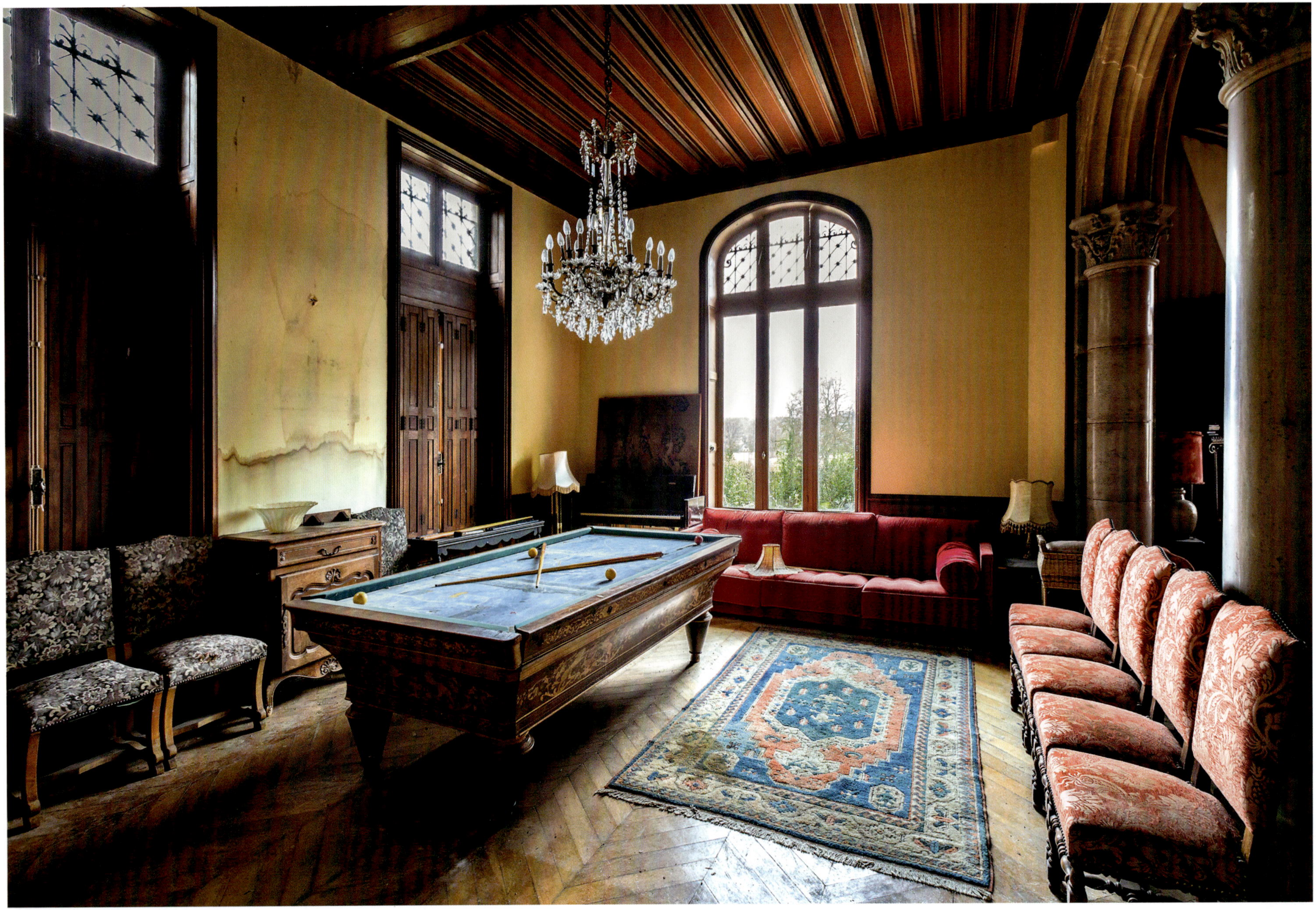

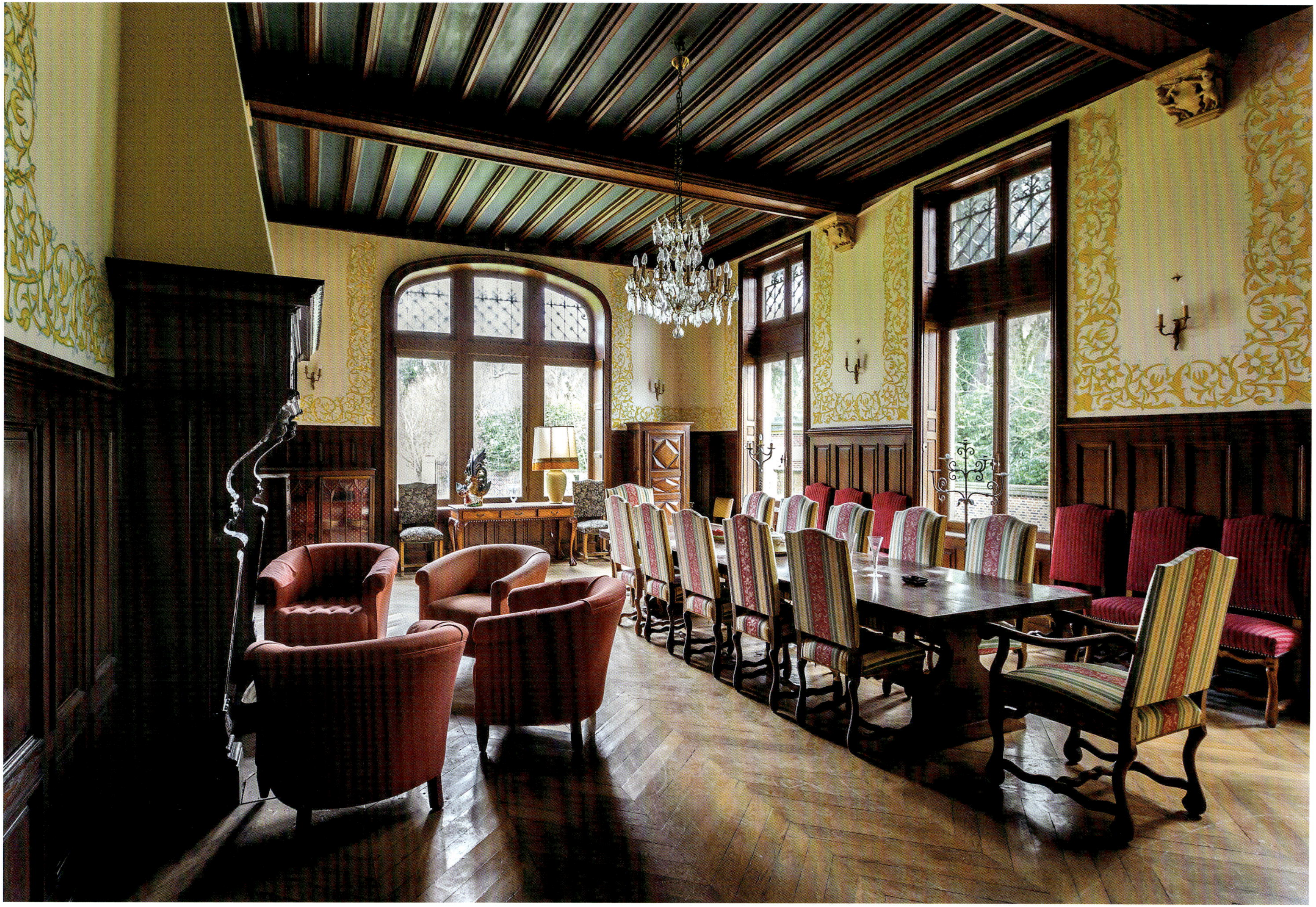

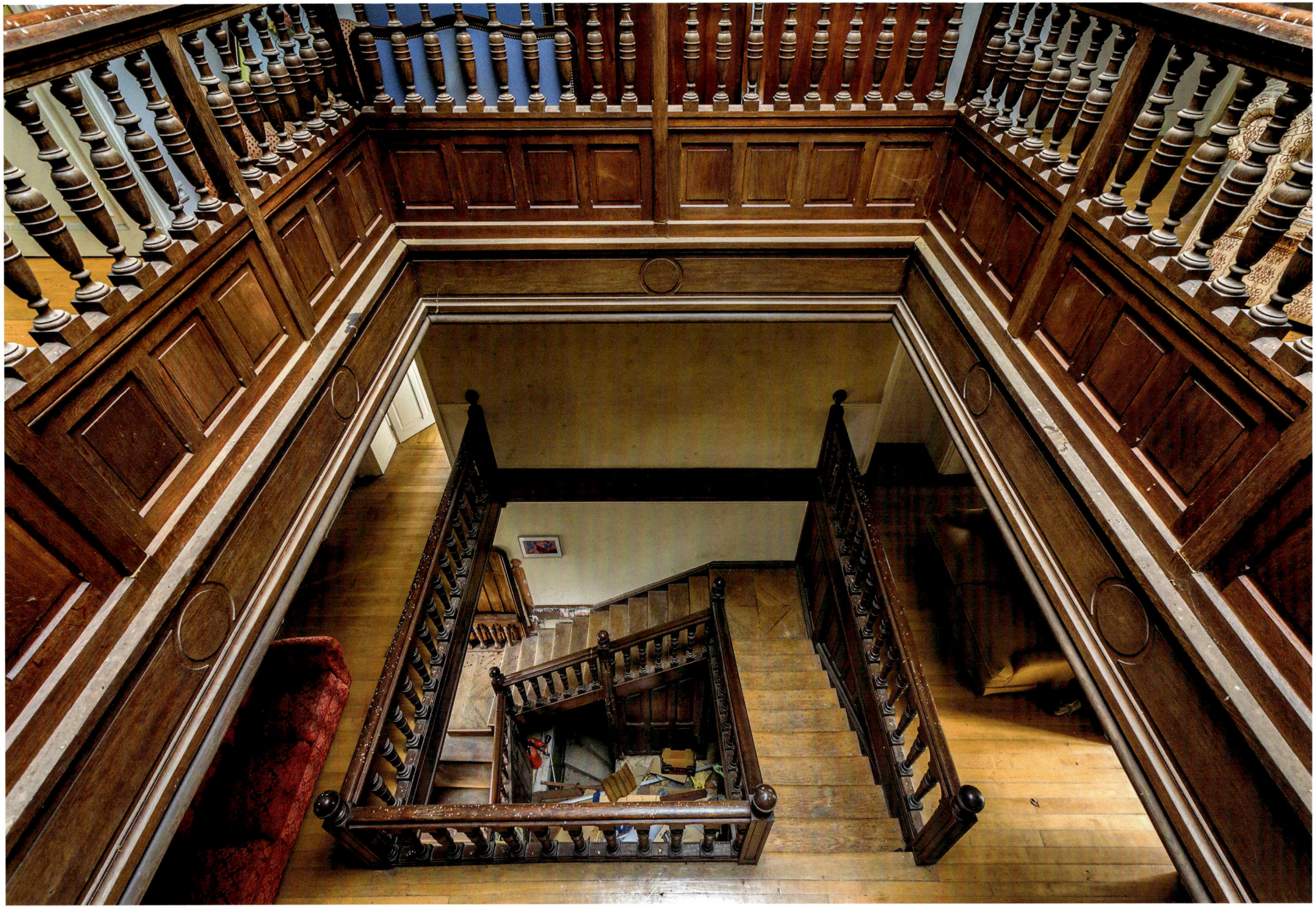

109

Manoir aux bouquets · Normandie

Von der schönen Befestigungsanlage in einem Ort im Norden Frankreichs, in dem das Leben seinen Gang geht und man sich noch kennt, sind heute nur noch Überreste der Mauer sowie ein Turm aus dem 13. Jahrhundert vorhanden. Hinter der mächtigen Mauer verbirgt sich unter üppiger Vegetation ein altes Herrenhaus. Der elegante Wintergarten, in den sich klammheimlich Efeu eingeschlichen hat, zeigt deutlich die Spuren der Zeit. Die Wände sind von Feuchtigkeit durchsetzt, die Tapete hängt in Fetzen herunter. Riesige Spinnennetze verleihen dem Ort als ungewöhnliche Dekoration einen ganz eigenen Charme. Beim Gang durch die Räume fallen unweigerlich die überall in großen Vasen verteilten Sträuße mit Trocken- und Kunstblumen ins Auge.

Die Geschichte dieses seit vielen Jahren verlassenen Gebäudes liegt im Dunkeln. Wie so oft dürfte der Grund für seine Aufgabe auch hier in einem Erbschaftsstreit oder für den Erhalt nicht ausreichenden finanziellen Mitteln liegen.

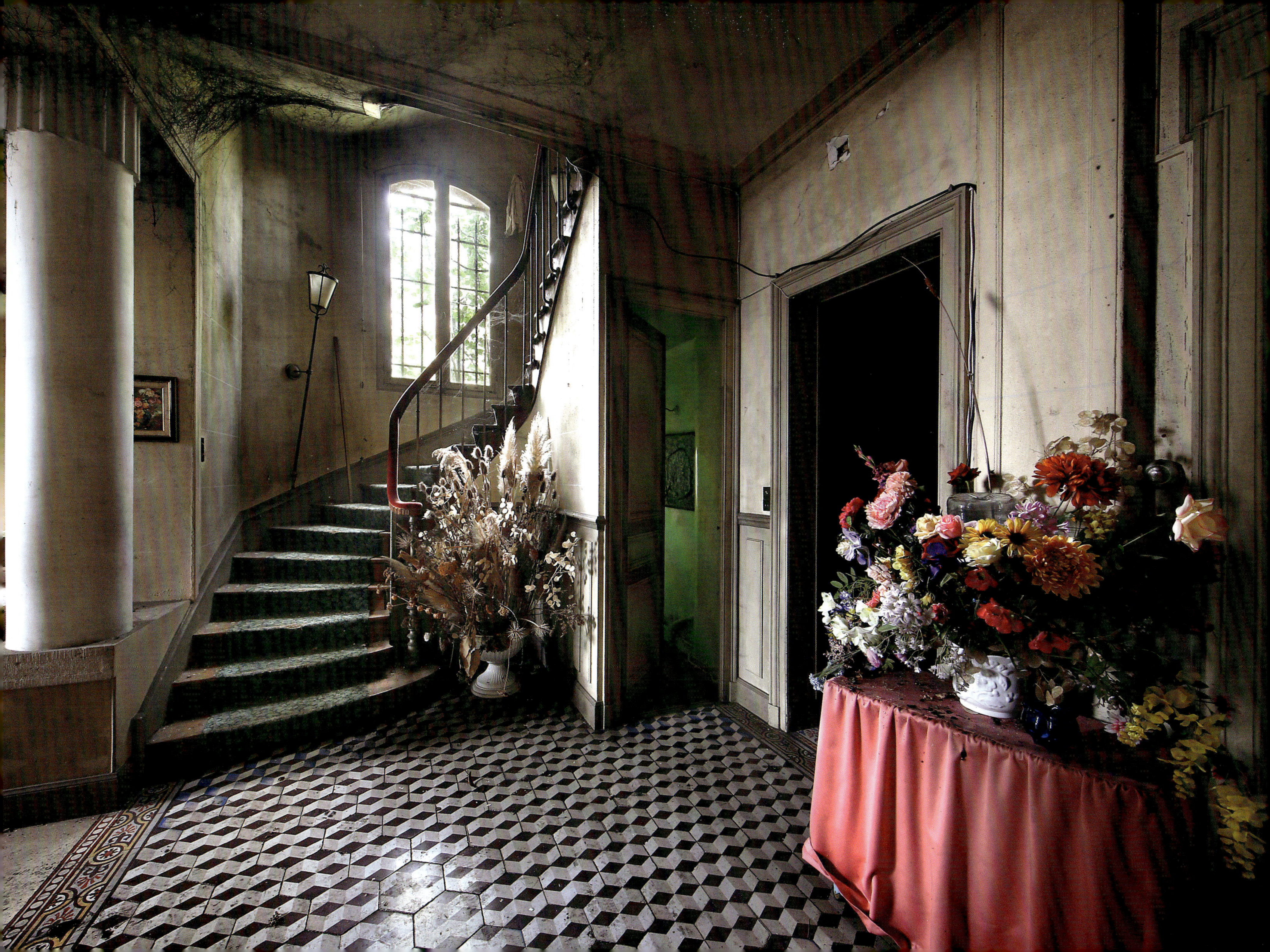

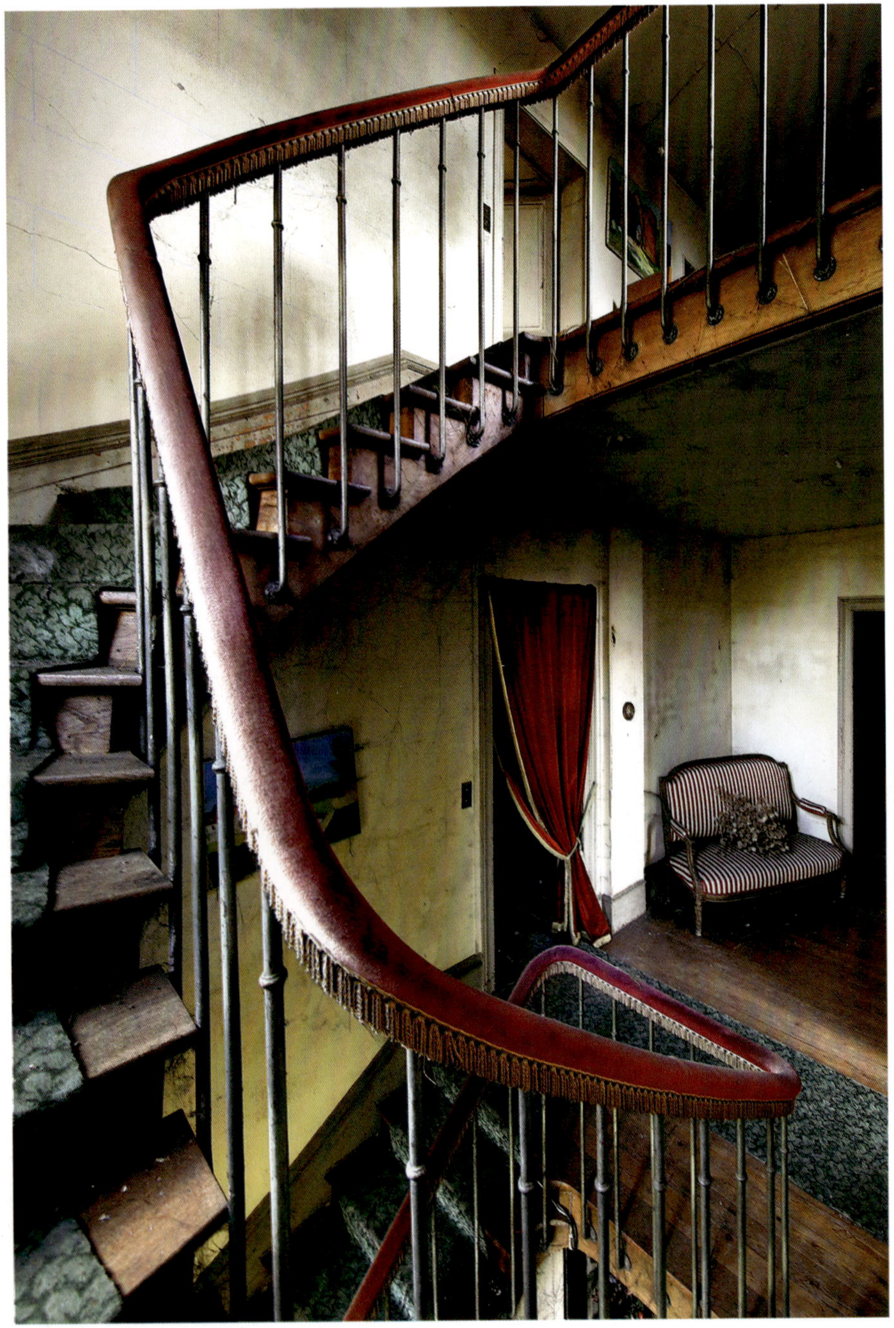
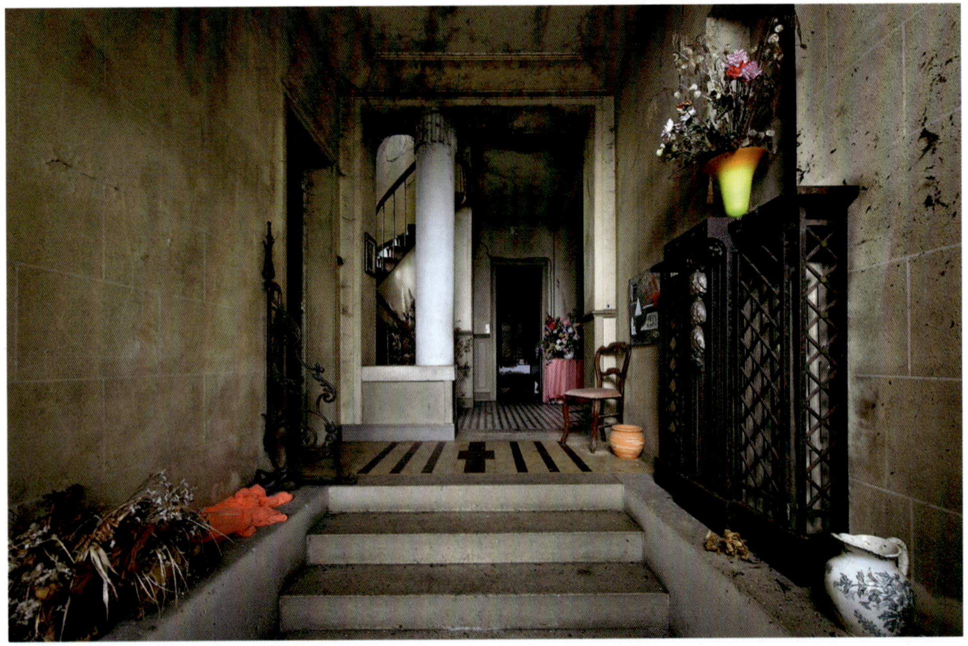
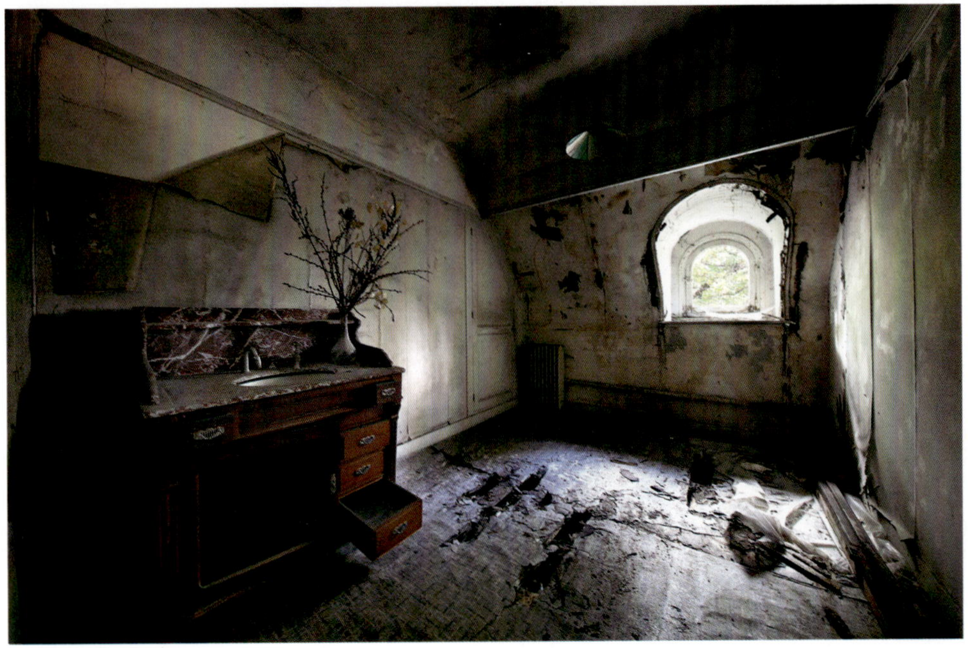

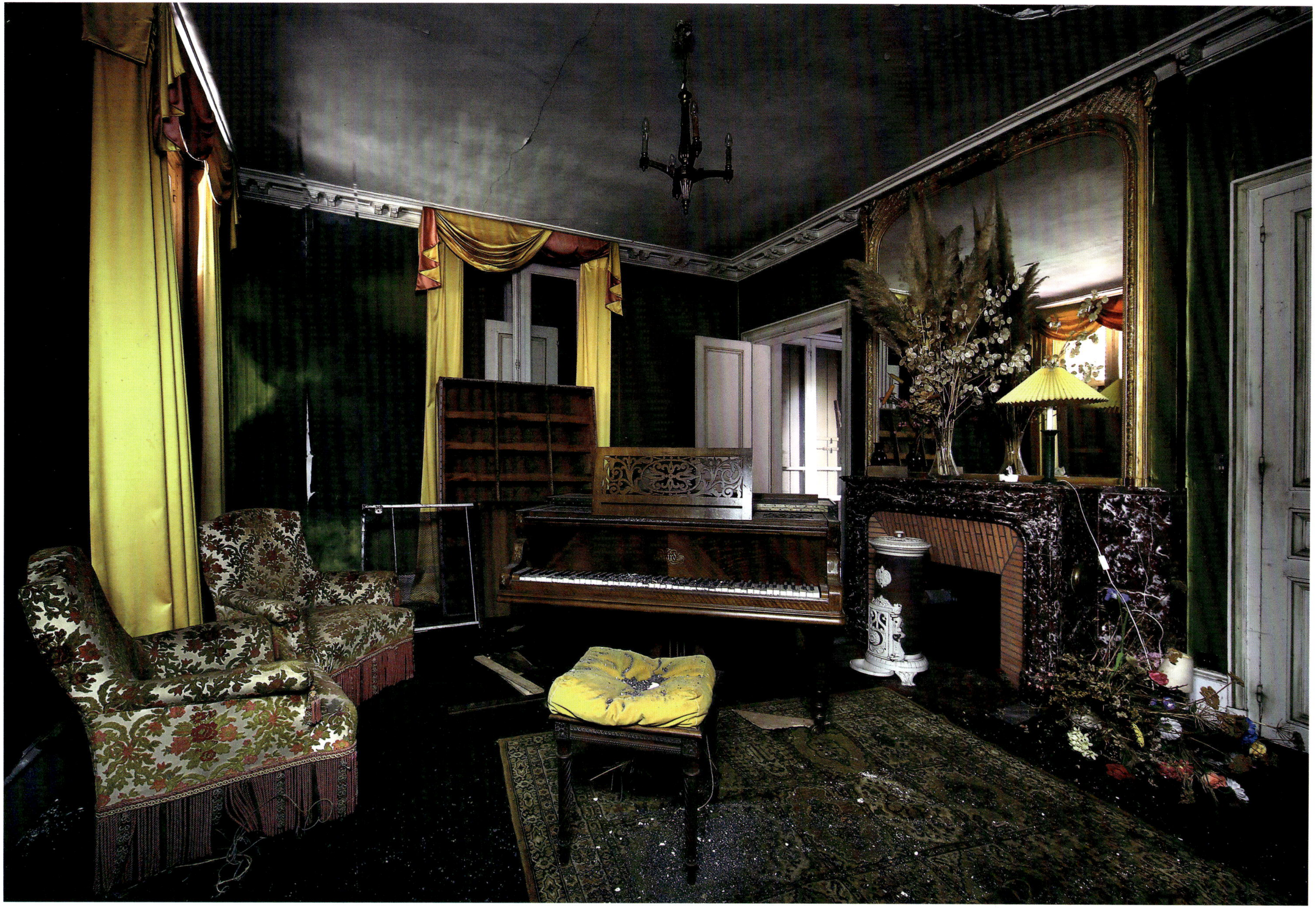

Feuerwehrkaserne Sainte-Barbe • Normandie

In dieser seit 1994 verlassenen Halle reihen sich in einer fulminanten Ausstellung außergewöhnliche Feuerwehrfahrzeuge aus den Jahren 1930 bis 1970 aneinander. Sie wurden einst von couragierten Brandbekämpfern genutzt und präsentieren sich noch heute in recht ansehnlichem Zustand. Bei den meisten von ihnen handelt es sich um Fahrzeuge der französischen Marke Saviem (1955–1978), die aus der Fusion von Latil (Lkw von Renault) und Somua hervorging. Hier und da findet sich jedoch auch ein Citroën, Berliet, Peugeot oder Delahaye.

Die Lkw-Modelle beeindrucken durch ihre vielfältige Form. Die Ausstattung variiert stark je nach Einsatzzweck der einzelnen Fahrzeuge: Übelkeit, Verbrennungen, offene Wunden, Verkehrs-, Sport-, Haushalts- oder Arbeitsunfälle ... Spezifische Funktionen beeinflussen auch das Äußere, sodass sich die Fahrzeuge zum Teil deutlich von den altbekannten Rettungswagen und den klassischen Drehleiterfahrzeugen unterscheiden.

Das Einzige, was allen gemein ist, ist die rote Farbe, in der alle Feuerwehrfahrzeuge seit dem 19. Jahrhundert lackiert sind. Damals hatte die Pariser Feuerwehr zinnoberrote Feuerlöschpumpen aus England importiert. Da die Farbe weithin sichtbar und für die Bevölkerung gut zu erkennen war, wurde beschlossen, sie auf die gesamte Feuerwehr in Frankreich zu übertragen.

Die hier vorgestellte Sammlung wird aktuell restauriert und anschließend in neuem Glanz in einem Museum zu sehen sein. Ein Projekt, das angesichts des hohen Seltenheitswerts einiger der Fahrzeugmodelle sehr zu begrüßen ist.

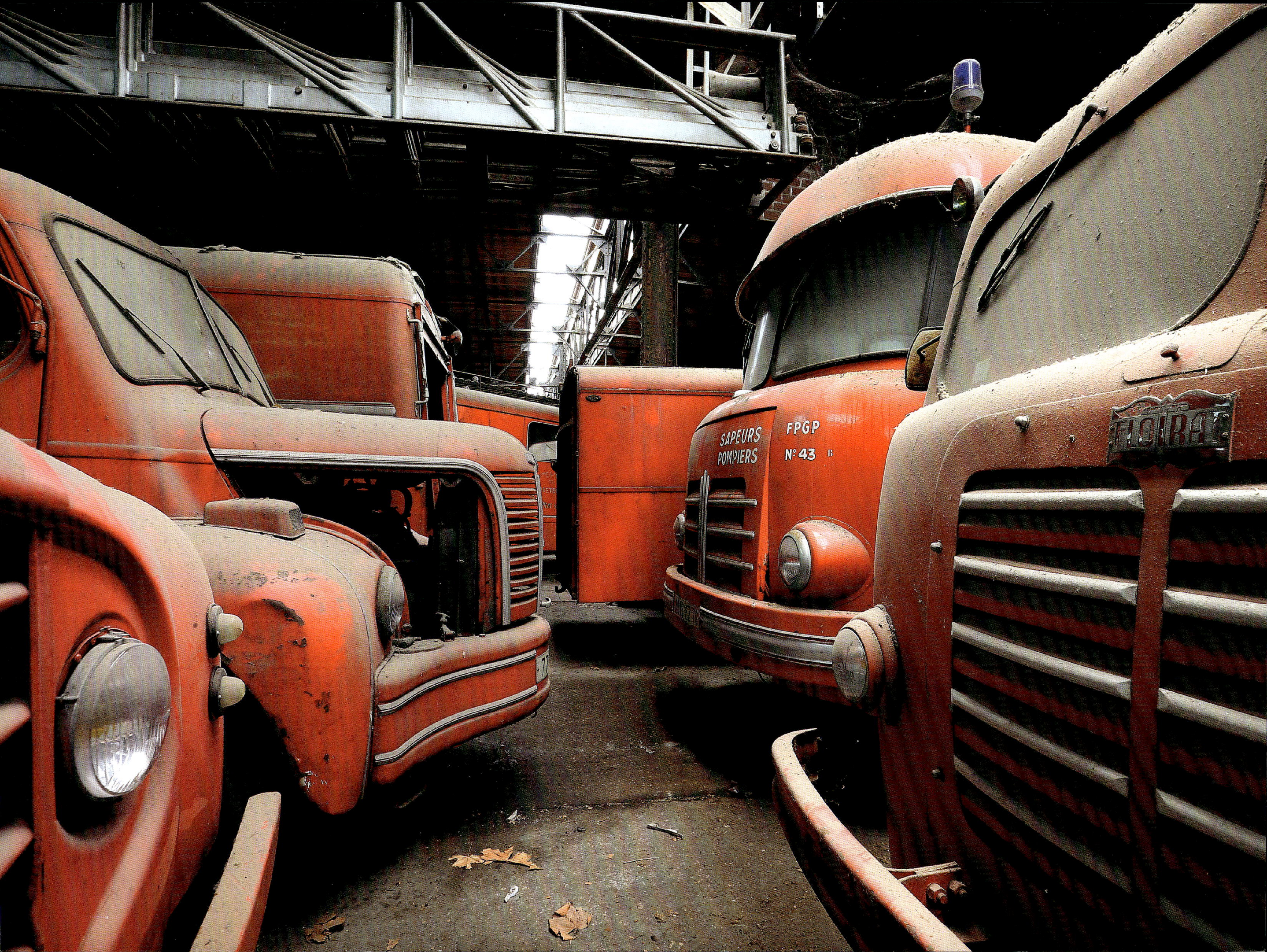
SAPEURS
POMPIERS
FPGP
N°43 B

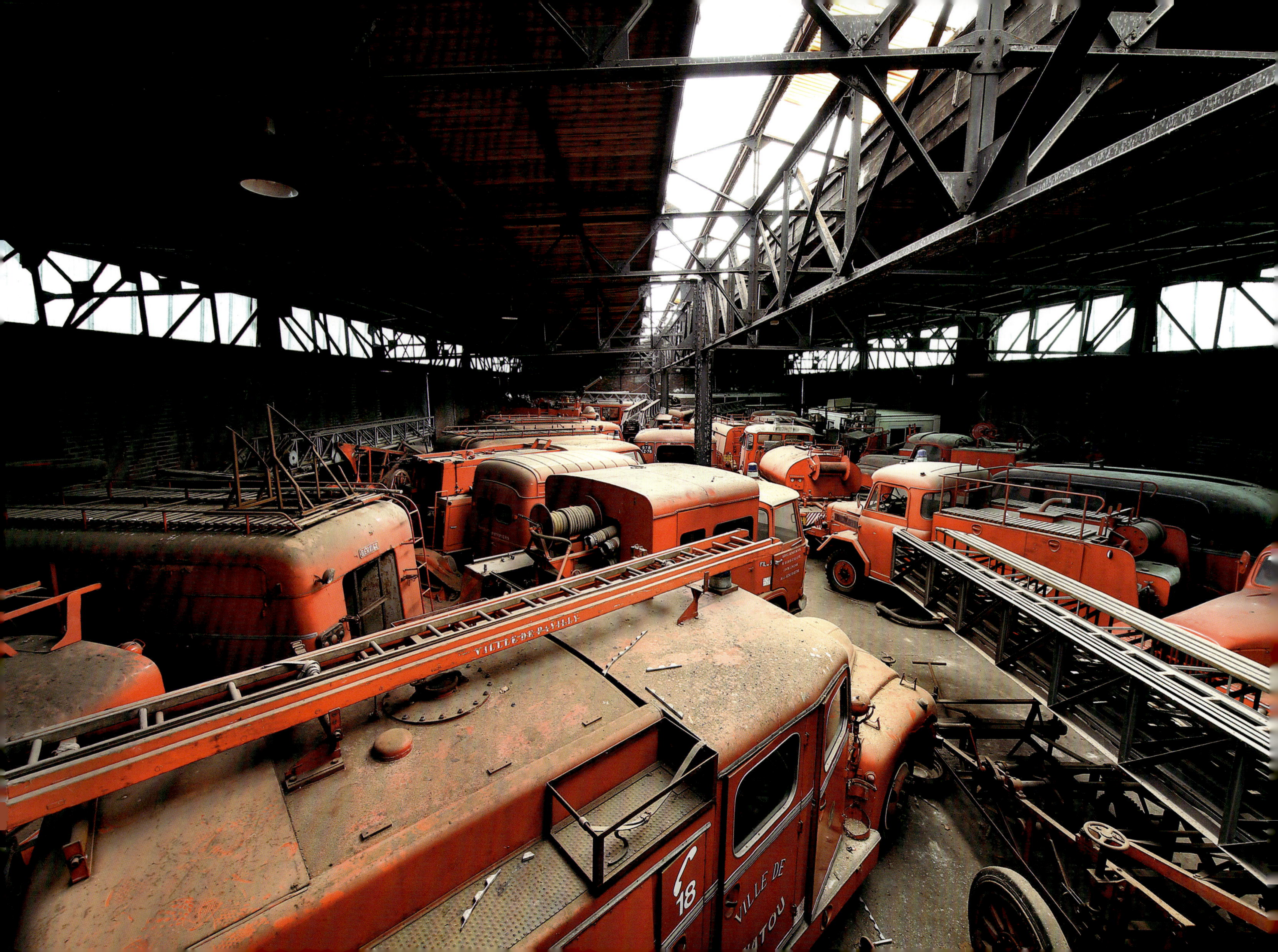
VILLE DE PAVILLY
18
VILLE DE

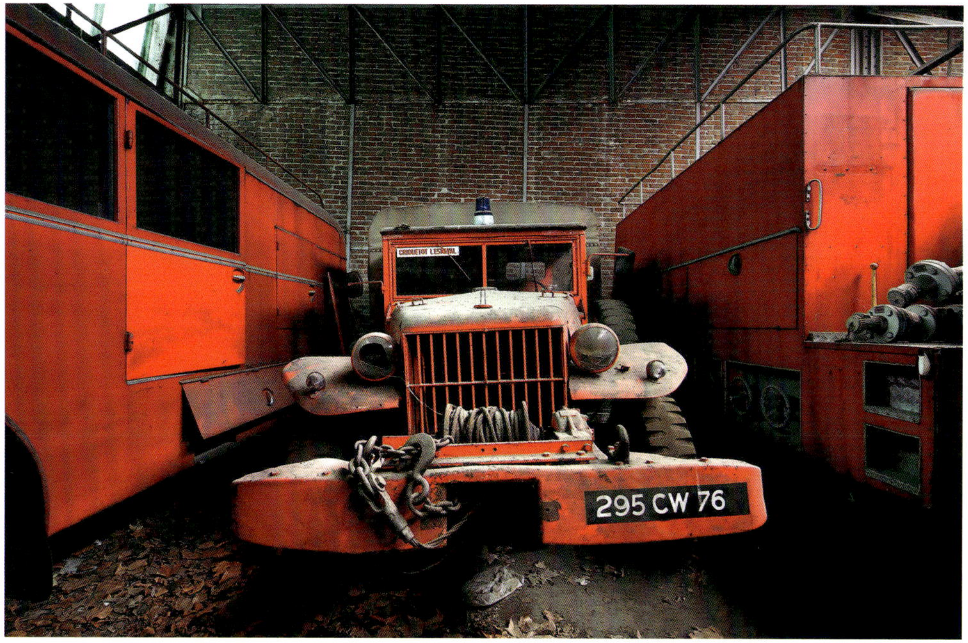
295 CW 76

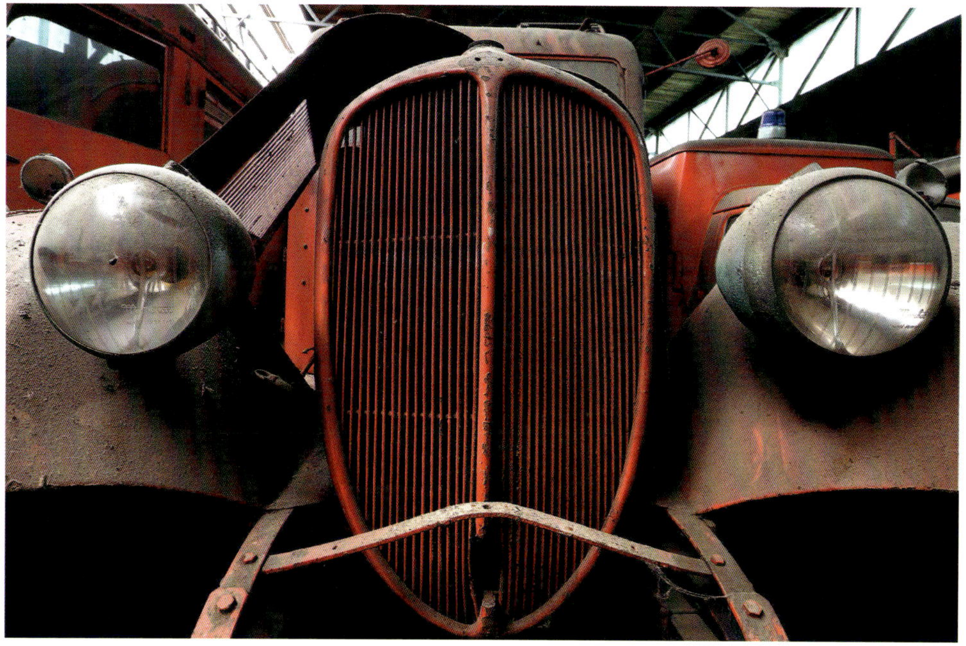

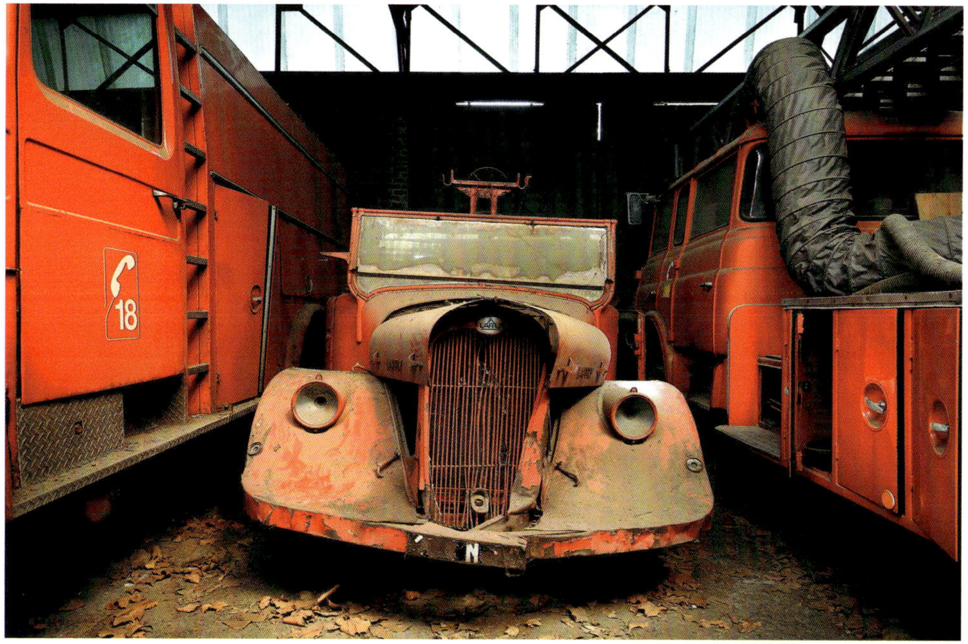
18

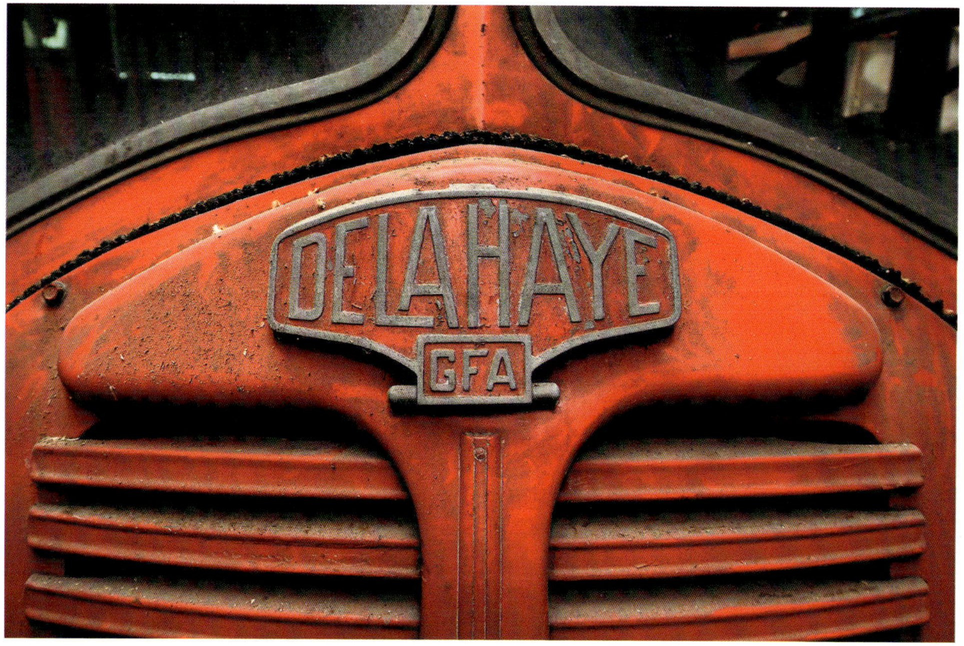
DELAHAYE
GFA

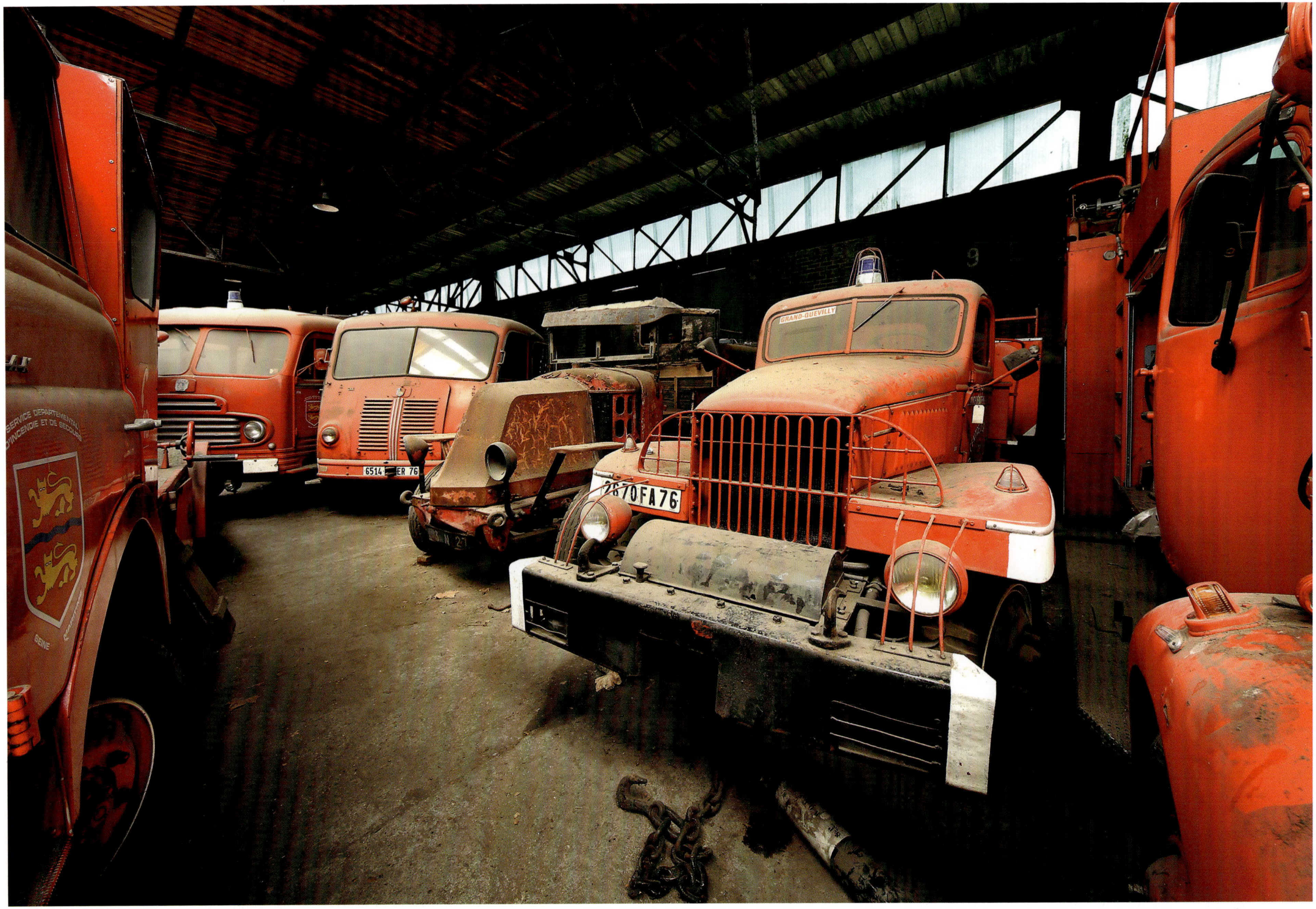
GRAND-QUEVILLY
2670FA76

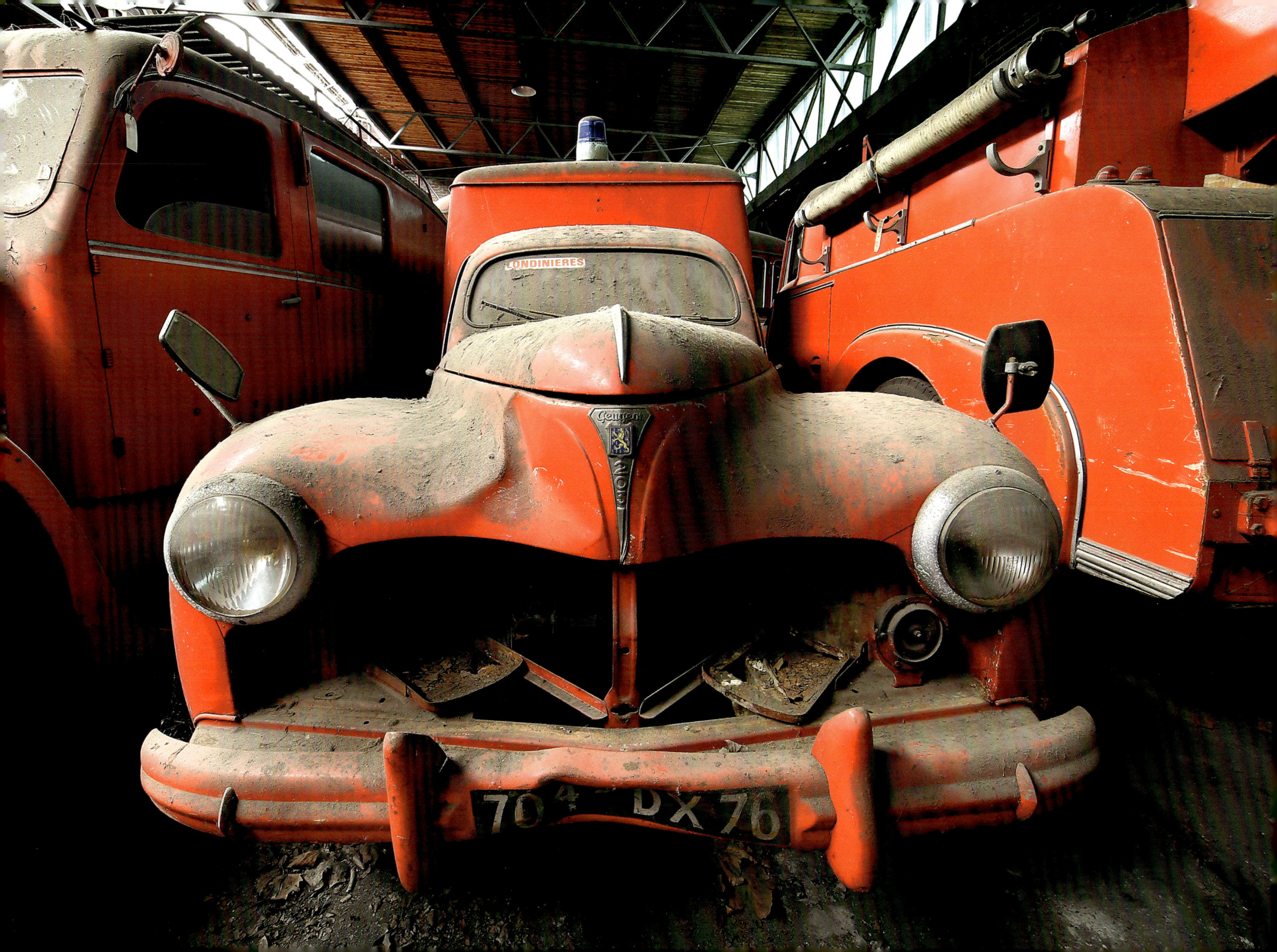
LONDINIERES
704 DX 76

Sleeping Trains • Normandie

Lust auf eine stilechte Zeitreise? Steigen Sie ein und begeben Sie sich auf einem Abschnitt der alten Strecke Rouen–Orléans auf eine gemächliche Reise durch die französische Eisenbahngeschichte. Tauchen Sie mit mir ein in das Ambiente vergangener Zeiten: Schalter, Waage, Warenhalle ... alles, was einen Bahnhof einst zu einem der wichtigsten Wirtschaftsfaktoren einer Region machte.

Der Autorail ABJ4 in charakteristischem Rot-Weiß wurde 1948 von Renault konstruiert. Das Schienenfahrzeug steht unter Denkmalschutz und ist das einzige seiner Art, das noch heute in Betrieb ist. Der nur mit 1. Klasse verkehrende Autorail war mit einem 300-PS-Motor ausgestattet und fuhr mit 120 km/h auf der sogenannten Ligne du Sud-Ouest (Süd-West-Strecke).

In Frankreich nutzte die Post lange Zeit spezielle Briefpostwagen, in denen Briefsendungen von Mitarbeitern sortiert und Eilsendungen befördert wurden. Diese Waggons wurden meist einzeln in Reisezüge eingestellt. Dabei gab es Tagesfahrten, die als „primos", und Nachtfahrten, die als „secondos" bezeichnet wurden und bis 1995 nach und nach verschwanden. Der erste Briefpostwagen, in dem auch eine Sortierung vorgenommen werden konnte, verkehrt am 1. August 1845 auf der Strecke Paris–Rouen. Der zweiachsige Waggon war 4,80 Meter lang und verfügte über einen Aufbau aus Holz. Kunden konnten ihre Briefe an den Haltestellen des Zuges in den Briefkasten des Sortierwaggons einwerfen. Anschließend wurden diese im Zug bearbeitet und mit Marken frankiert, die heute unter Sammlern sehr gefragt sind.

Heute gibt es Dutzende solcher Zugteile aus unterschiedlichen Epochen, die von Liebhabern gepflegt und am Leben erhalten werden. Im Gespräch mit ihnen werden Kindheitsträume wahr ...

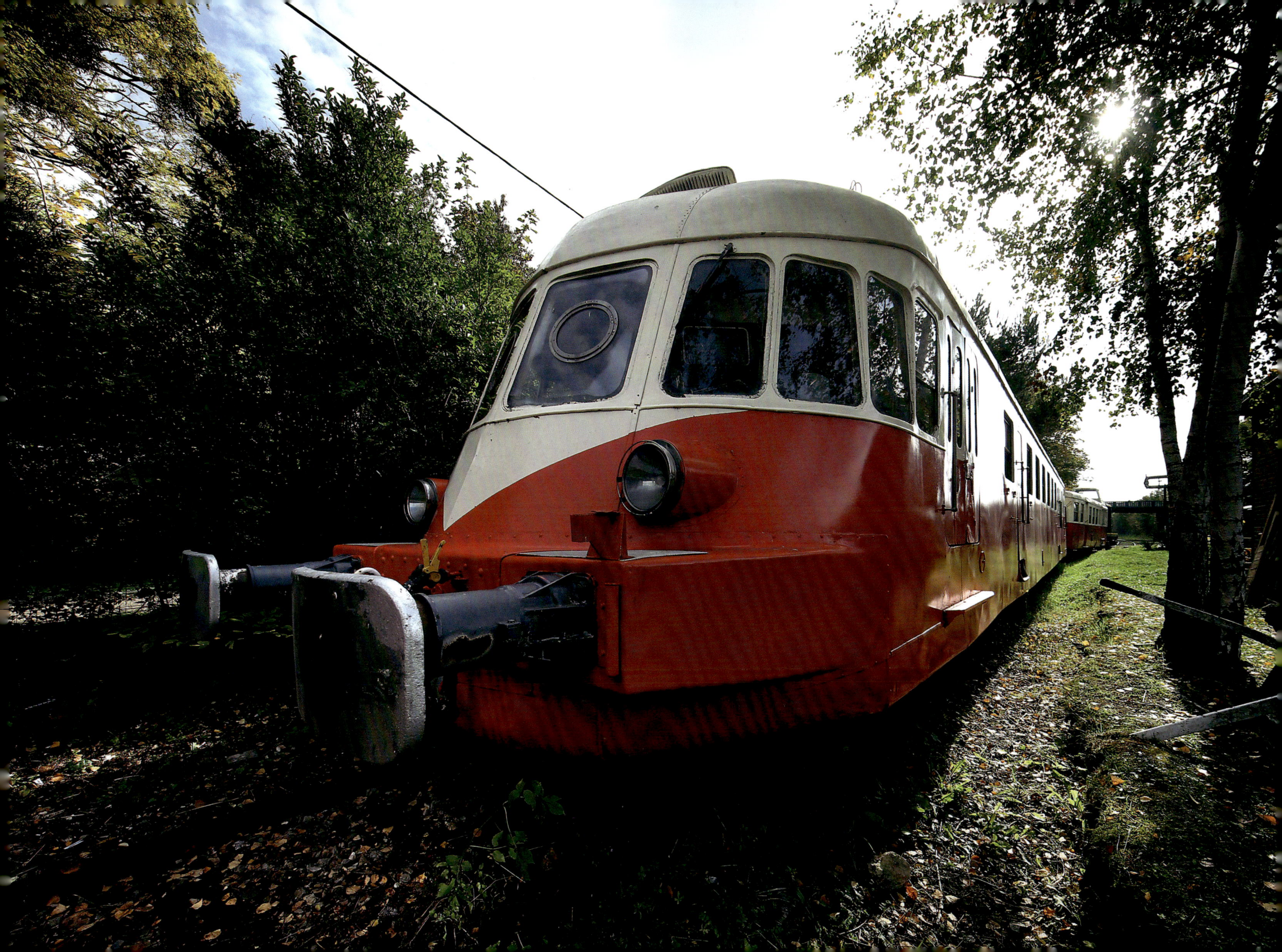

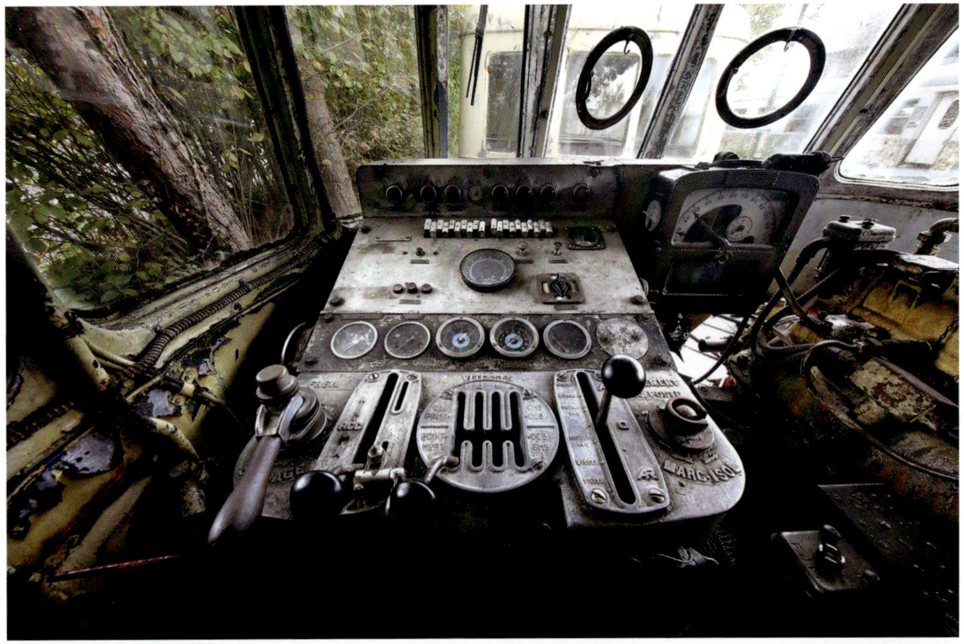

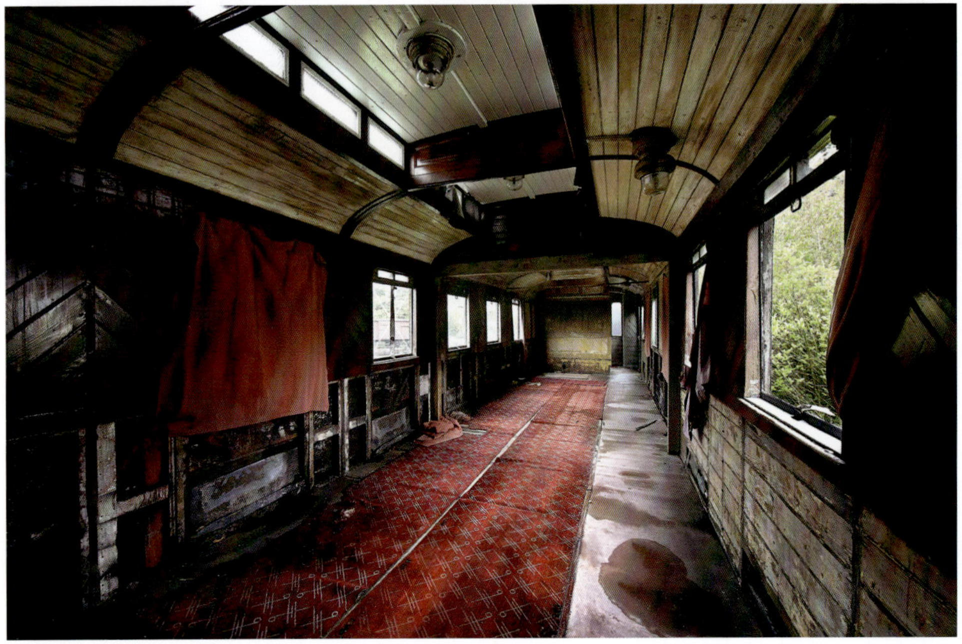

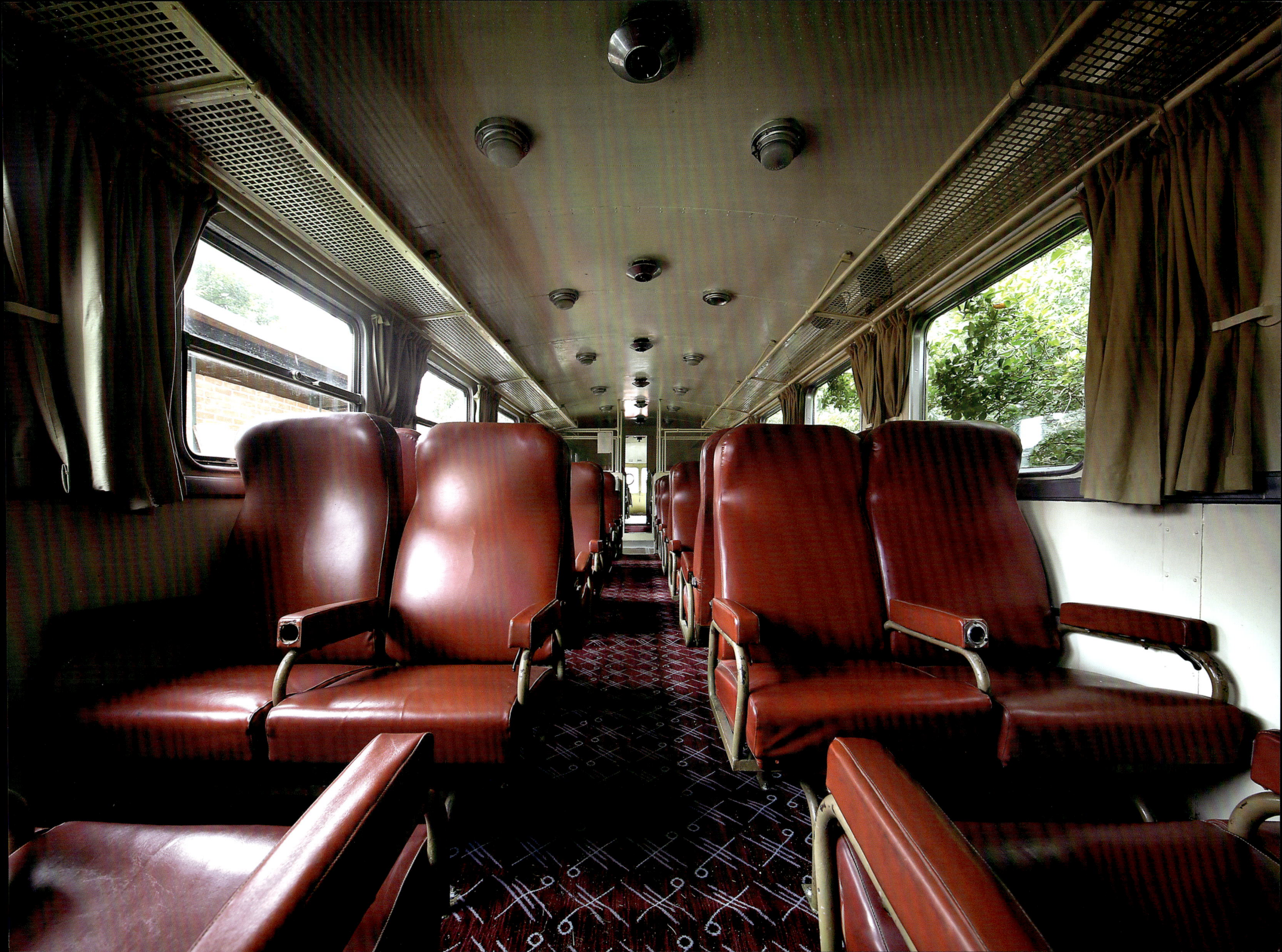

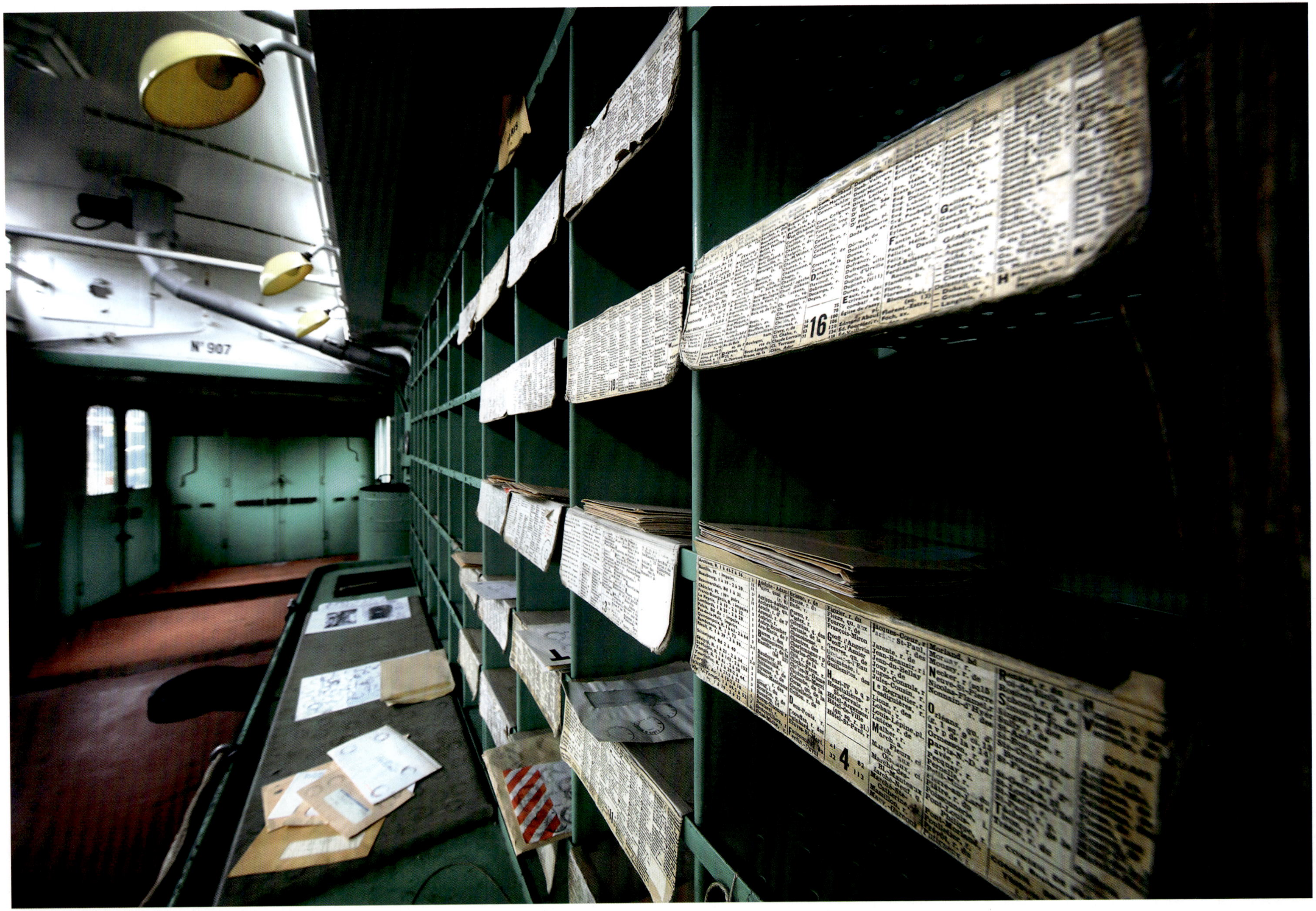
N° 907
16

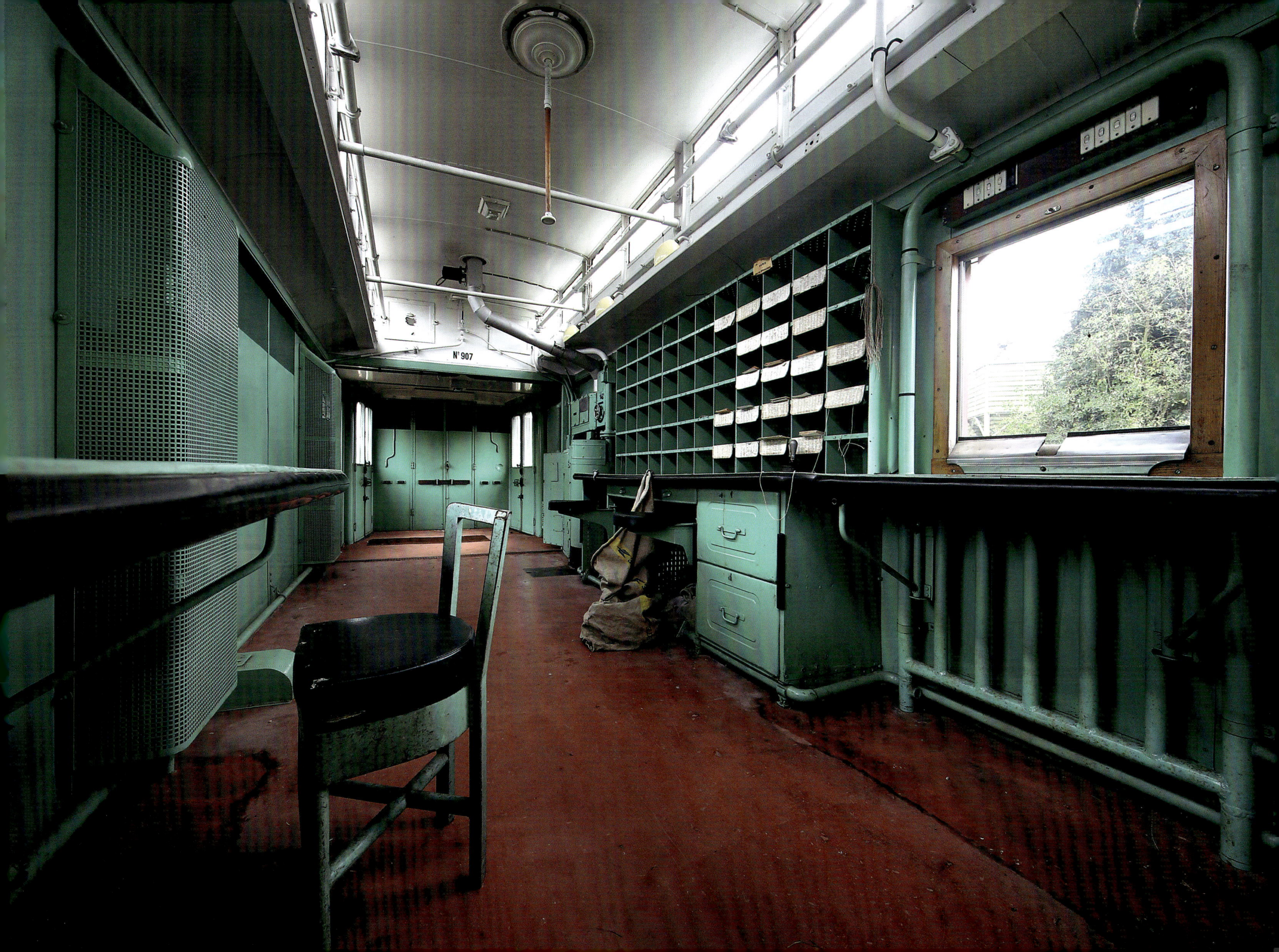
N° 907

Diamond Palace · Normandie

Das monumentale neoklassische Gebäude steht unter Denkmalschutz. Erbaut wurde es zwischen 1783 und 1866 weitgehend mit Naturstein aus der Region Calvados, der sich im Bauwesen ab dem 11. Jahrhundert großer Beliebtheit erfreute.

Das Gebäude ruht auf einem sechseckigen Grundriss und wird von zehn mächtigen ionischen Säulen getragen, die sich zu einem belebten Platz hin öffnen. Durch den Beschluss, einen Stadtturm aus dem 15. Jahrhundert – den einst als Gefängnis genutzten „Tour Châtimoine" – in das Ensemble zu integrieren, erhält dieses die atypische Form eines am nördlichen und südlichen Ende beschnittenen Rhombus. Am Vorabend der Französischen Revolution waren nur das Gefängnis, die Vogtei und der königliche Hof fertiggestellt. 1809 wurden die Arbeiten unter Leitung des Architekten Jean-Baptiste Harou-Romain wieder aufgenommen. Für den großen Sitzungssaal (1866) zeichnet hingegen der Architekt Léon Marcotte verantwortlich. Das Appellationsgericht samt der außergewöhnlich ausgestalteten „Salle des abeilles" – Bienensaal – konnte im Zuge einer groß angelegten Sanierung des Großinstanzgerichts im 20. Jahrhundert in weiten Teilen erhalten werden.

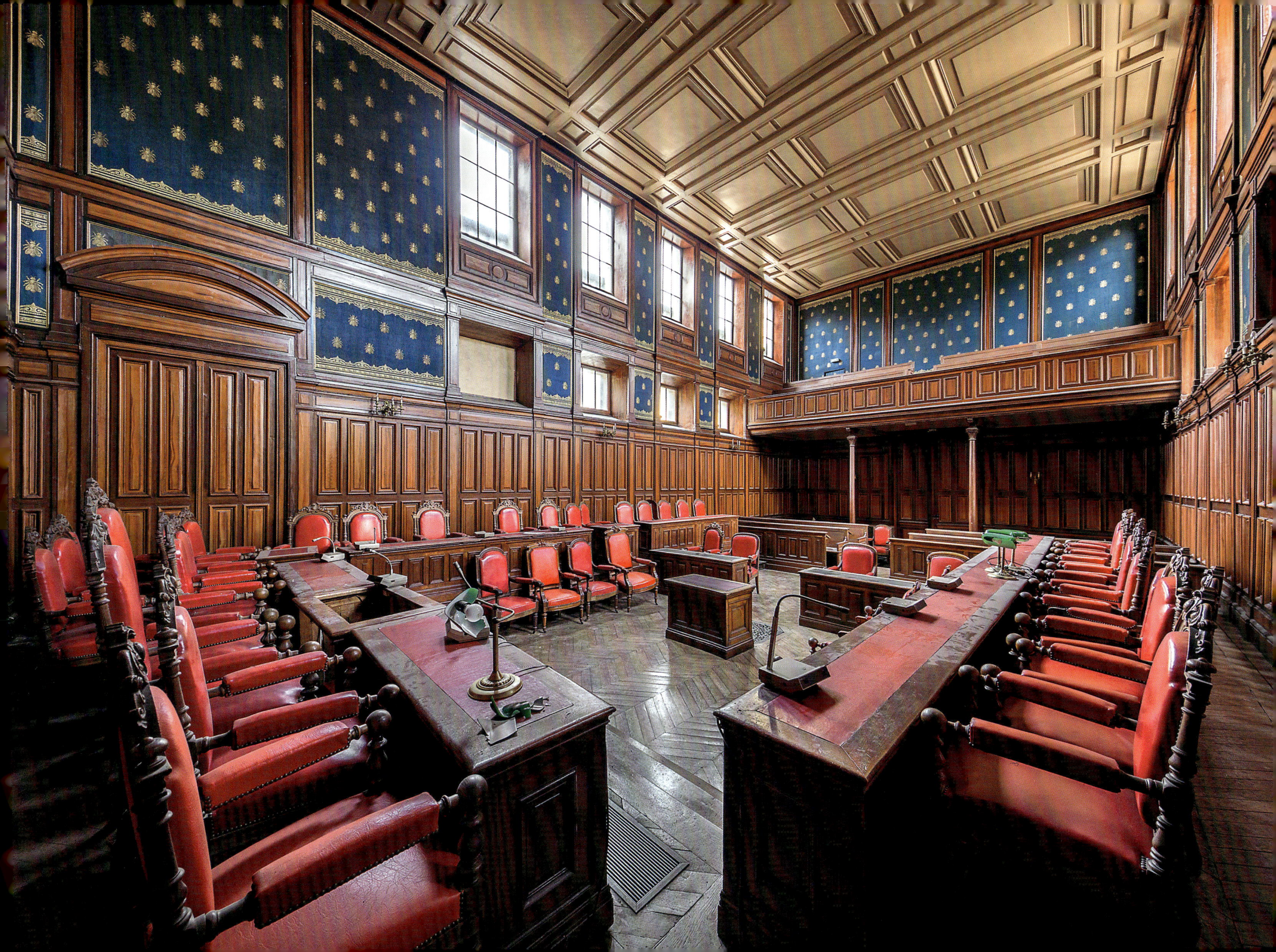

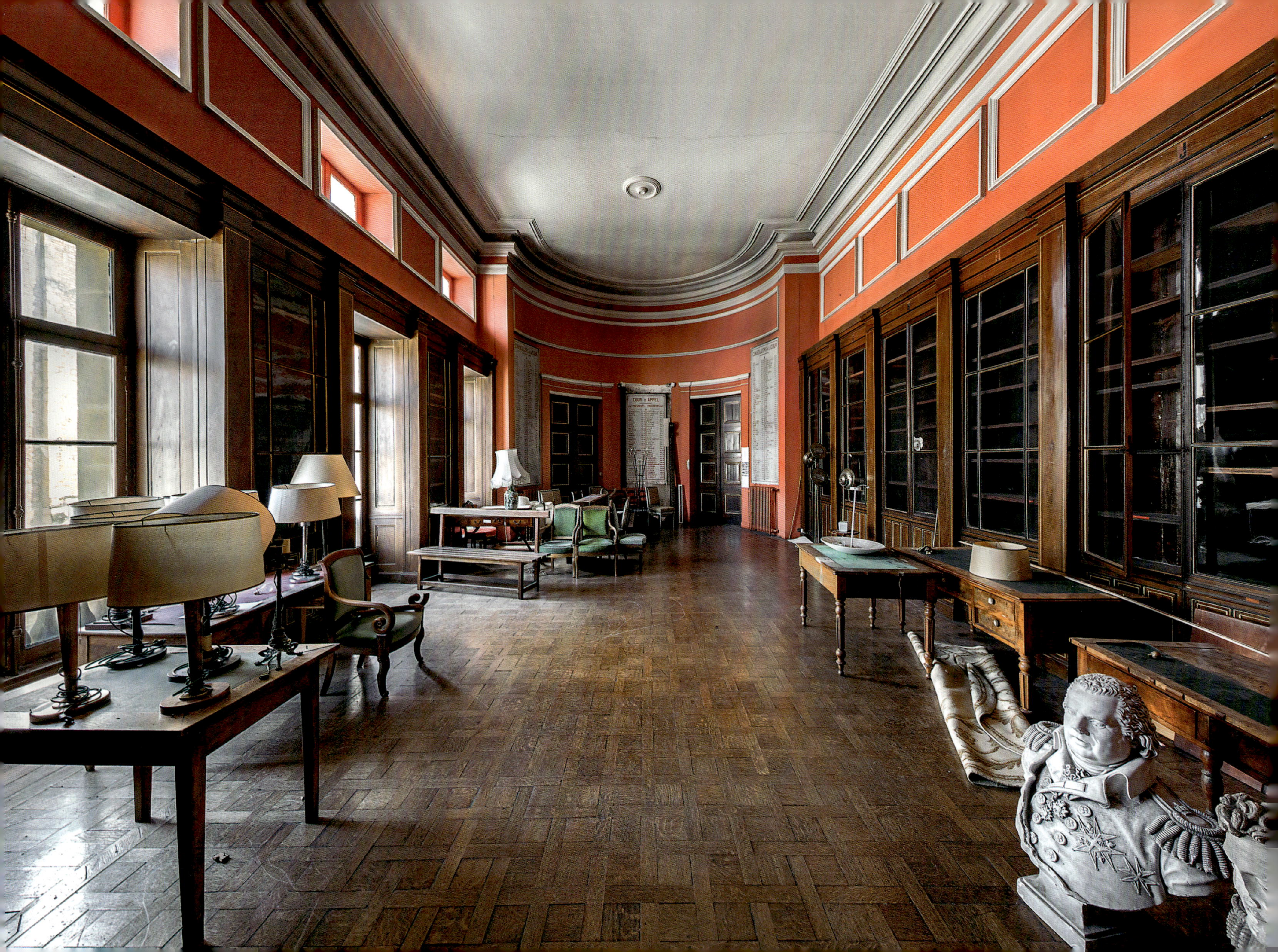
COUR D'APPEL

1978 startete der Tiefbauingenieur Armand Lefèbvre sein Vorhaben eines „Tempels der Justiz", der neben einem Justizpalast für Straf- und Zivilsachen auch ein Handelsgericht, ein Berufungsgericht, ein Arbeitsgericht, ein Schwurgericht und ein Erst- und Großinstanzgericht umfassen sollte. Seit seiner Schließung im Juli 2015 wird das Gebäude instand gehalten. Angesichts seiner langen Geschichte scheint es an ein Wunder zu grenzen, dass es heute überhaupt noch in dieser Form vorhanden ist. 1944 von den Bomben des Zweiten Weltkriegs verschont, wurde es in der Folge erweitert, verändert und zum Teil auch gehörig verunstaltet. Der Bürgermeister von Caen bezeichnet das Gebäude als „einzigen noch stehenden Justizpalast des 18. Jahrhunderts in ganz Frankreich". Die Marriott-Hotelgruppe will den früheren Justizpalast bis 2023 in ein Luxushotel mit einem über 500 Plätze umfassenden Kongresszentrum und einer 400 Quadratmeter großen Brasserie umbauen. Ein Prachtbau, der gerettet werden konnte.

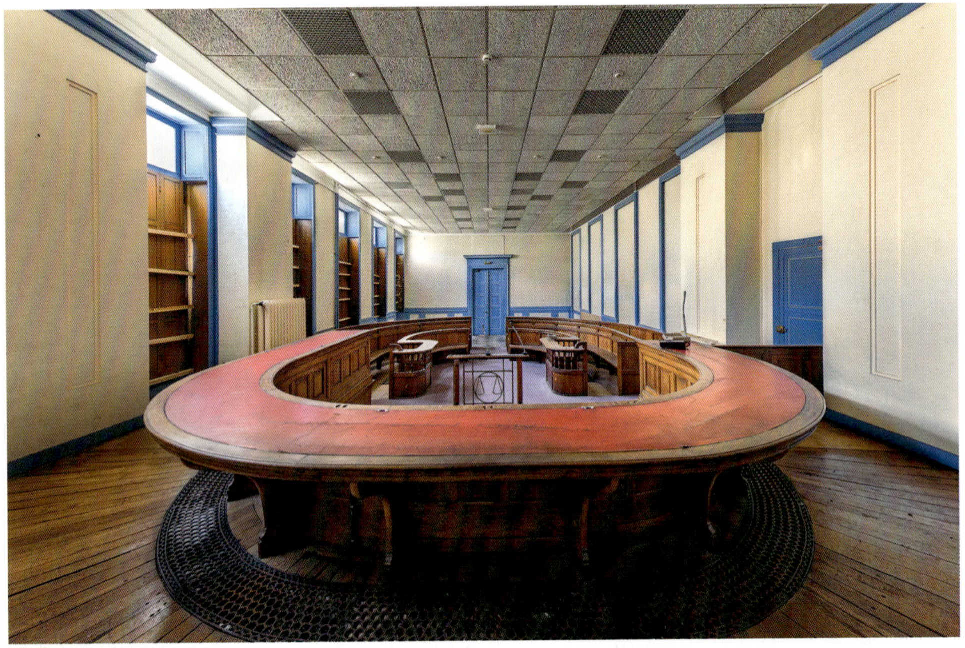

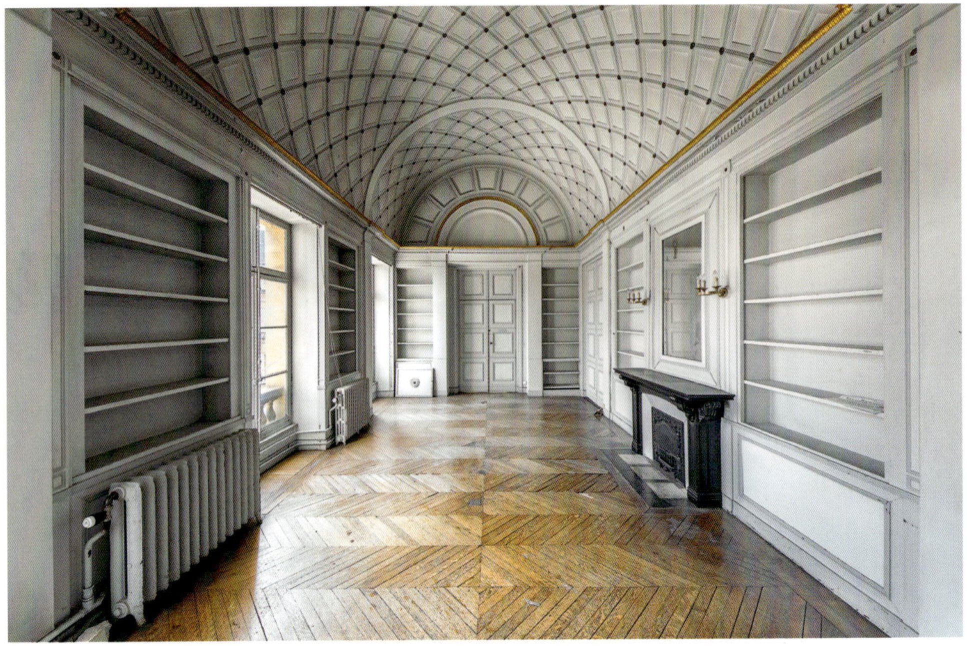

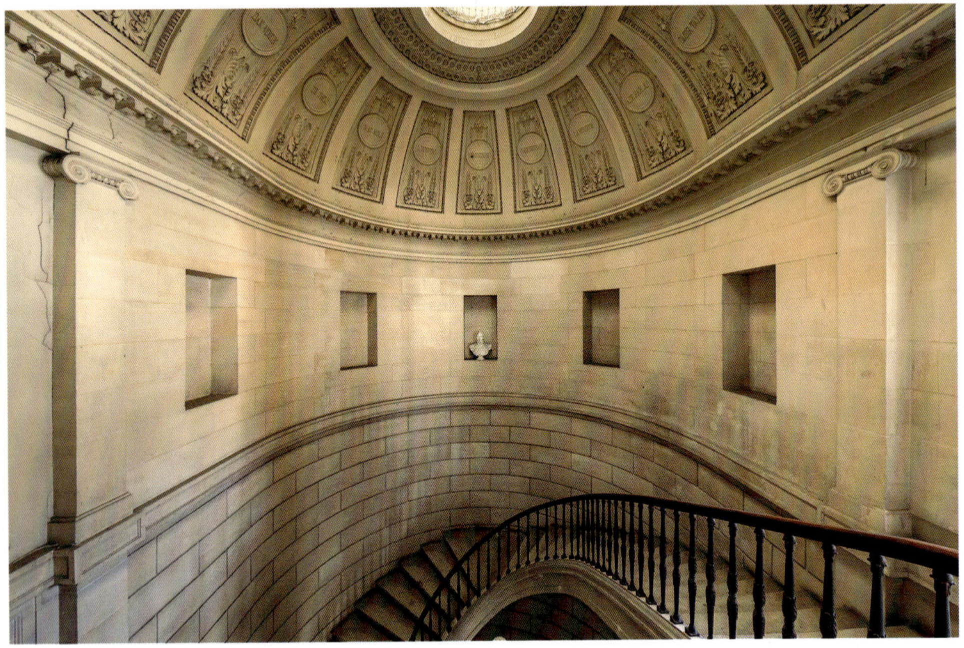

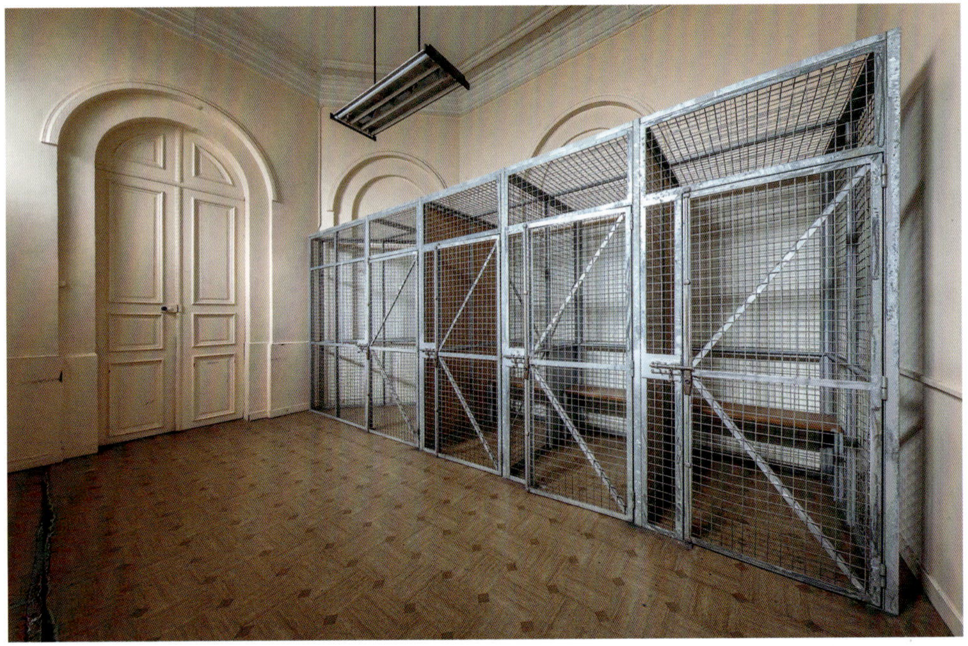

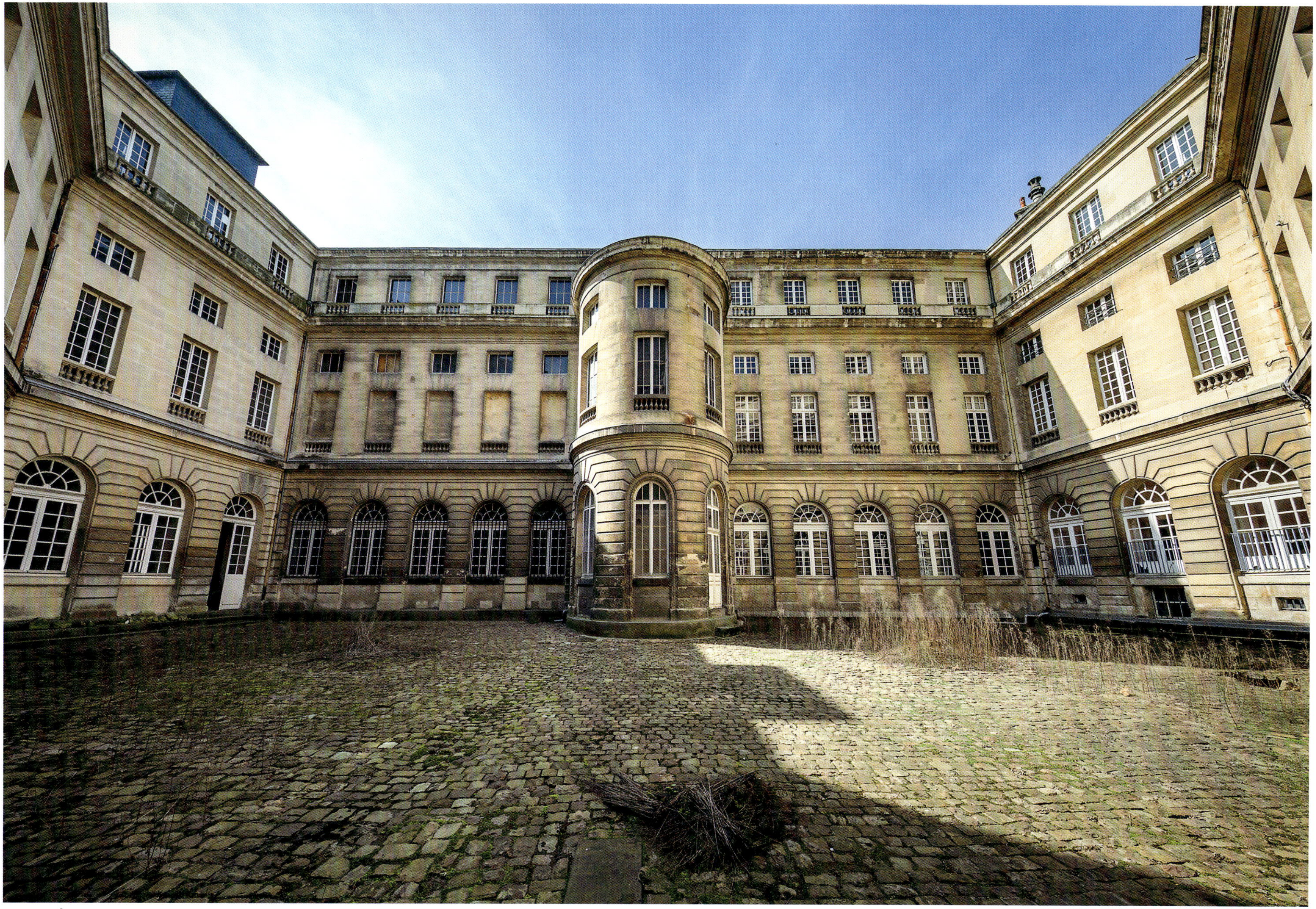

Château Jumanji • Centre-Val de Loire

In der Renaissance fing es unter Fürsten und Herrschern an zum guten Ton zu gehören, sich in den eigenen Forsten einen Landsitz bauen zu lassen. Von dort aus konnte man dann der seinerzeit sehr beliebten Jagd nachgehen.

Dieses schöne, von namhaften und hofnahen Architekten errichtete Jagdhaus präsentiert sich rustikal, war jedoch mit jeglichem Komfort und standesgemäßer Ausstattung versehen. Die mit Jagdtrophäen geschmückte Eingangshalle öffnet sich zu einer sensationellen Treppe, die Kreativität, Baukunst und Schönheit in stark historisierendem Stil feiert. In entspannter ländlicher Atmosphäre traf sich in diesem Speisezimmer die Jagdgesellschaft zum ungezwungenen Beisammensein.

Ein schönes, gut erhaltenes Anwesen, dem hoffentlich ein langes Leben beschieden sein wird.

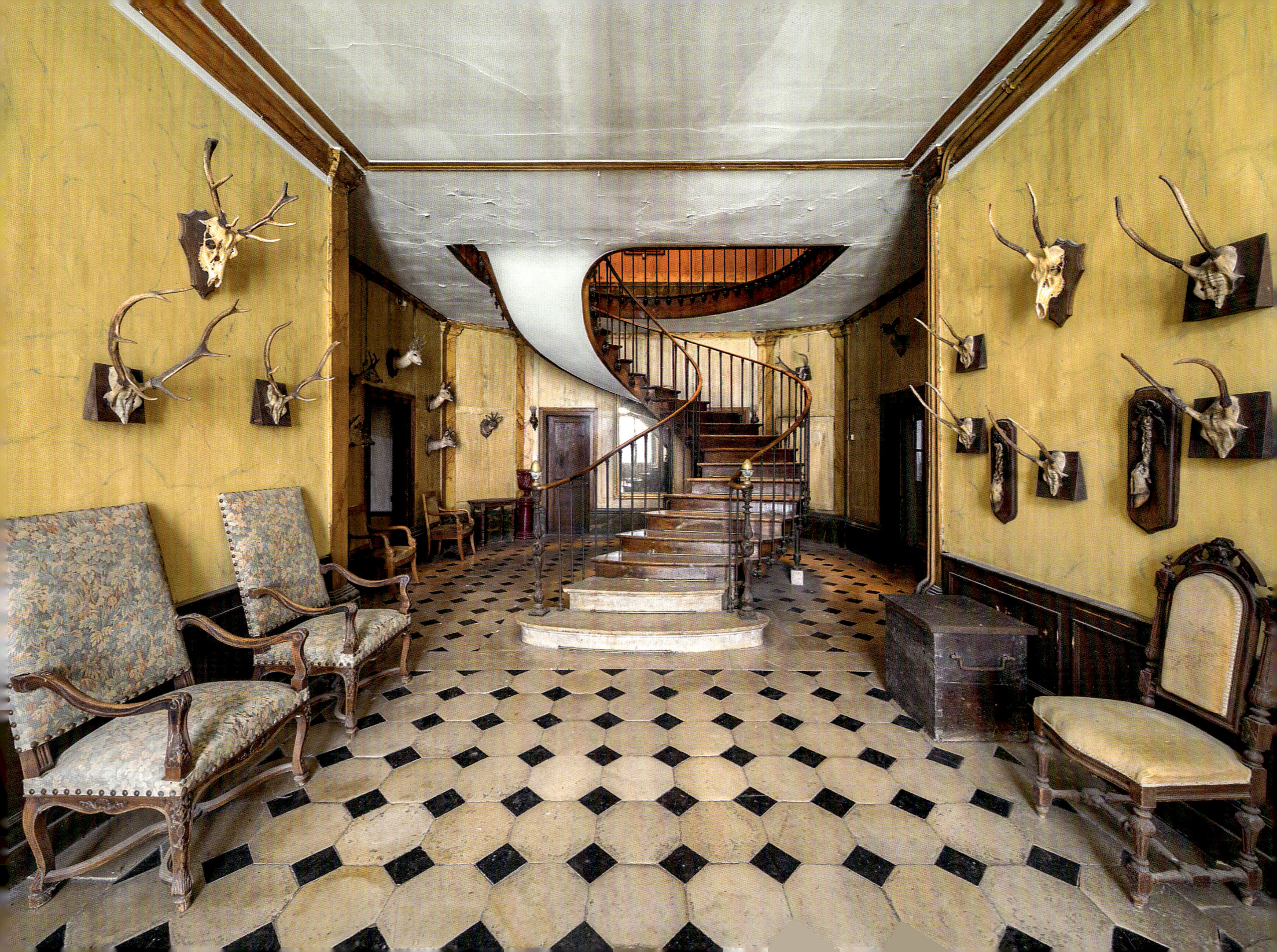

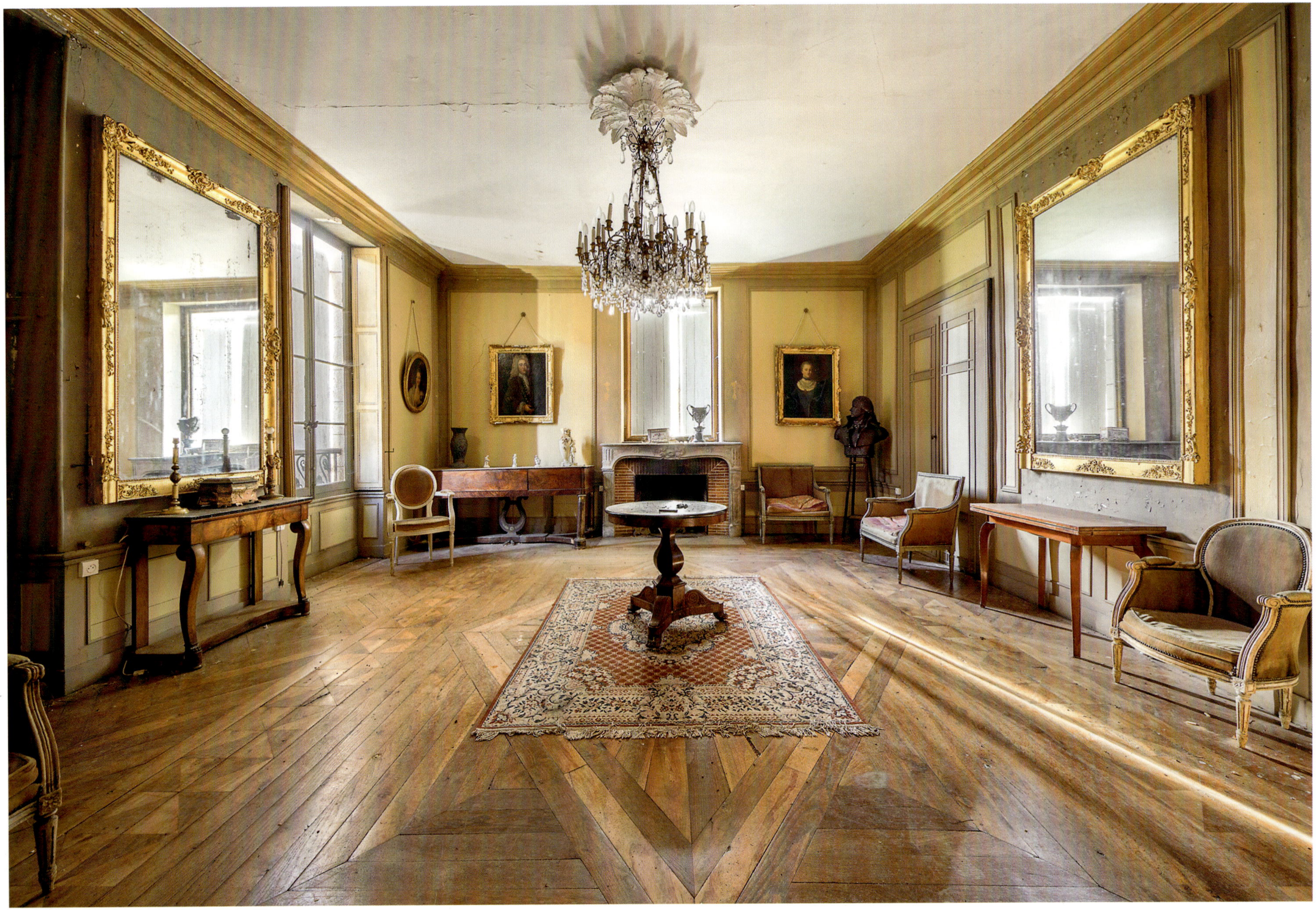

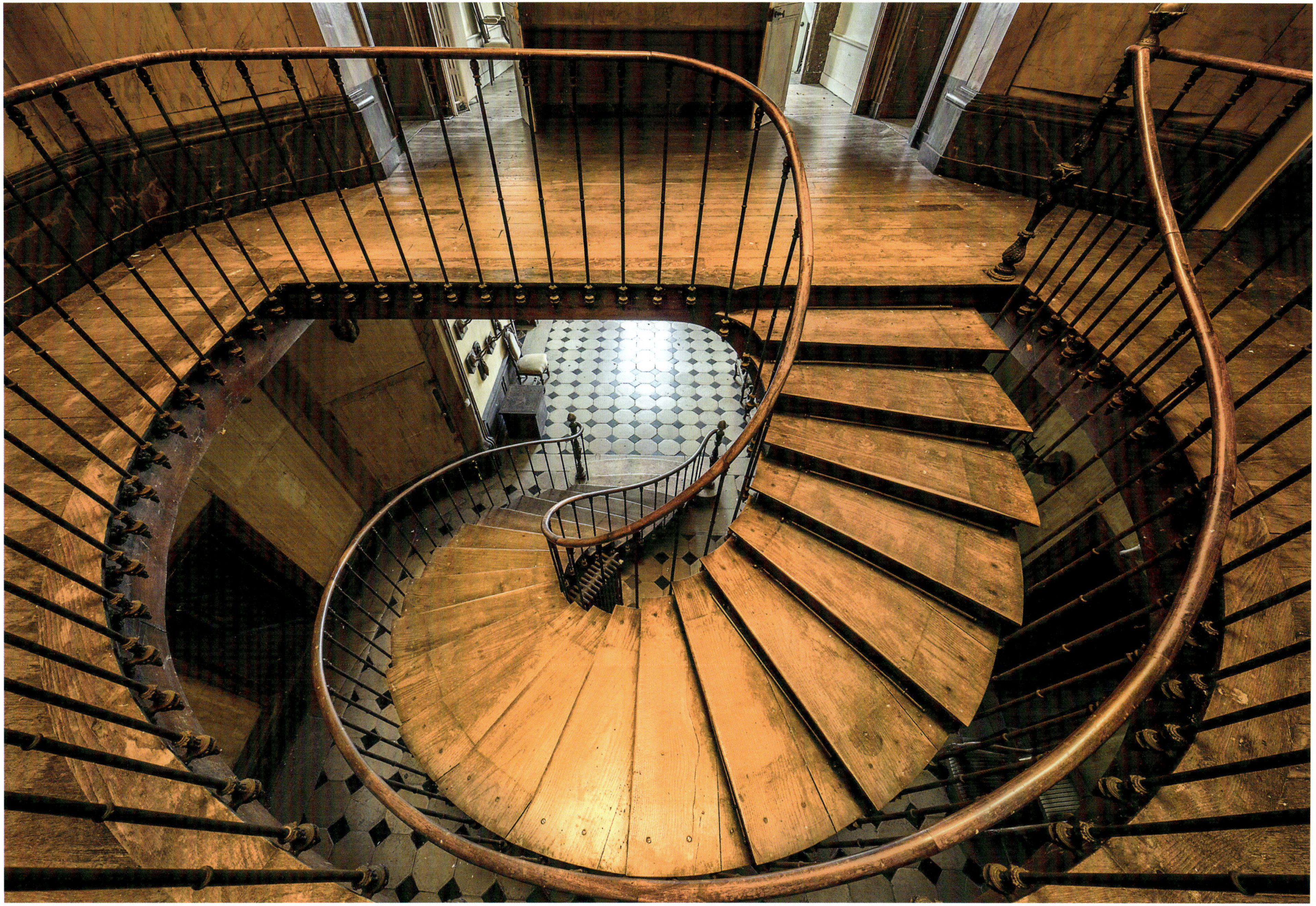

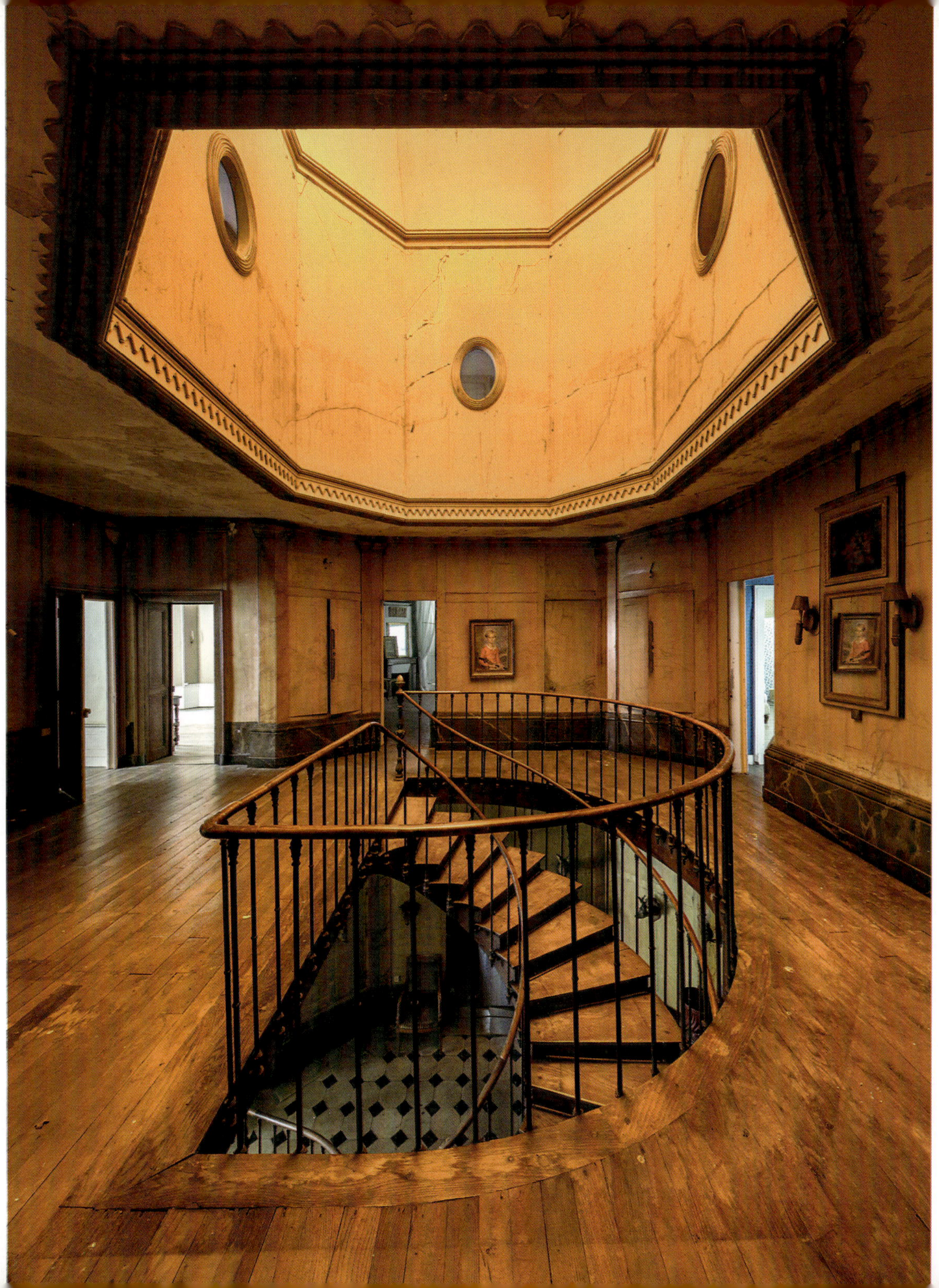

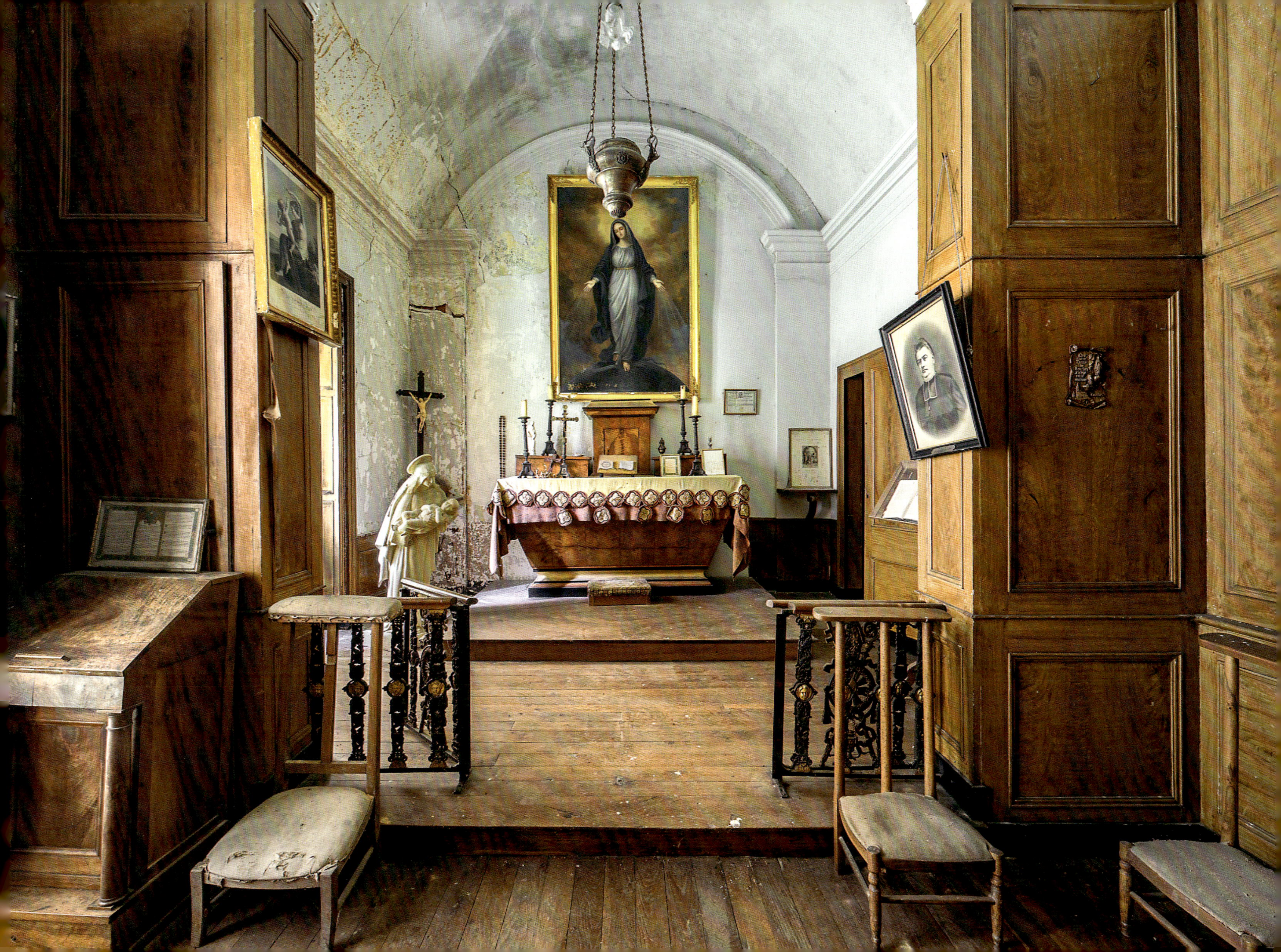

Château royaliste • Grand-Est

Es gibt Orte, von denen eine ganz besondere, einladende Atmosphäre ausgeht.

Im Herzen eines kleinen Dorfes liegt dieser Landsitz aus dem 17. Jahrhundert, erbaut auf den Fundamenten eines feudalen Anwesens, umgeben von dichtem Wald. Eine von gigantischen Zypressen gesäumte Allee führt in wenigen Gehminuten zum Haupthaus. Die einst gepflegte Gartenanlage ist von wilder Vegetation überwuchert. Viele Räume im geräumigen Inneren sind noch heute voll möbliert.

Der Erzählung nach soll sich Napoléon Bonaparte im Rahmen der Befreiungskriege 1814 hier aufgehalten haben.

Im 20. Jahrhundert befand sich das Anwesen mehr als 40 Jahre lang im Besitz eines reichen Industriellen und führenden Kopfes des Front National, der es sich zum Ziel gesetzt hatte, das Gebäude zu erhalten und den Park im französischen Stil neu anzulegen.

Von Diebstahl und Plünderungen scheint das Anwesen verschont geblieben zu sein, vielleicht, weil ich das Glück hatte, dem Hochwasser, von dem es in den folgenden Wochen betroffen war, mit meinem Besuch zuvorzukommen.

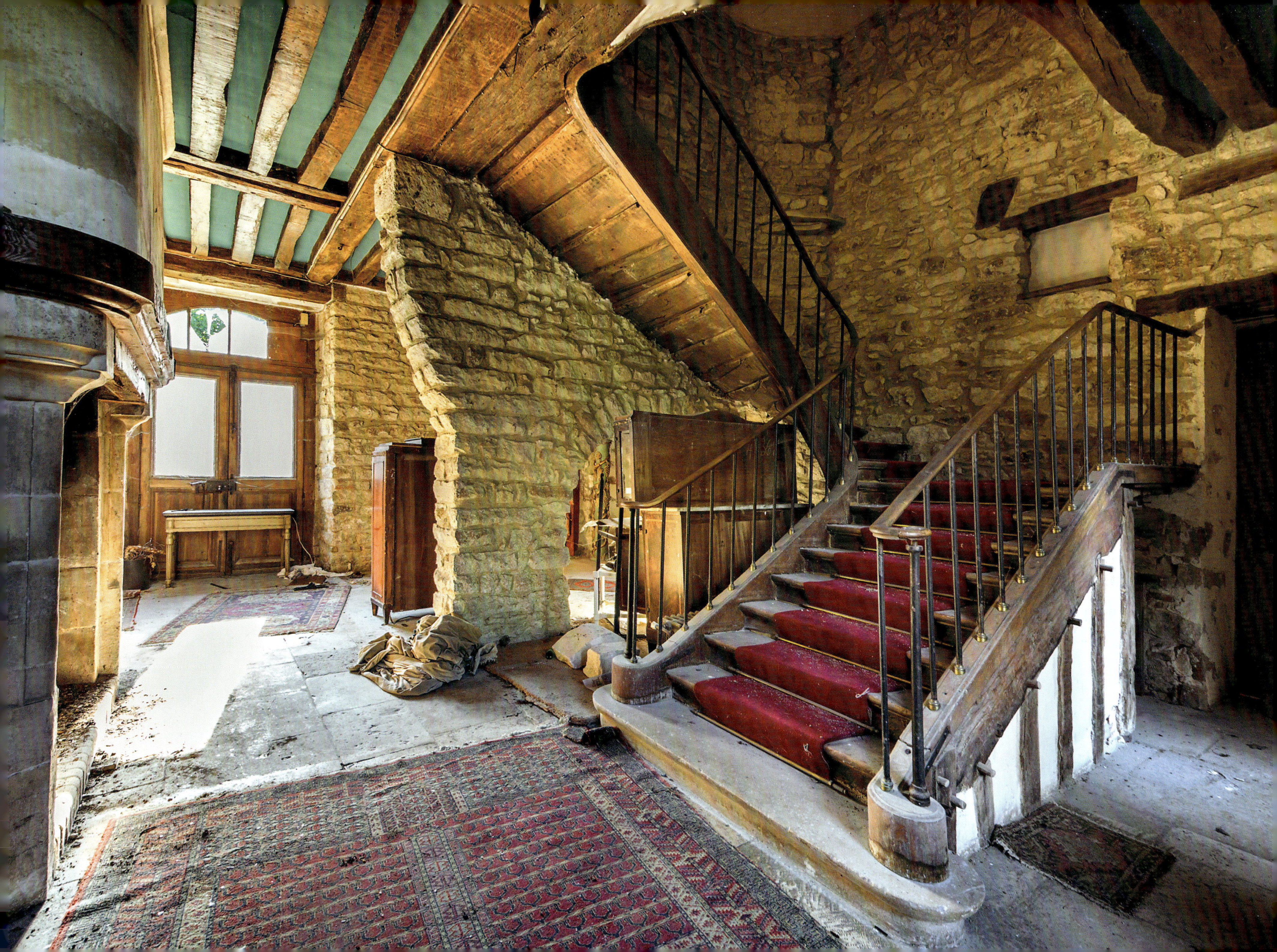

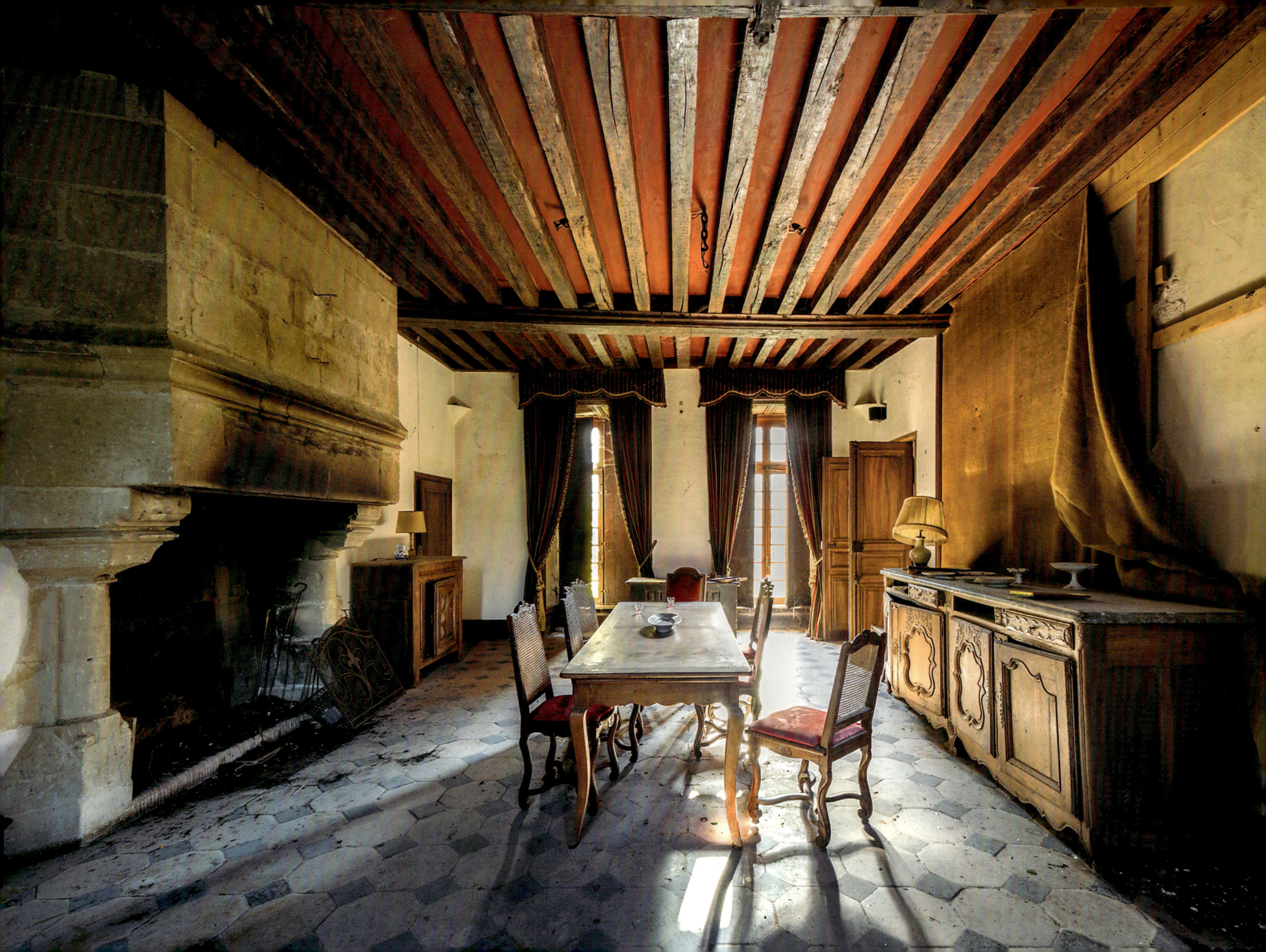

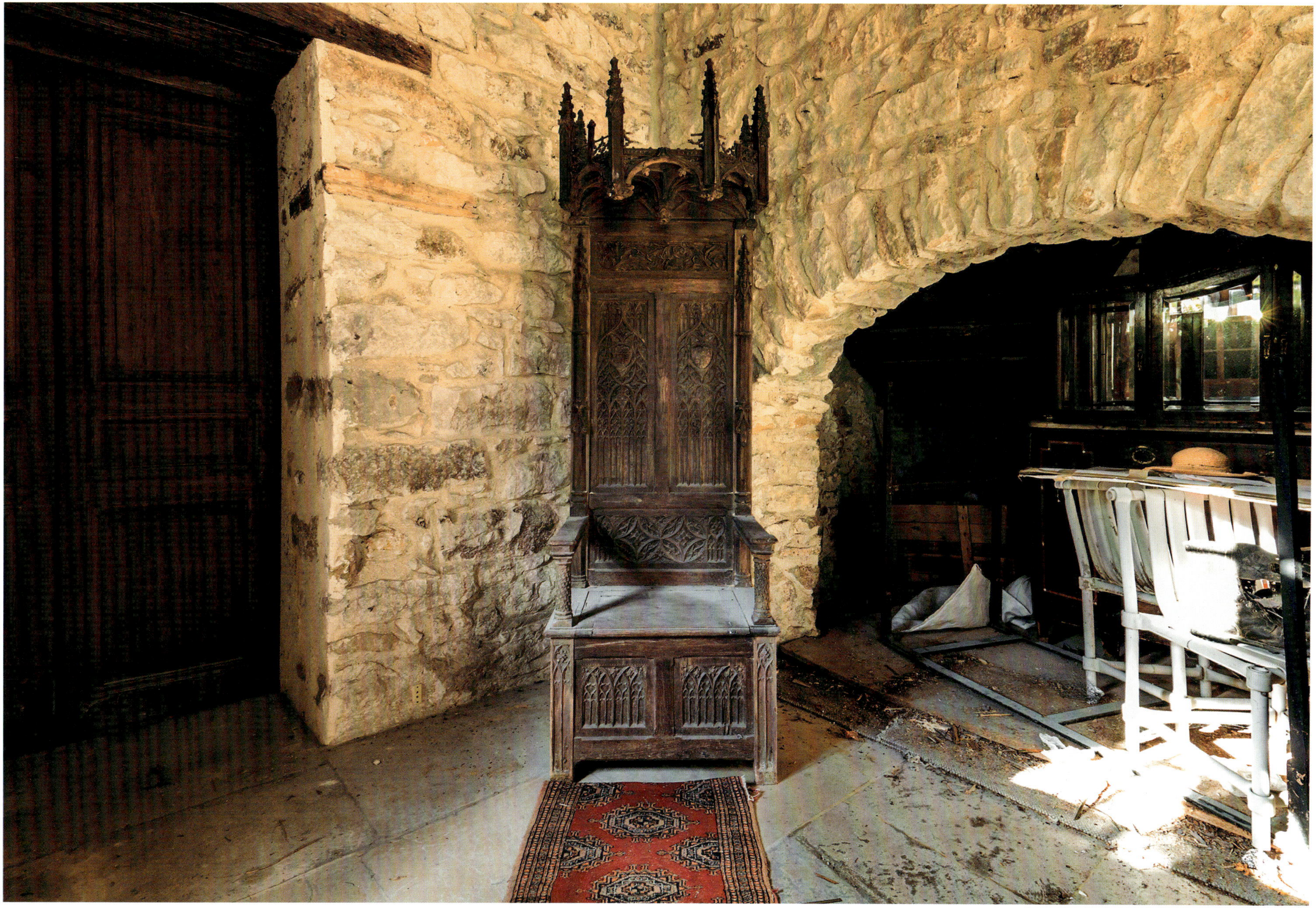

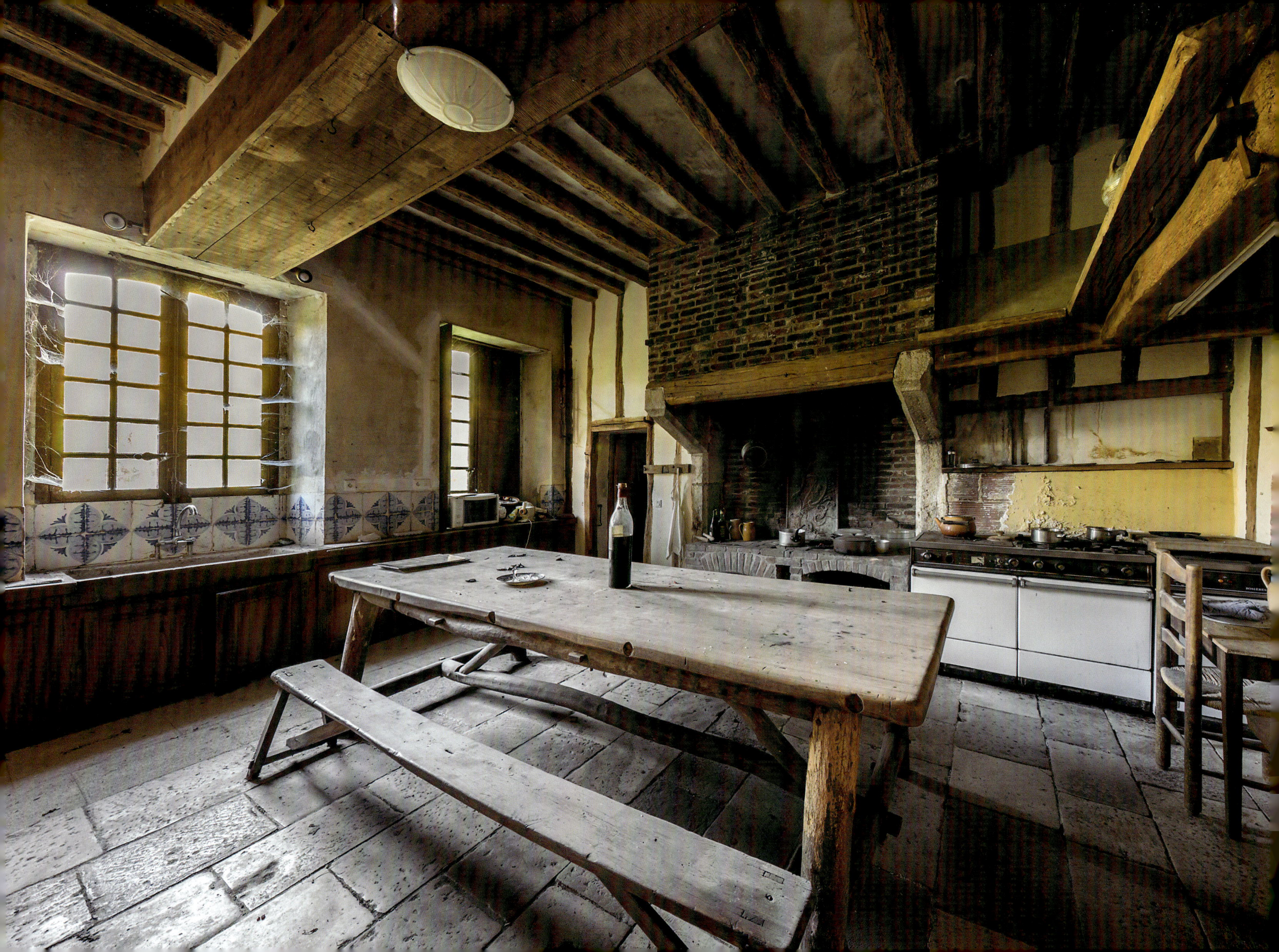

143

Kapelle der Toten • Grand-Est

Die bescheidene katholische Kirche des kleinen Dorfes aus dem 13. Jahrhundert ist heute aufgrund akuter Einsturzgefahr von Tragstruktur und Glockenturm geschlossen. Von außen betrachtet bietet sich ein jämmerlicher Anblick, wohingegen der Innenraum angesichts dessen eine wahre Überraschung ist.

Benediktinermönche errichteten in dieser fruchtbaren französischen Land- und Weinbauregion auf ursprünglich gallorömischen Ländereien an der alten Straße von Langres nach Boulogne ihre Priorei. Mit den Jahren wurden um die Kirche herum immer mehr Benediktiner bestattet, was diesen Ort noch größere Besonderheit verleiht.

Man sagt, der spätere Kaiser Napoléon Bonaparte habe, als er im Alter von 9 Jahren in die örtliche Nonnenschule kam, den Messfeiern beigewohnt, die in dieser Kirche – die wie der Friedhof seit 1983 unter Denkmalschutz steht – abgehalten wurden.

Für die Rettung dieses schönen Bauwerks wären indes dringende Stabilisierungsmaßnahmen erforderlich.

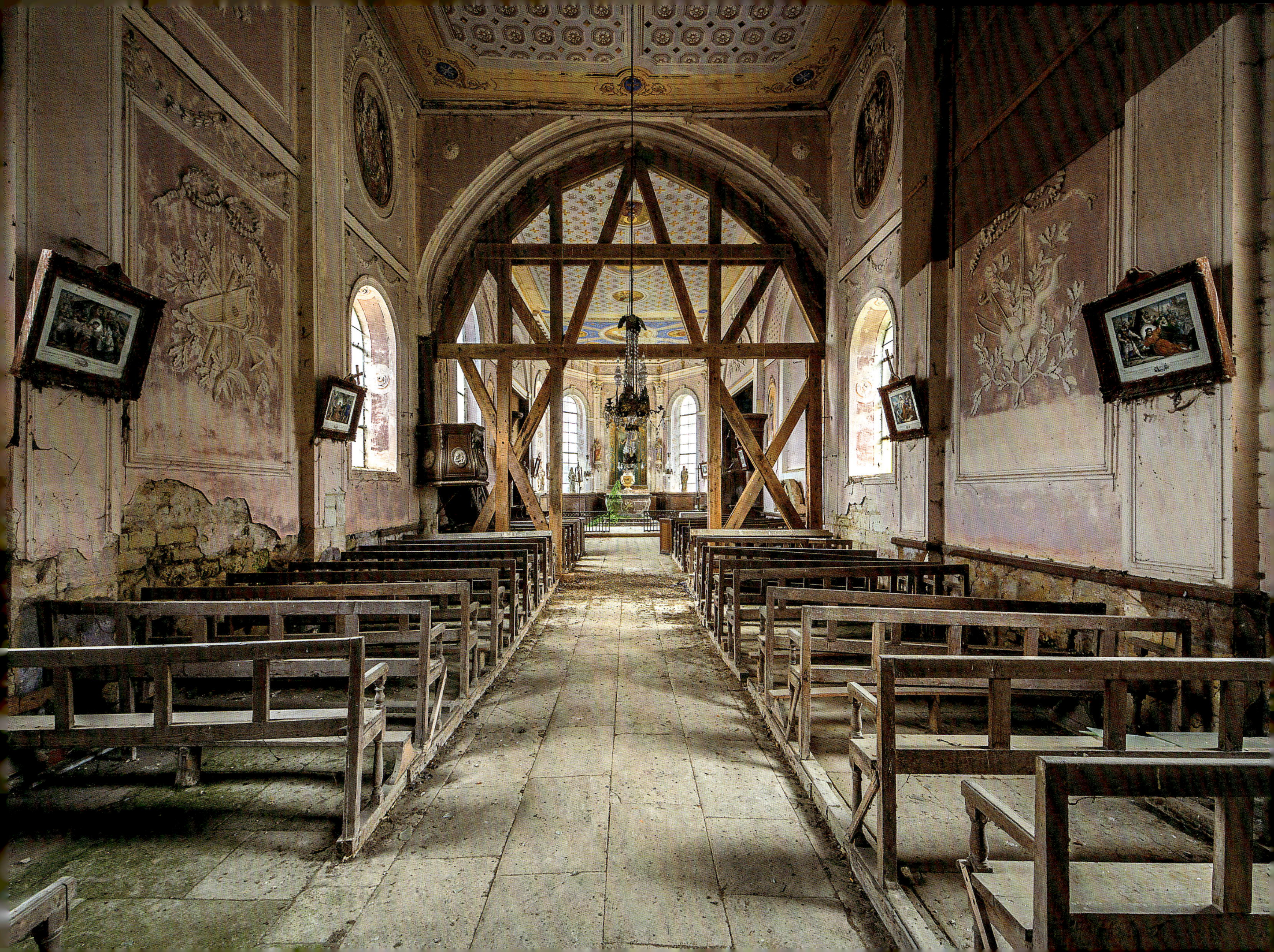

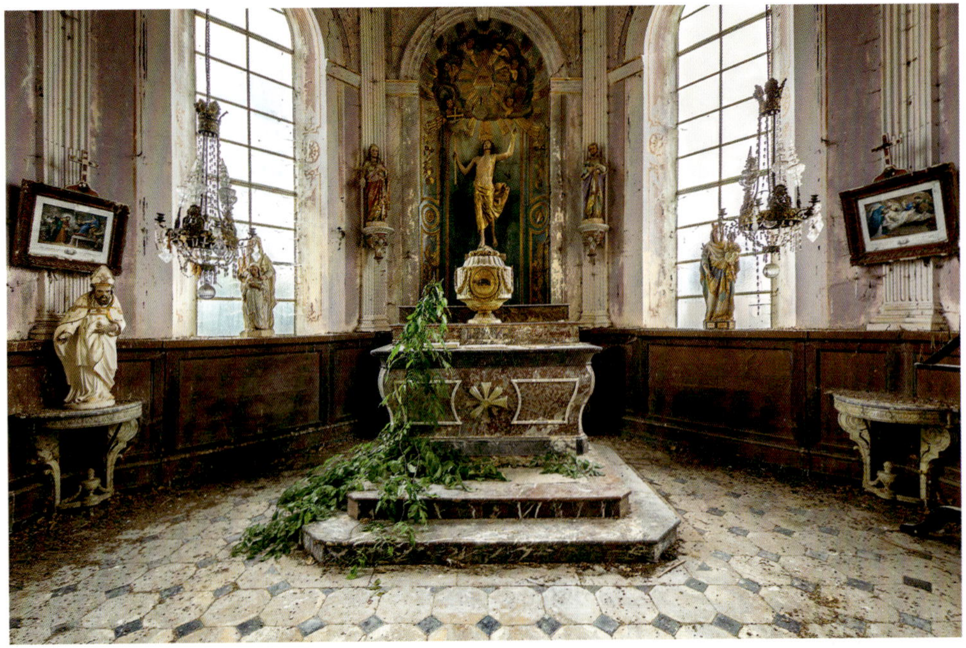

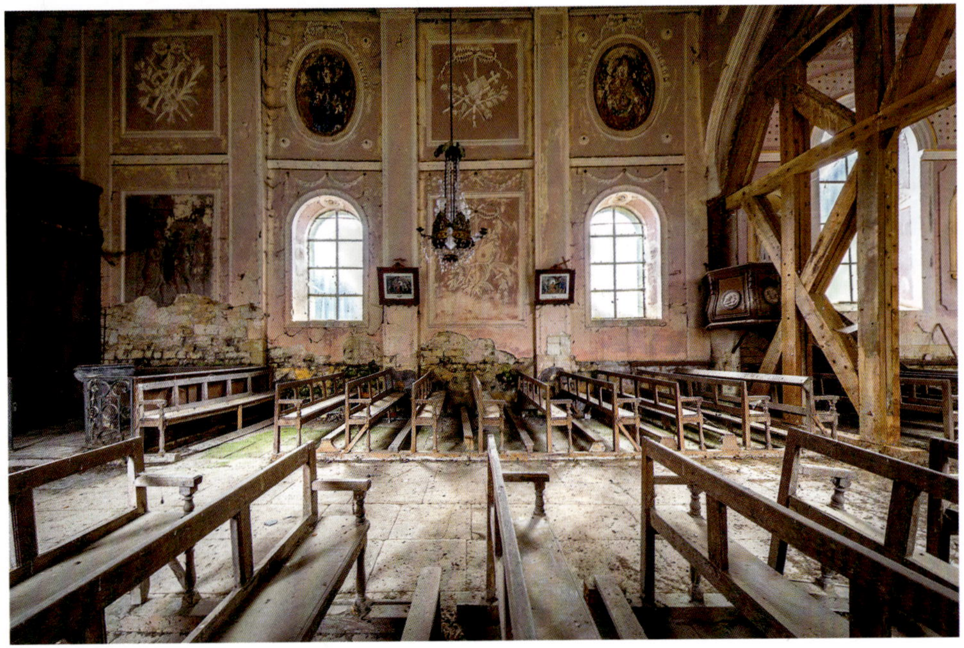

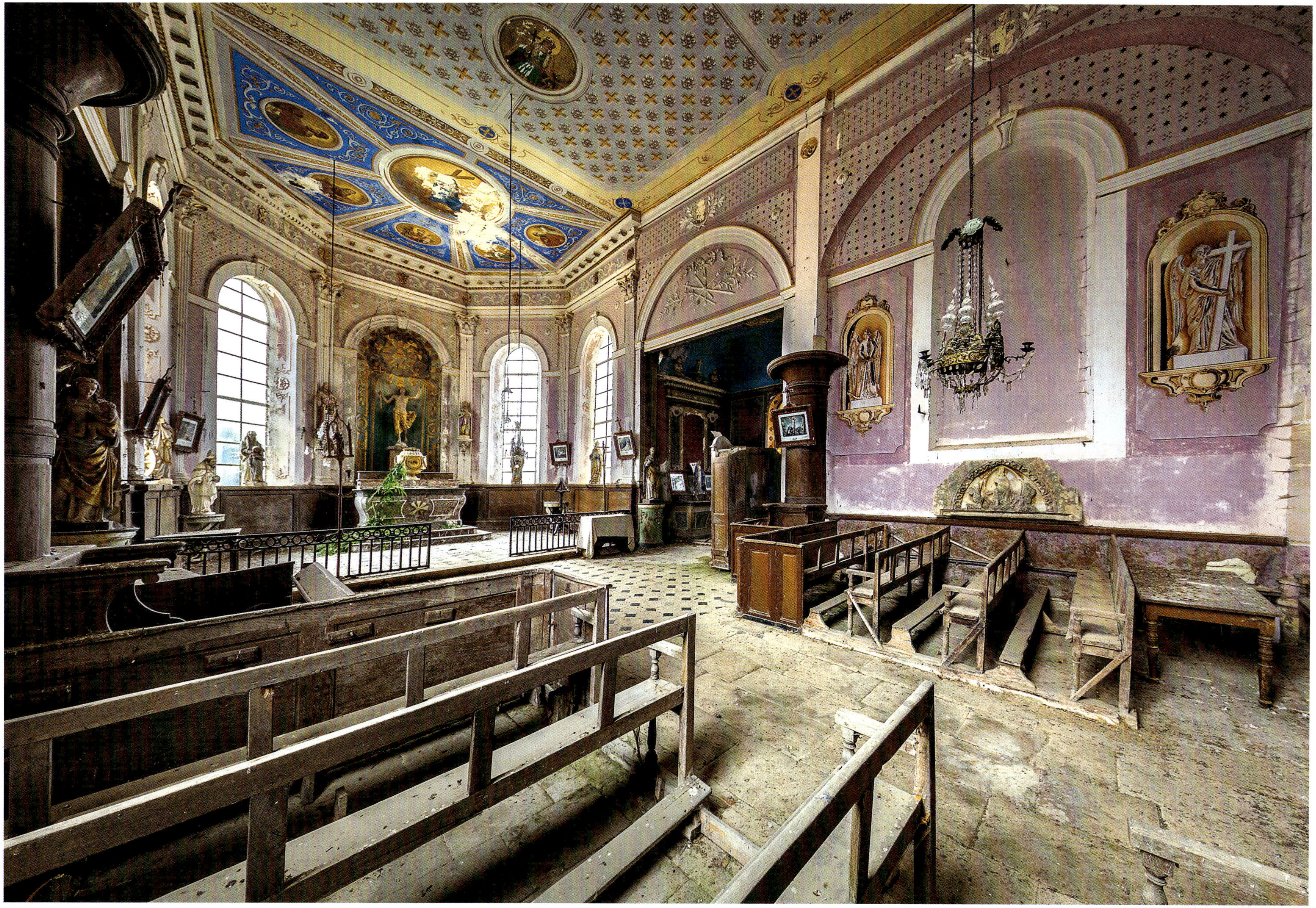

Strumpffabrik • Grand-Est

Das goldene Zeitalter der französischen Strumpffertigung! Diese alte Fabrik aus dem Jahr 1819 verfügt über ein schönes Glasdach, das von einer Eisenstruktur getragen wird. Einst wurden hier Markenstrümpfe aus Merinowolle, Fil d'Écosse, Seide und Baumwolle gefertigt. Der Inhaber bot seinen Kunden raffinierte, innovative und moderne Produkte an und gab sein handwerkliches Können voller Leidenschaft an kommende Generationen weiter. Mit seinem von Authentizität und Tradition geprägten Unternehmen war er, wie seinerzeit üblich, einer der bedeutendsten Arbeitgeber in der Region, was zu seiner Berühmtheit beitrug. Bei meinen Begegnungen spürte ich die große Verbundenheit der Ortsansässigen. Die Schließung der Fabrik war ein Schock für die Region und die umliegenden Dörfer.
Von den vielen Nähmaschinen arbeitet heute keine mehr; längst hat auch hier das Outsourcing in östliche Länder Einzug gehalten. Die Holzkisten verrotten, die alten Maschinen verstauben und rosten, schutzlos der Witterung ausgeliefert, vor sich hin. Die Garnrollen erweisen sich nur mehr als Spielball des Windes.

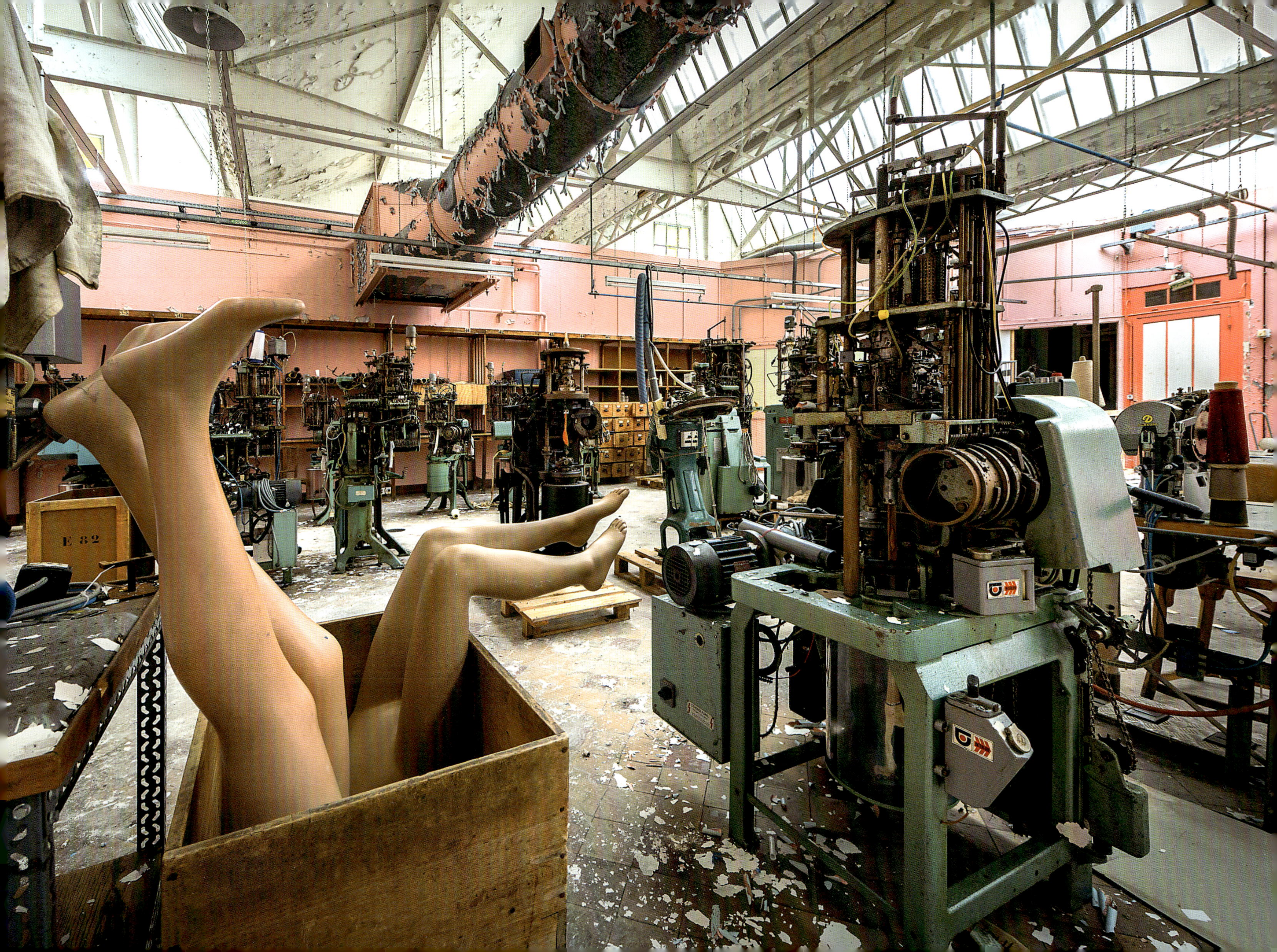
E 82

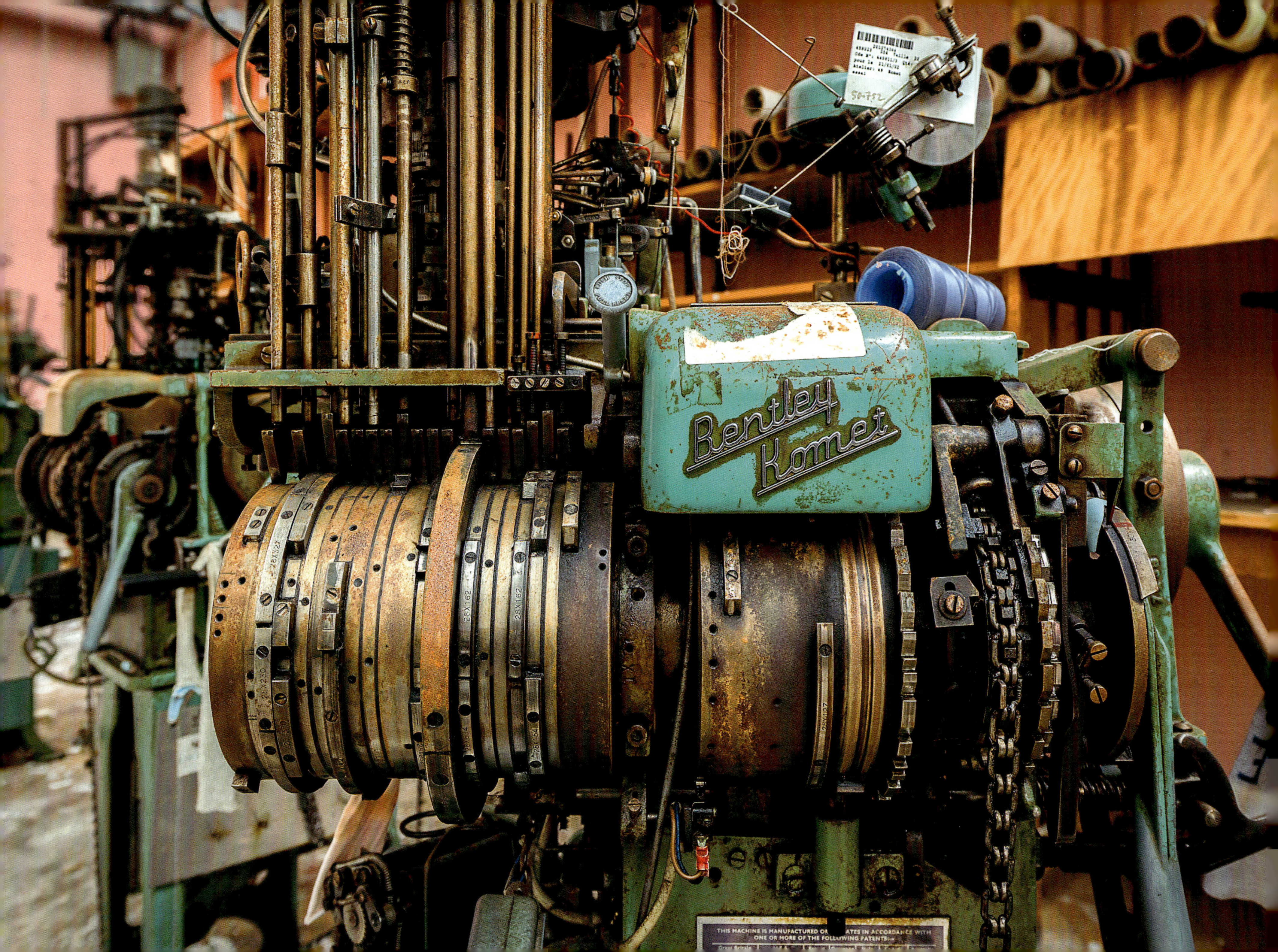
Bentley Komet
THIS MACHINE IS MANUFACTURED OR
ATES IN ACCORDANCE WITH
ONE OR MORE OF THE FOLLOWING PATENTS

151

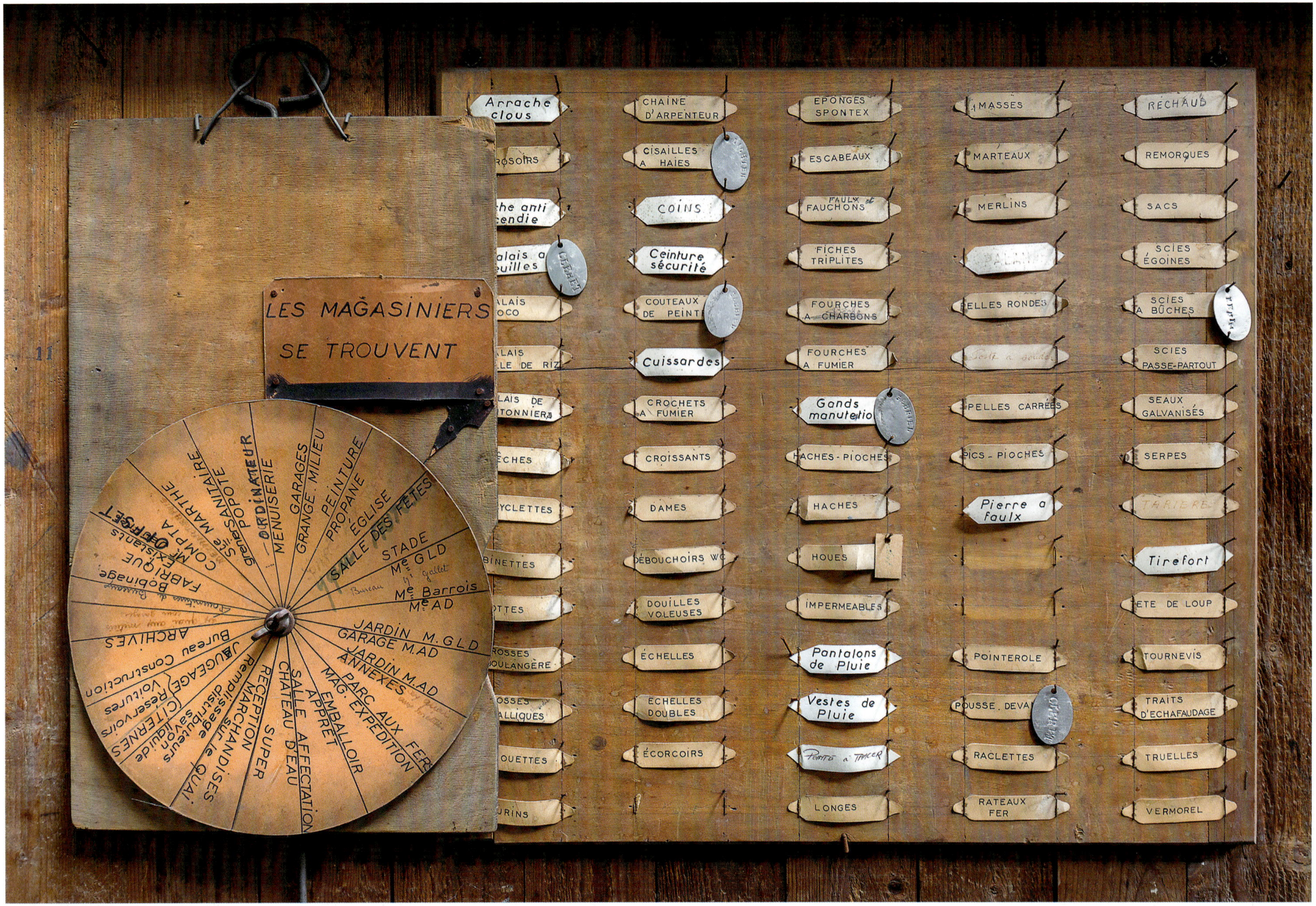
LES MAGASINIERS
SE TROUVENT
Arrache clous
CHAINE D'ARPENTEUR
EPONGES SPONTEX
MASSES
RECHAUD
CISAILLES A HAIES
ESCABEAUX
MARTEAUX
REMORQUES
COINS
FAUCHONS
MERLINS
SACS
Ceinture sécurité
FICHES TRIPLITES
SCIES ÉGOINES
FOURCHES A CHARBONS
PELLES RONDES
SCIES A BÛCHES
Cuissardes
FOURCHES A FUMIER
SCIES PASSE-PARTOUT
CROCHETS A FUMIER
PELLES CARRÉES
SEAUX GALVANISÉS
CROISSANTS
HACHES-PIOCHES
PICS-PIOCHES
SERPES
DAMES
HACHES
Pierre a faulx
DÉBOUCHOIRS WC
HOUES
Tirefort
DOUILLES VOLEUSES
IMPERMEABLES
ECHELLES
Pantalons de Pluie
POINTEROLE
TOURNEVIS
ECHELLES DOUBLES
Vestes de Pluie
TRAITS D'ECHAFAUDAGE
ÉCORCOIRS
RACLETTES
TRUELLES
LONGES
RATEAUX FER
VERMOREL
MARTHE
SANITAIRE
POPOTE
ORDINATEUR
MENUISERIE
GARAGES
GRANGE MILIEU
PEINTURE
PROPANE
EGLISE
SALLE DES FETES
STADE
Me GLD
Me Barrois
Me AD
JARDIN M.GLD
GARAGE M.AD
JARDIN M.AD
ANNEXES
PARC AUX FER
MAG. EXPEDITION
EMBALLOIR
APPRET
SALLE AFFECTATION
CHATEAU D'EAU
SUPER
RECEPTION
MARCHANDISES
QUAI
ARCHIVES
Bureau Construction
FABRIQUE
COMPTA
OFFSET

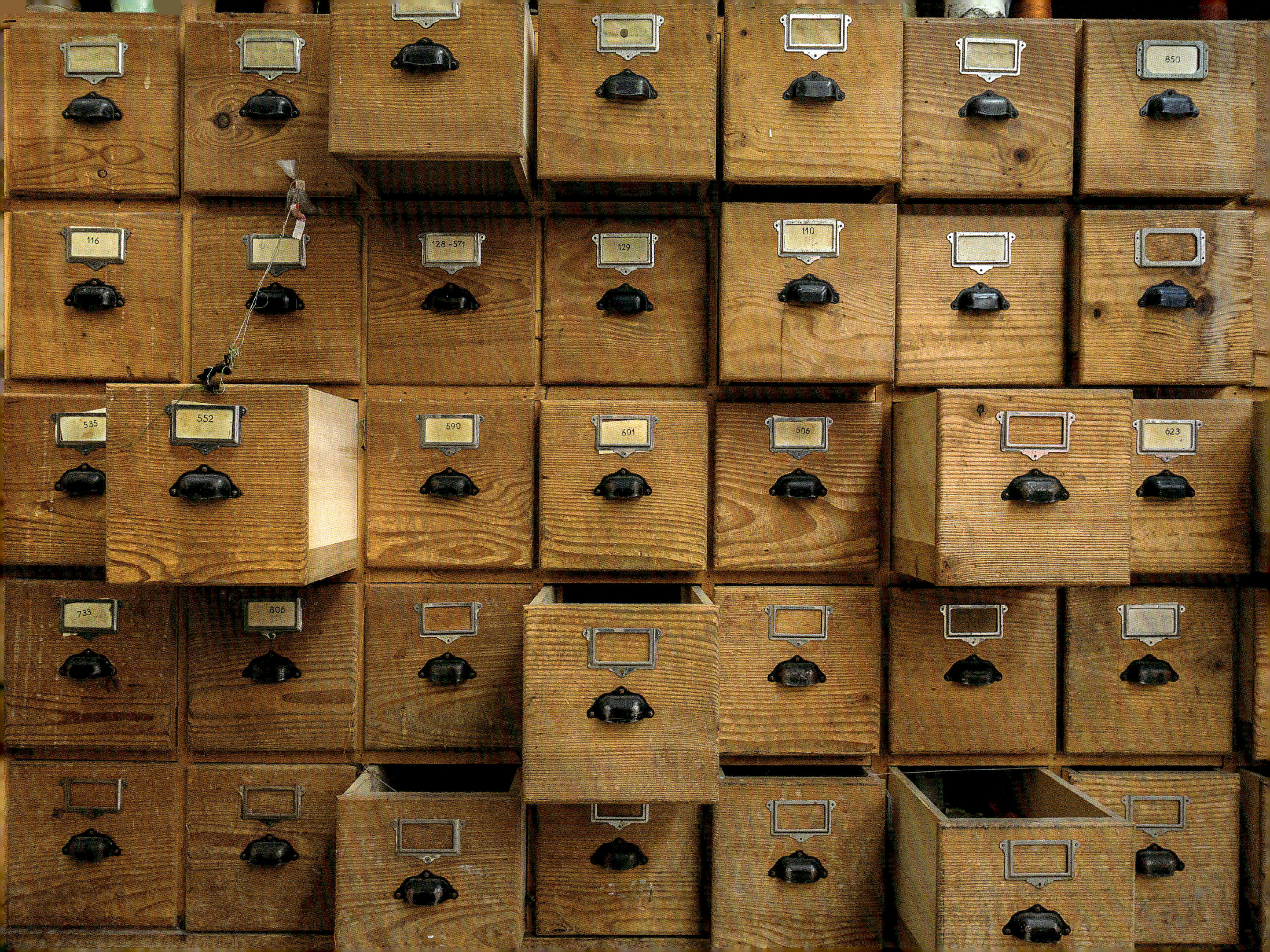
850
116
128-571
129
110
535
552
590
601
606
623
733
806

Keramikwerkstatt S · Grand-Est

Beim Anblick der alten Gebäude mit Sägezahndächern war meine Neugier geweckt. Diese ungleich geneigten, auch als Sheddächer bezeichneten Satteldachkonstruktionen finden sich häufig bei Industriebauten. Die steilere Dachfläche ist im Allgemeinen verglast, um ausreichend Licht ins Innere zu führen. Mit ihrer besonderen Form haben sie die kollektive Wahrnehmung derart geprägt, dass die gezackte Gebäudesilhouette in Verbindung mit einem Schornstein noch heute als Bild einer Fabrik schlechthin gilt – obwohl es immer weniger von ihnen gibt.

Diese Fabrik beherbergte einst eine Faïencerie, in der jahrzehntelang feines Tafelgeschirr hergestellt wurde. Von dem früheren geschäftigen Treiben ist heute nichts mehr zu sehen. Eine feine Schicht weißen Staubes liegt über allem und bleibt bei der geringsten Berührung an meiner Kleidung haften. Im Inneren der Nebengebäude brechen mit Formen voll beladene Holzregale unter ihrer Last zusammen. Über ein Gleislabyrinth ratterten einst kontinuierlich be- und entladene Rollwagen über das Gelände. Mein Blick bleibt am Inhalt der Regale hängen: Negativformen für die Serienfertigung. Aus weißem Ton, Silex oder Quartz wurde hier Feinkeramik hergestellt, die anschließend in bunten Farben glasiert wurde. In der Werkstatt wurden reich mit patriotischen und religiösen Botschaften oder aktuellen Themen verzierte Vasen, Kandelaber und Teller gefertigt. Im ausgehenden 19. Jahrhundert fanden sich selbst in Brauereien, Geschäften und Thermalbädern in die bauliche Struktur eingearbeitete Keramikfresken.

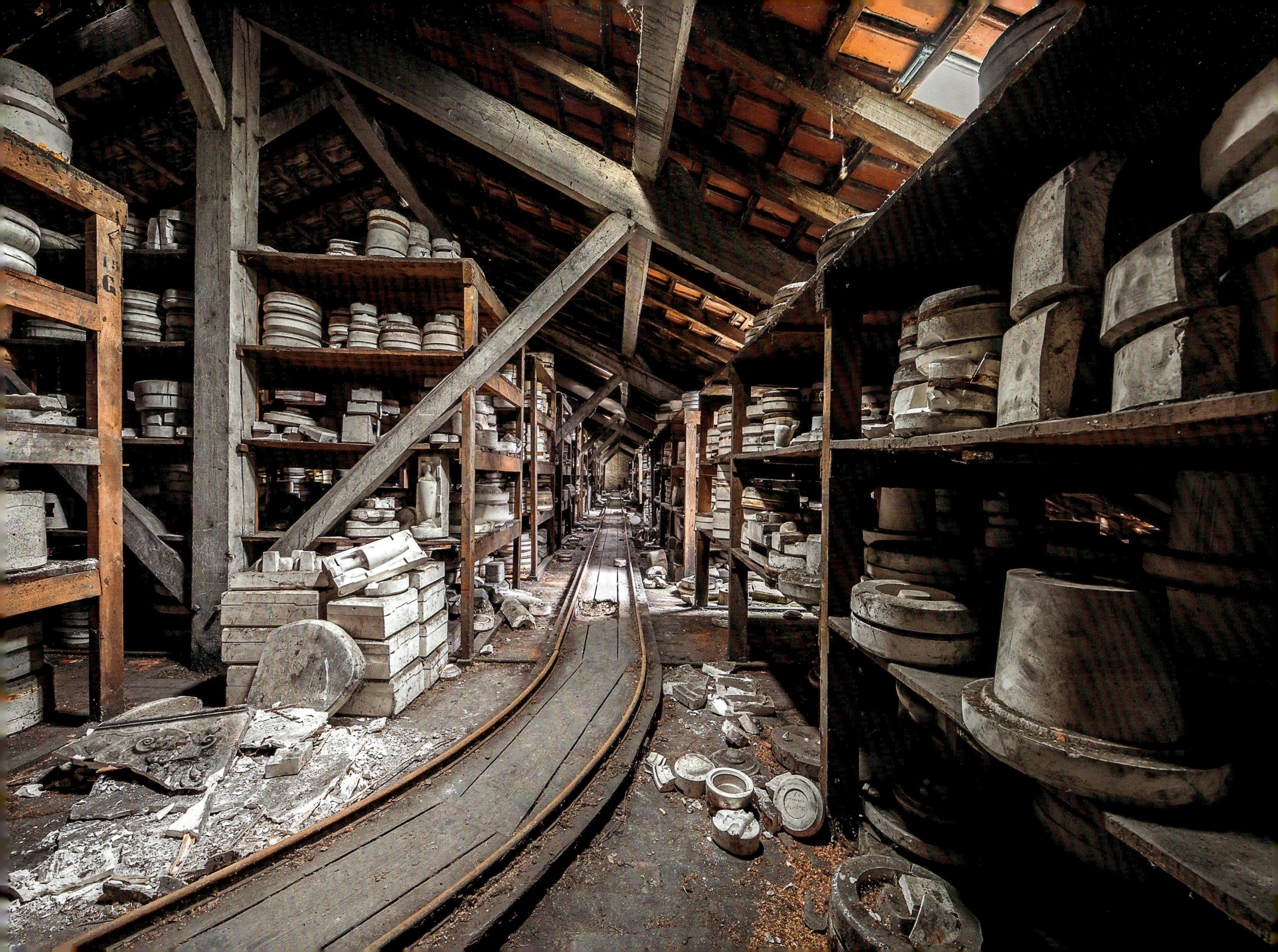

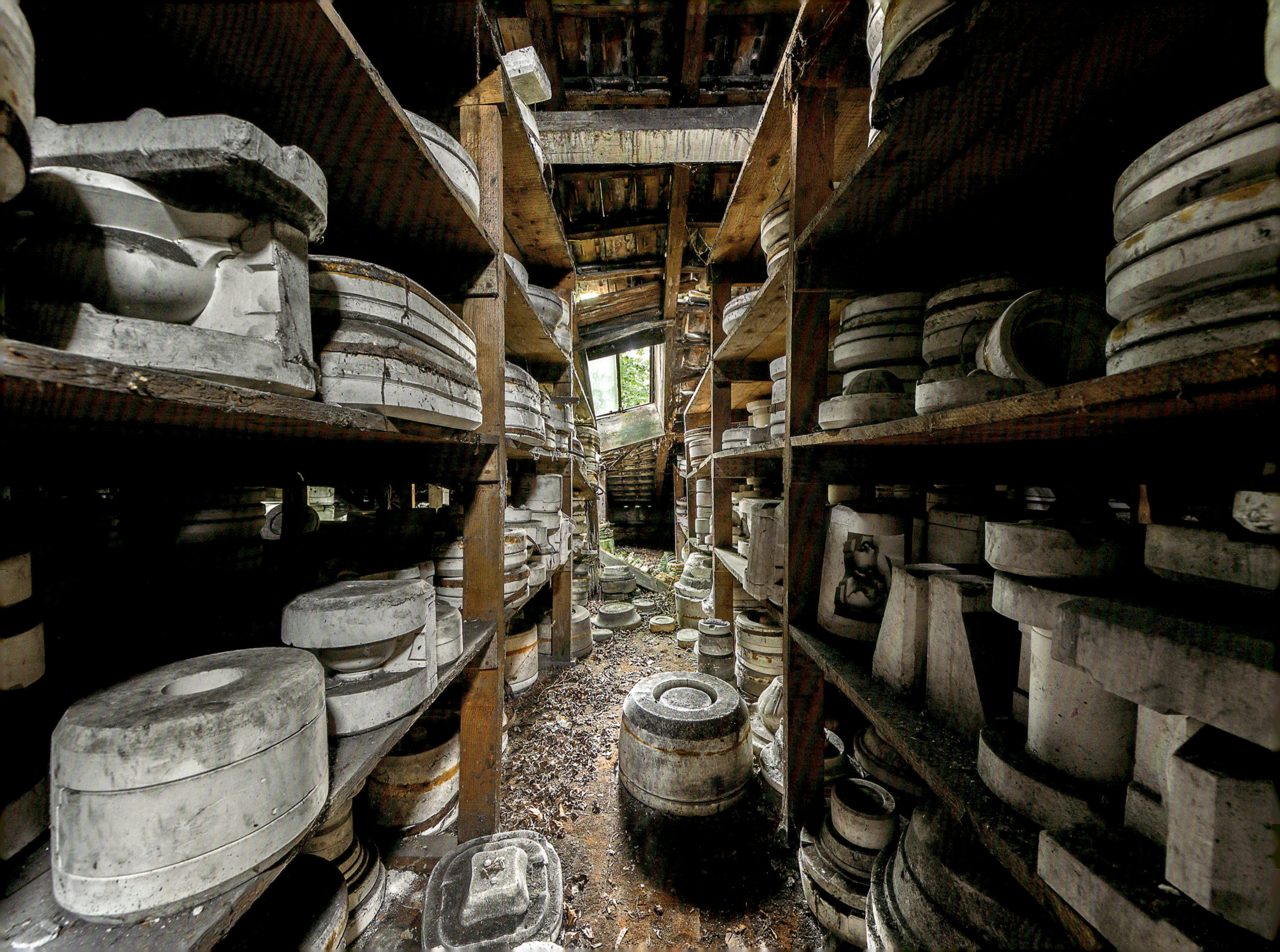

Diese Manufaktur zählte seinerzeit zu den größten Keramikherstellern Europas und beschäftigte knapp 3000 Mitarbeiter. Doch mit der industriellen Revolution kamen harte Konkurrenz, höhere soziale Forderungen, internationale Spannungen … 1979 wurde die Manufaktur aufgekauft. Die neue Leitung gab das Konzept der Tischkunst auf, das unter anderem mit dem berühmten, von Henri Loux gestalteten Obernai-Service ihren Ruf begründet hatte, und verlegte sich auf die Fertigung von Boden- und Wandfliesen. Ein entscheidender Wendepunkt in der Keramikgeschichte der Stadt. 2002 blieben nach einem von 19 Beschäftigten und Führungskräften als Aktionäre vorgestellten Übernahmeplan nur noch 130 Arbeiter übrig, die für den Erhalt ihrer Produktionsanlagen kämpften. Leider geriet das Unternehmen erneut in eine Schieflage. Es folgte die Zwangsliquidation und 2007 die Stilllegung. Seitdem ist das Werksgelände dem Verfall überlassen.

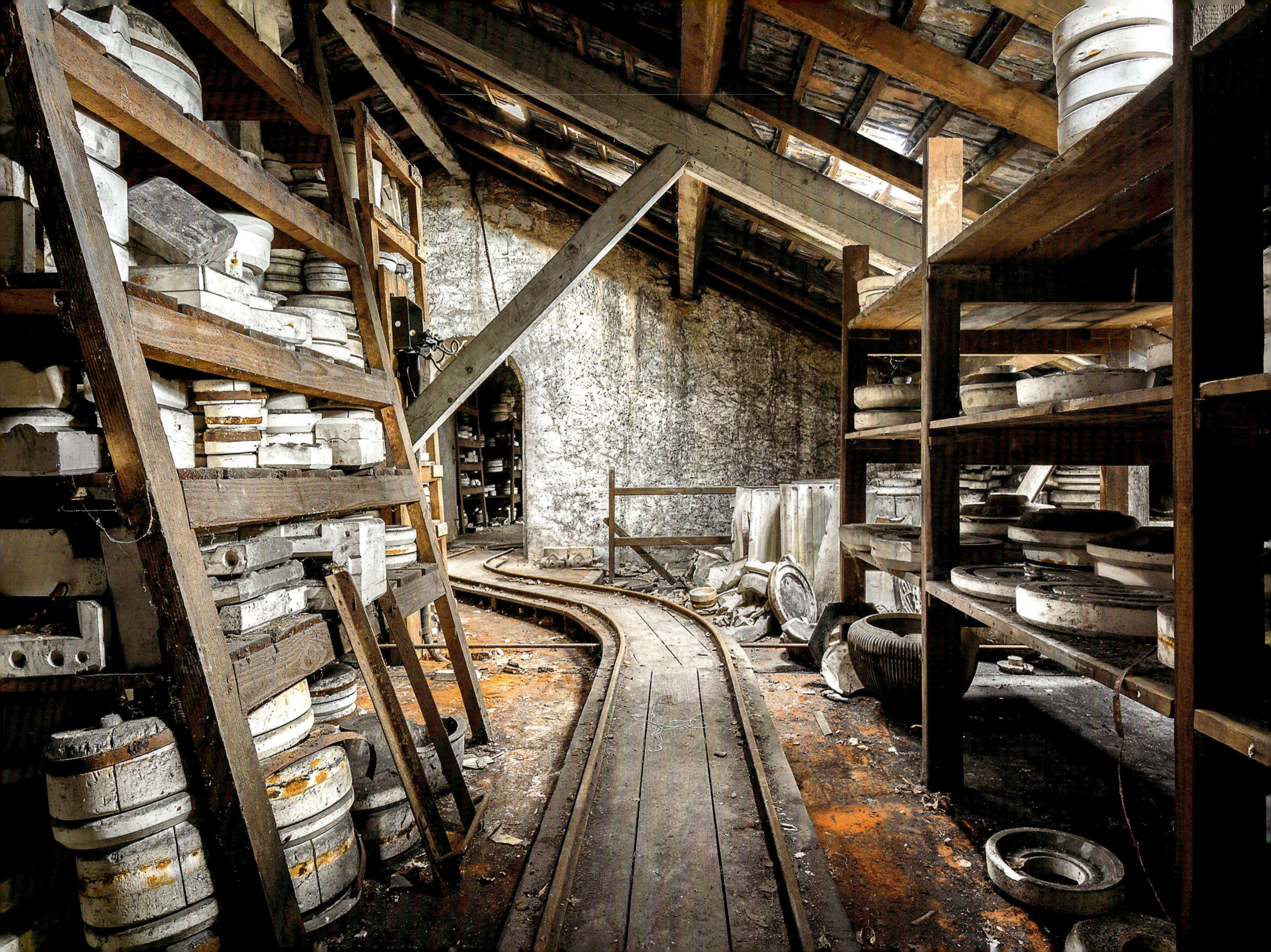

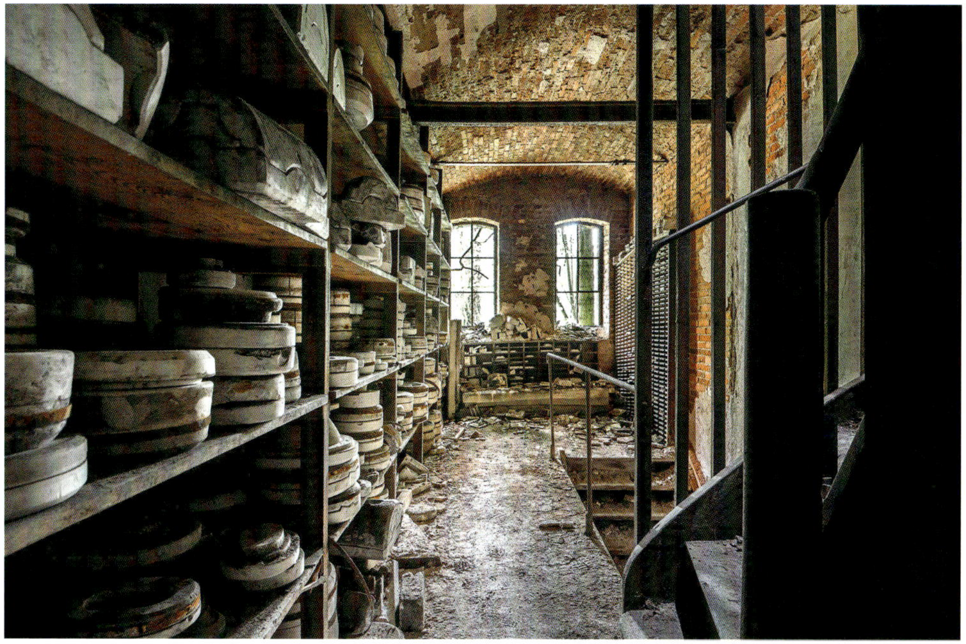

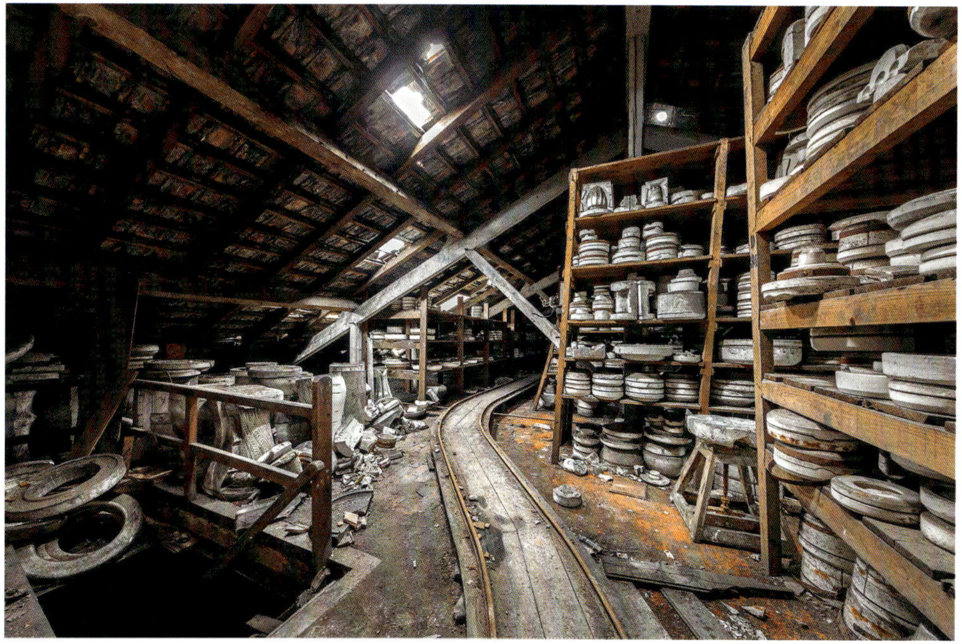

Kriegsschätze • Grand-Est

Ein unglaublicher Autofriedhof aus der Vorkriegszeit ... Eng aneinandergedrängt verharren diese Wagen aus einer anderen Zeit. Sie befinden sich, verborgen unter einem Rostschleier, im Stollen eines ehemaligen Steinbruchs, der in tiefe Dunkelheit getaucht ist. Eine in Vergessenheit geratene Privatsammlung, der Lack vollständig vom Rost zerfressen, die Reifen platt, die Ledersitze ausgetrocknet und Unmengen von Staub, der über die Jahre bis tief ins Innere der Fahrzeuge vorgedrungen ist.

Warum stehen sie hier? Wollte man sie schützen? Wurden sie versteckt, um ihre Beschlagnahmung im Zweiten Weltkrieg zu verhindern? Eine außergewöhnliche Entdeckung, die bis heute viele Geheimnisse birgt.

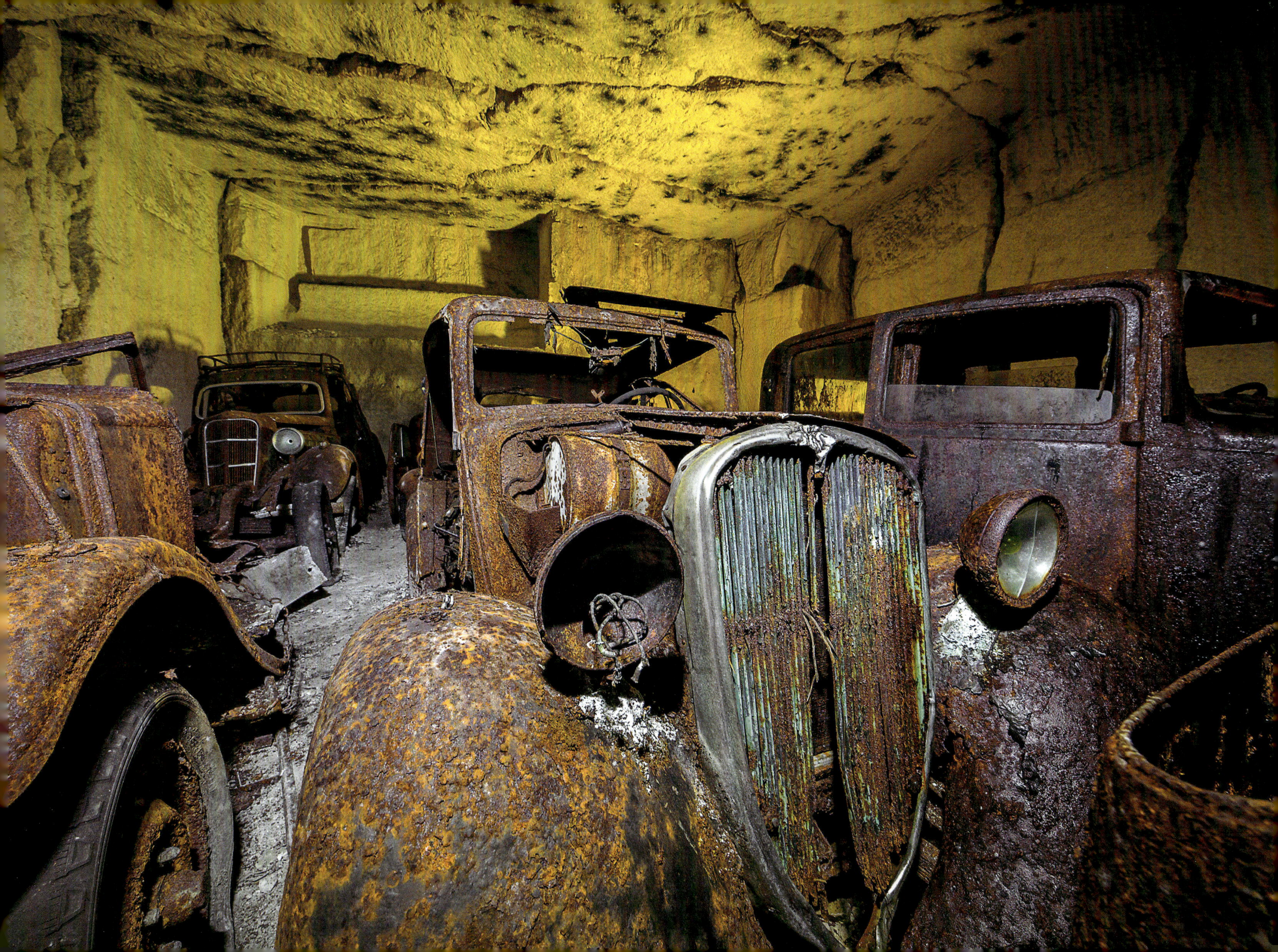

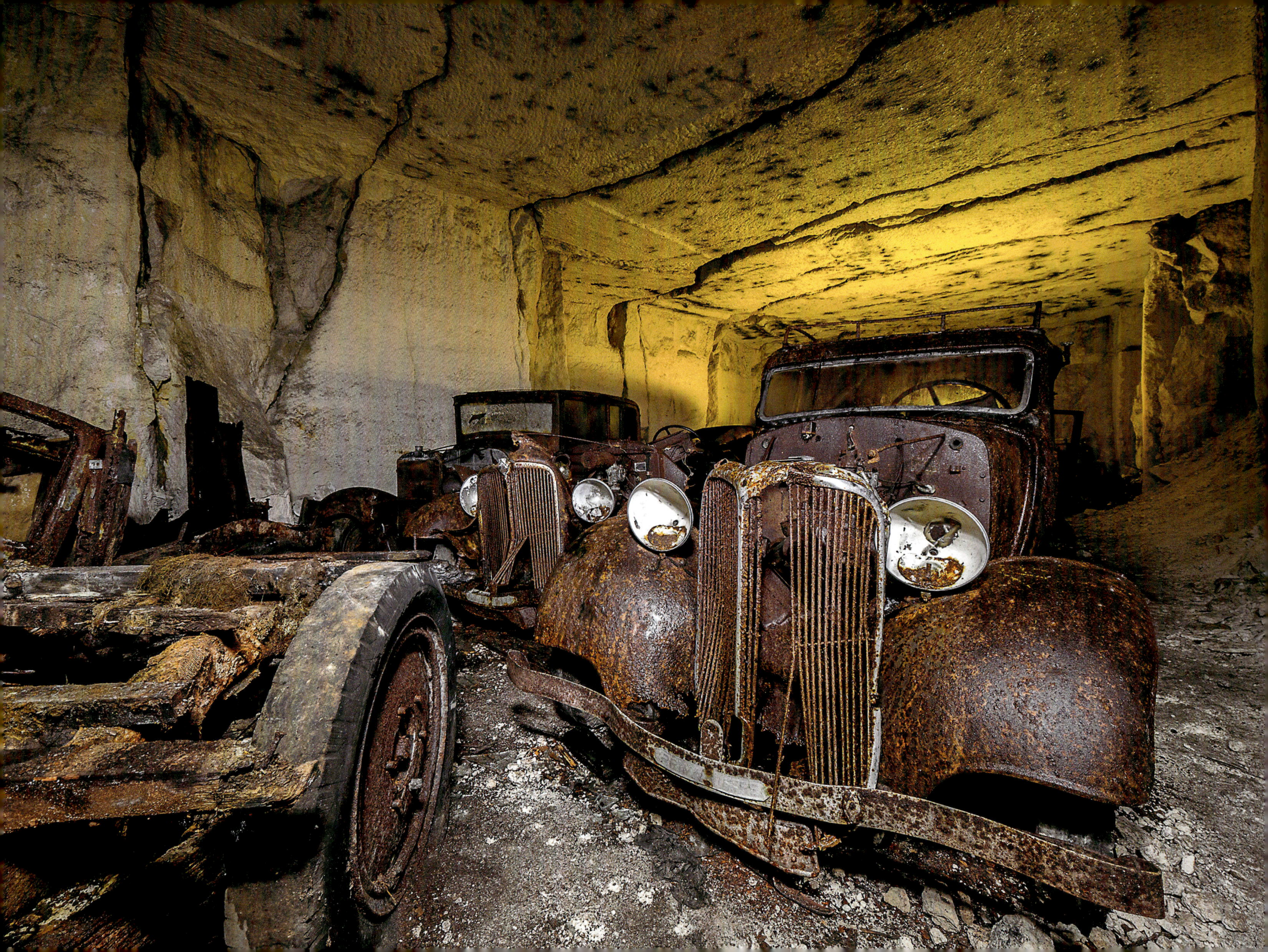

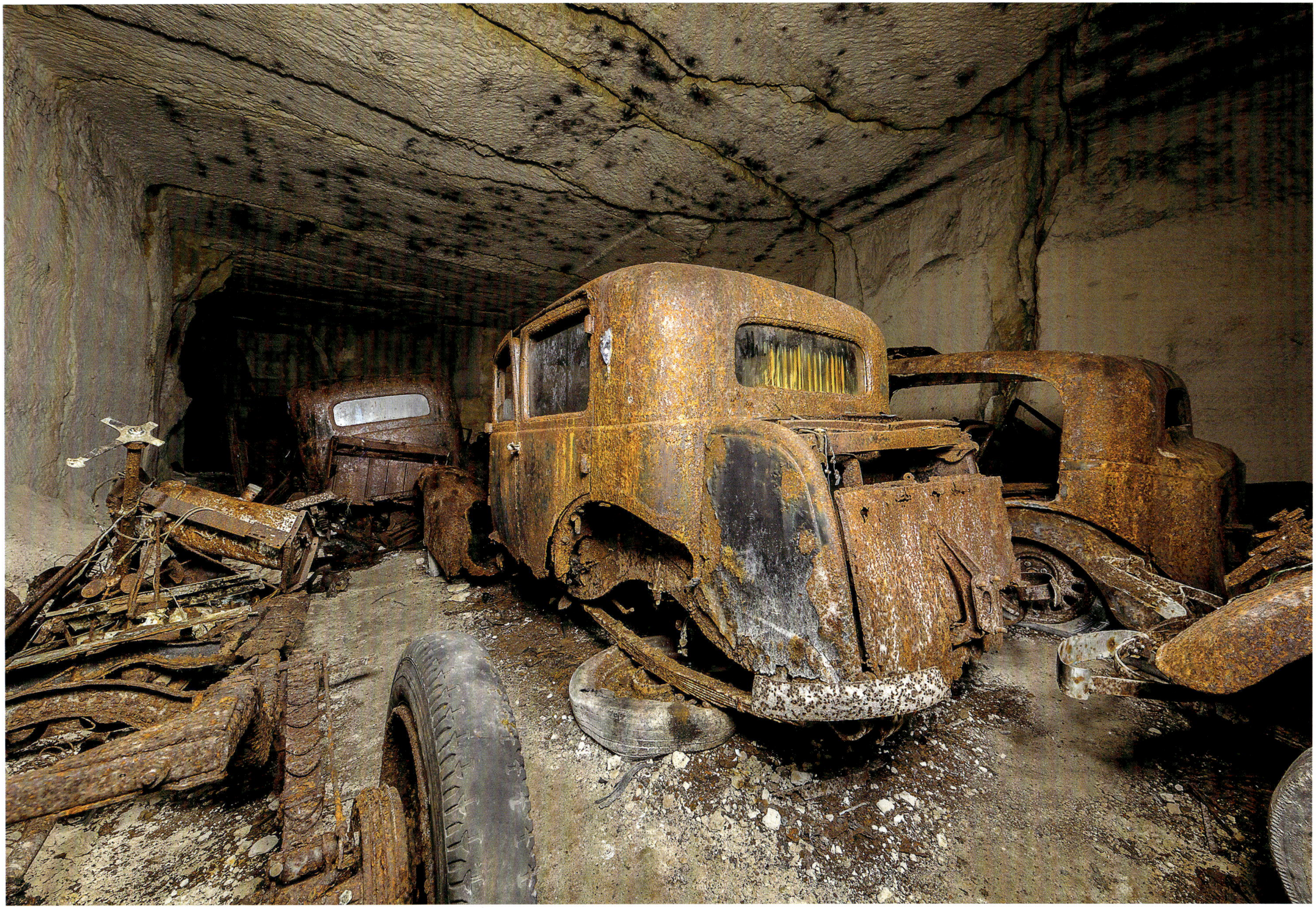

Garage Étoile • Grand-Est

Eine in Vergessenheit geratene, halb eingestürzte Halle, in der alte Autos kreuz und quer übereinander gestapelt herumliegen. Verstohlen stecke ich meine Nase in jeden Winkel und finde überall dasselbe: ein unbeschreibliches Durcheinander.

Bei genauerem Hinsehen entdecke ich vor allem staub- und moosbedeckte und von Gestrüpp überwucherte Mercedes-Modelle, aber auch alte Volvos.

Eines steht fest: Lange wird diese Lagerhalle, in die sich kaum noch jemand verirrt, der Zeit nicht mehr standhalten.

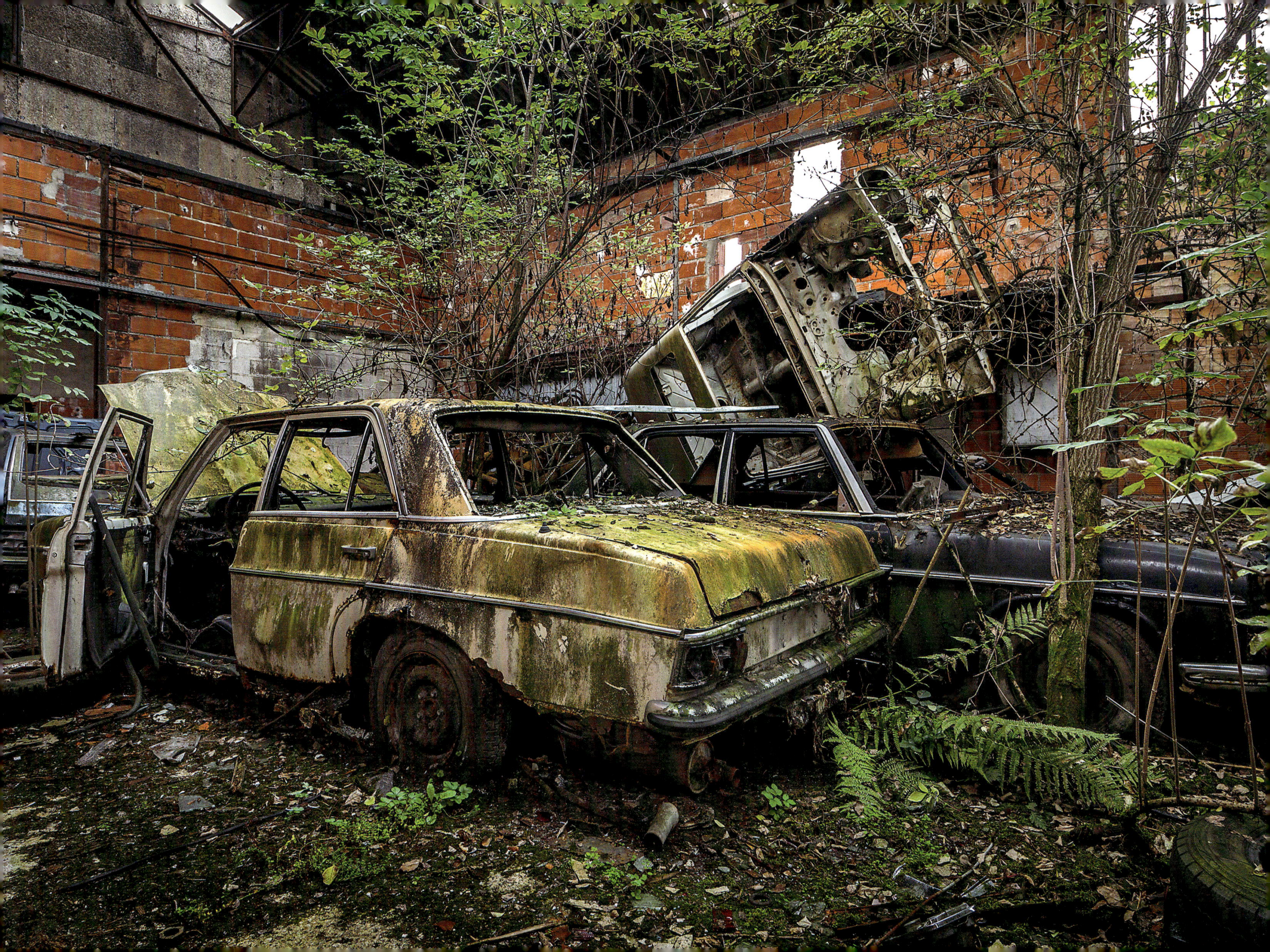

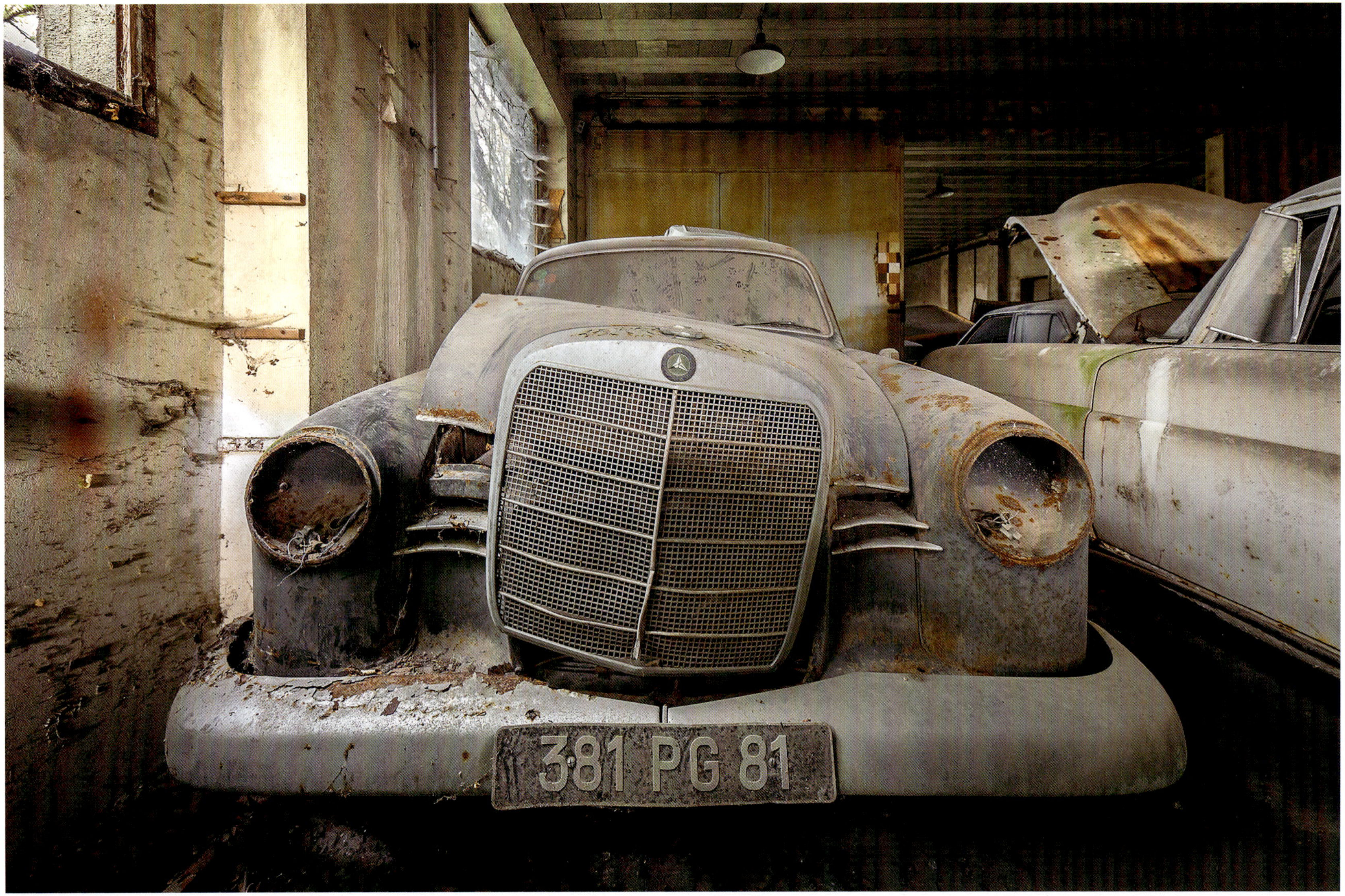
381 PG 81

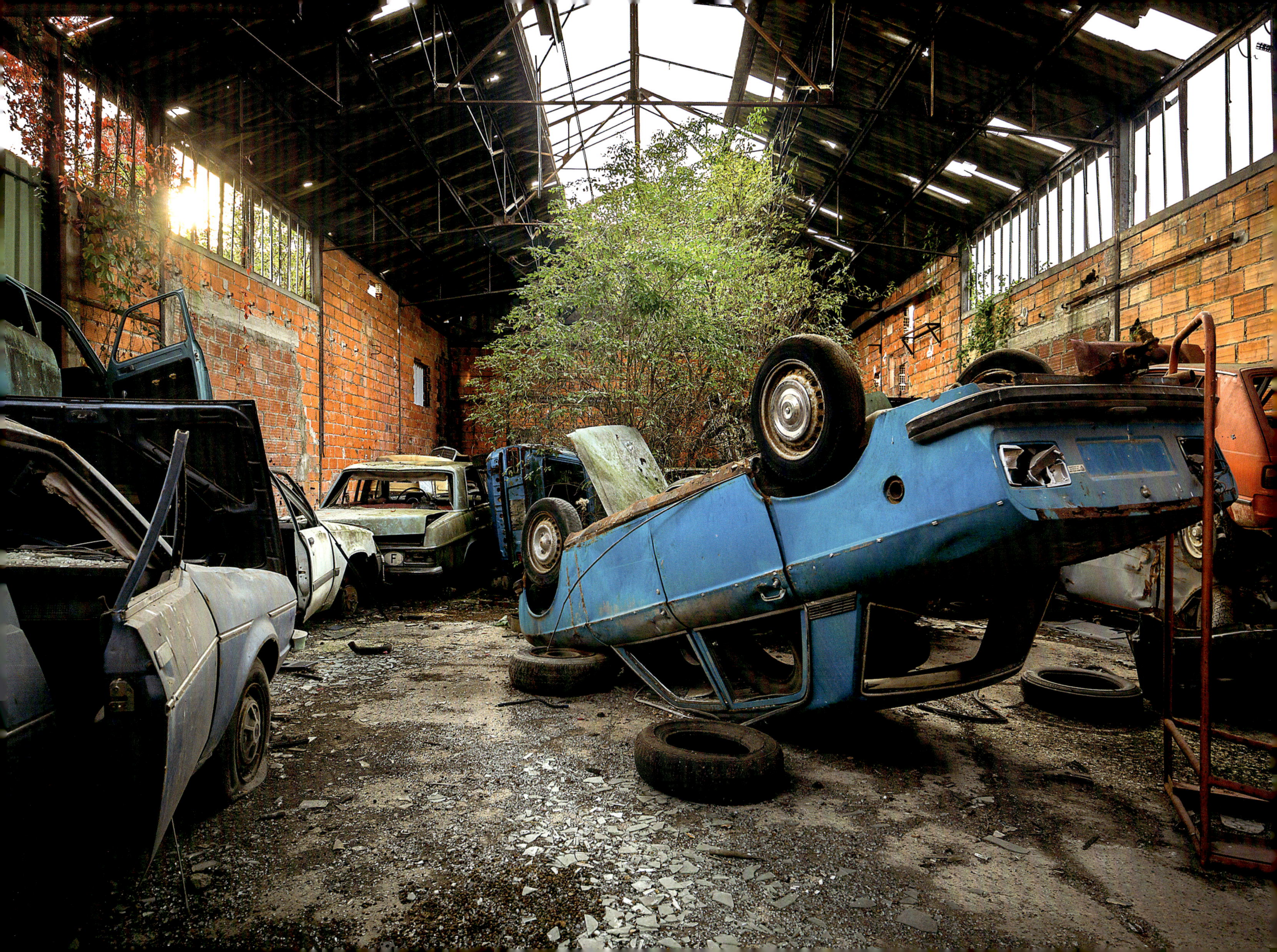

Lost Queens • Grand-Est

Schätze über Schätze in dieser alten Orangerie eines Schlosses aus dem 18. Jahrhundert! Dick mit Staub bedeckt versauern hier vermutlich seit Jahren, einer neben dem anderen, die schönsten Oldtimer.

Nur kurz bleibt mein Blick an Juwelen der Automobilindustrie mit klangvollen Namen wie Citroën DS, Jaguar, Mercedes und Dodge Stealth hängen, zu stark gebannt bin ich in sprachloser Bewunderung des Lamborghini Espada, der ihnen allen die Show stiehlt. Ein Sportwagen trotz seiner vier vollwertigen Sitzplätze, der durch sein Design überzeugt, das sich an eine betuchte, für pure Leistung empfängliche Klientel richtet. Das seltene Modell stammt aus der Feder des italienischen Automobildesigners Marcello Gandini, Geistesvater von Modellen wie Lamborghini Miura, Marzal, Diablo oder De Tomaso und des unerreichten Alfa Romeo Montreal. Der von einem V12-Motor angetriebene Espada mit seinen sechs horizontalen Doppelvergasern und 325 PS erreichte eine Höchstgeschwindigkeit von 250 km/h. Zwischen 1968 und 1978 wurden von diesem Meilenstein des italienischen Automobildesigns 1227 Exemplare verkauft.

Der Espada in der Orangerie ist in Bergamo zugelassen und man fragt sich, was er so weit entfernt von seiner Heimat verloren hat.

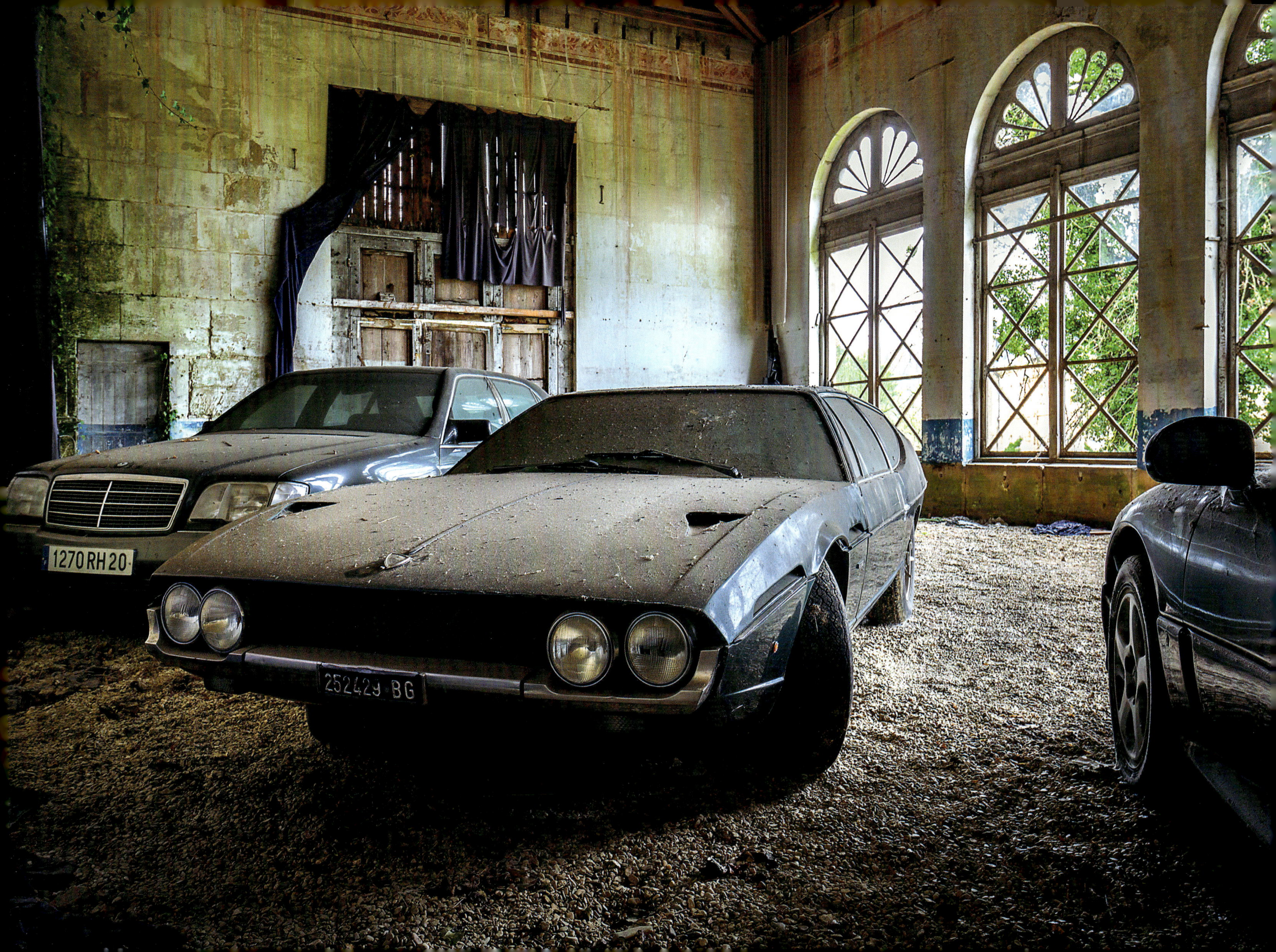
1270 RH 20
252429 BG

Oldtimer · Grand-Est

Unvorstellbar, was für Schätze in manchen Hallen schlummern … Hier zwei Verliebte aus Metall.

Die Feuchtigkeit, die an diesem Ort herrscht, erklärt den schlechten Zustand, in dem sich diese beiden moosbedeckten Automobile befinden. Vor einigen Jahren stellte der Inhaber der Vertragswerkstatt von Citroën besondere Schmuckstücke, die ihm in die Finger kamen, im Wald ab. Aufnahmen des weiten Geländes, das mit in Reih und Glied aufgestellten Autowracks übersät war, zirkulieren noch heute im Netz. Ein Autofriedhof mitten im Wald! Citroën DS und ID, Simca, Renault 8, Peugeot 403, 2CV und viele andere französische Modelle vergangener Jahrzehnte, überwuchert von Dornengestrüpp, Efeu, Moos und umgeben von Löwenzahn. Rost und Witterung haben diesen Fahrzeugen, die auf dem Oldtimermarkt seinerzeit nicht genügend einbrachten, schwer zugesetzt. Am Ende wurde der Besitzer von der Gemeinde aufgefordert, das Gelände zu räumen.

Heute ist von den achtzig Gefährten von Citroën, die dem Ort einst seinen besonderen Charme verliehen, nicht mehr viel zu sehen. Was bleibt, sind diese beiden in die Jahre gekommenen Vehikel, die unter dem Skelett ihrer alten Behausung langsam, aber sicher ihrem Untergang entgegenblicken.

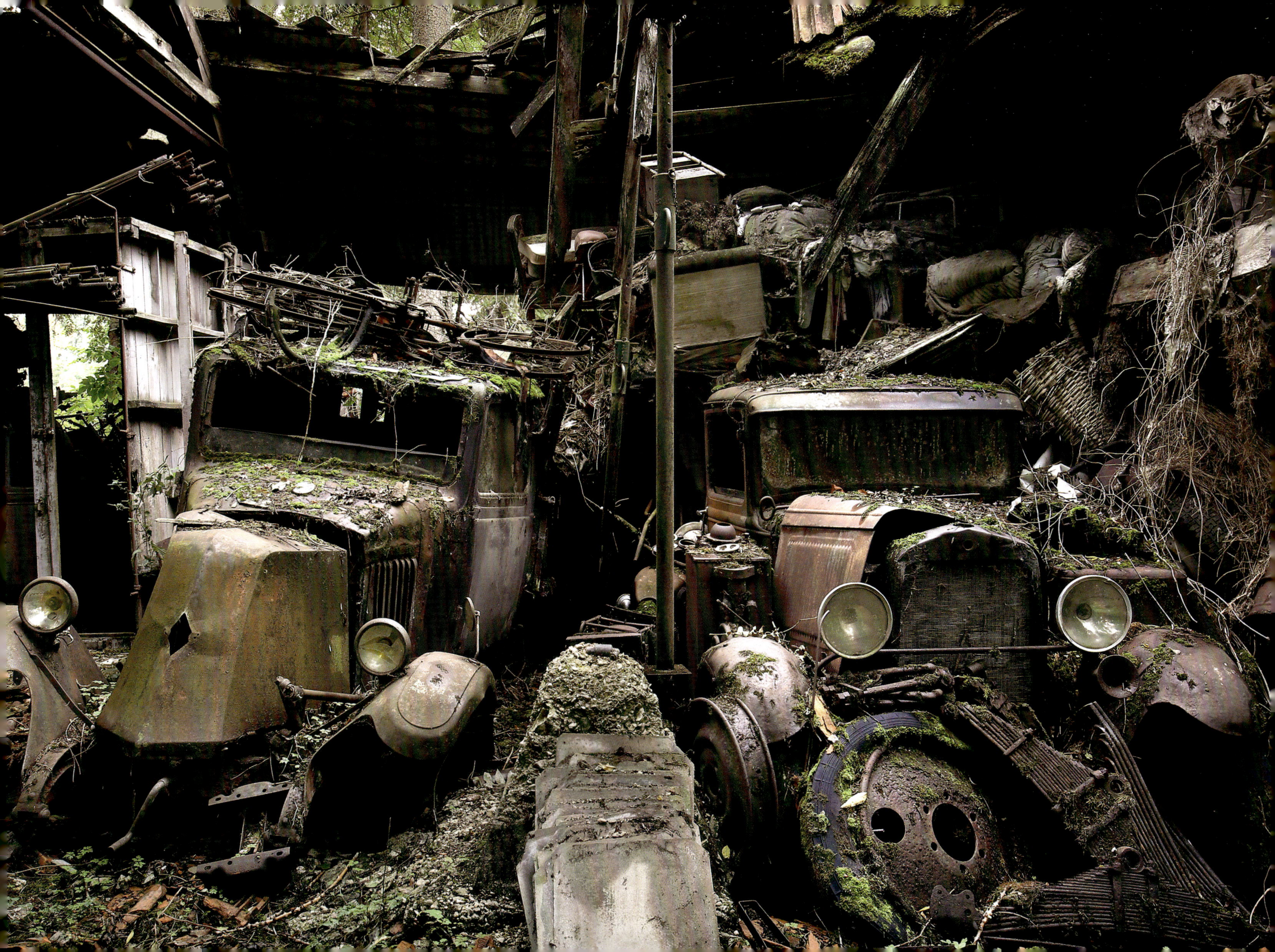

Top Rage • Grand-Est

Im Juli 1913 wird in der Region Grand-Est ein Flugplatz für den öffentlichen Luftverkehr eingeweiht. Von 1953 bis 1965 dient er als operativer Luftwaffenstützpunkt und Ausweichbasis der NATO und bietet Platz für rund fünfzig Kampfjets. Während der Nutzung der Basis durch die US Air Force zur Wartung von Verbindungsflugzeugen werden 1956 drei Ladeflächen, drei große Hangars und ein Kugelfang zur Einstellung und Ausrichtung der Flugzeugkanonen gebaut. Heute stehen noch drei Flieger aus den Jahren 1940 bis 1950 auf dem ehemaligen Stützpunkt, die durch ihre Bauart und ihre Ausstattung beeindrucken.

Eine Fouga Magister, das erste düsengetriebene Schulflugzeug der Welt. Die Magister wurde Anfang der 1950er-Jahre in Frankreich als zweisitziges Unterschallflugzeug entwickelt und ist an ihrem V-Leitwerk (auch Schmetterlingsleitwerk genannt) gut zu erkennen. Dieses Modell wurde von der NATO 1954 aufgrund seiner ausgezeichneten akrobatischen Fähigkeiten als Schul- und Trainingsflugzeug ausgewählt. Darüber hinaus wurde es von vielen Kunstflugteams genutzt, so auch sechzehn Jahre lang von der Patrouille de France (1964–1980).

Eine zweimotorige Noratlas aus französischer Produktion mit doppeltem Leitwerksträger für einfachen Zugang zu den rückseitigen Ladeöffnungen, die speziell für den Truppentransport entwickelt wurde und von 1949 bis in die 1990er-Jahre im Einsatz war.

Eine Lockheed Neptune, die von der US Navy von 1974 bis 1978 als U-Boot-Jagdflugzeug genutzt wurde. U-Boote hatten bereits im Ersten Weltkrieg eine Rolle gespielt, stellten jedoch erst im Zweiten Weltkrieg unter Beweis, welche Gefahr von ihnen für feindliche Kriegsflotten ausging.

Wem gehören diese drei Modelle? Einem Sammler? Einem Liebhaber außergewöhnlicher Fluggeräte?

Niemand weiß es.

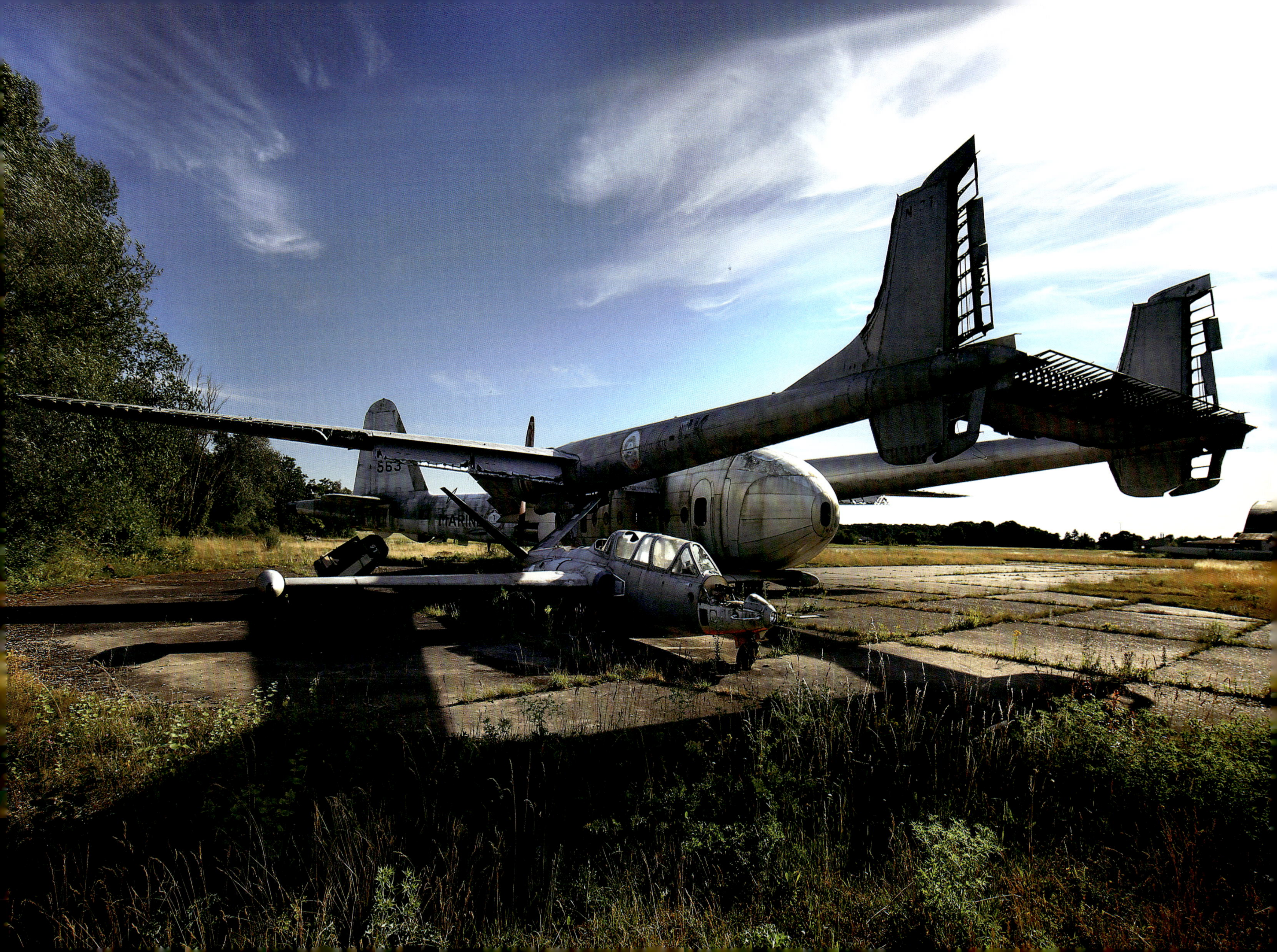
563

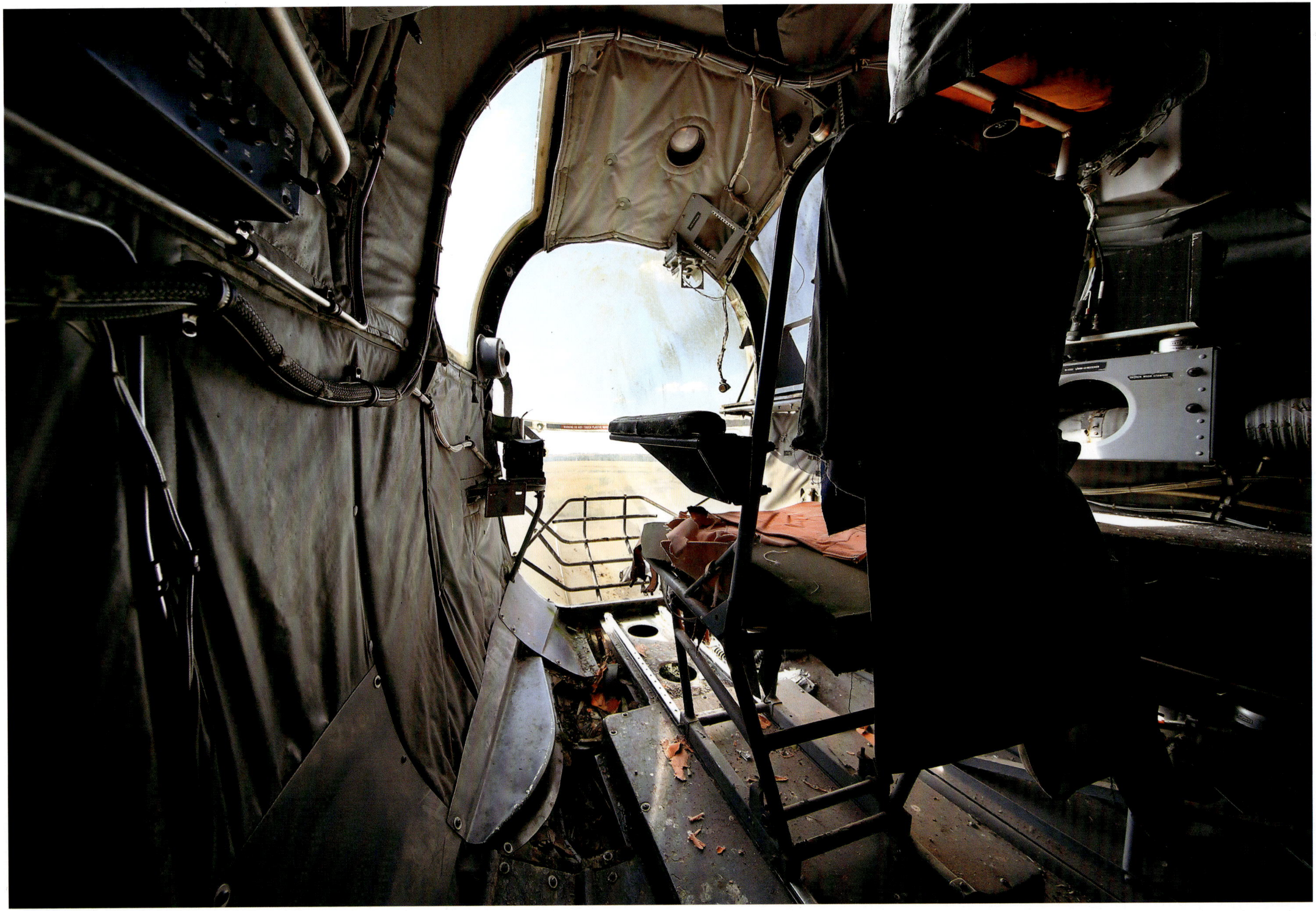

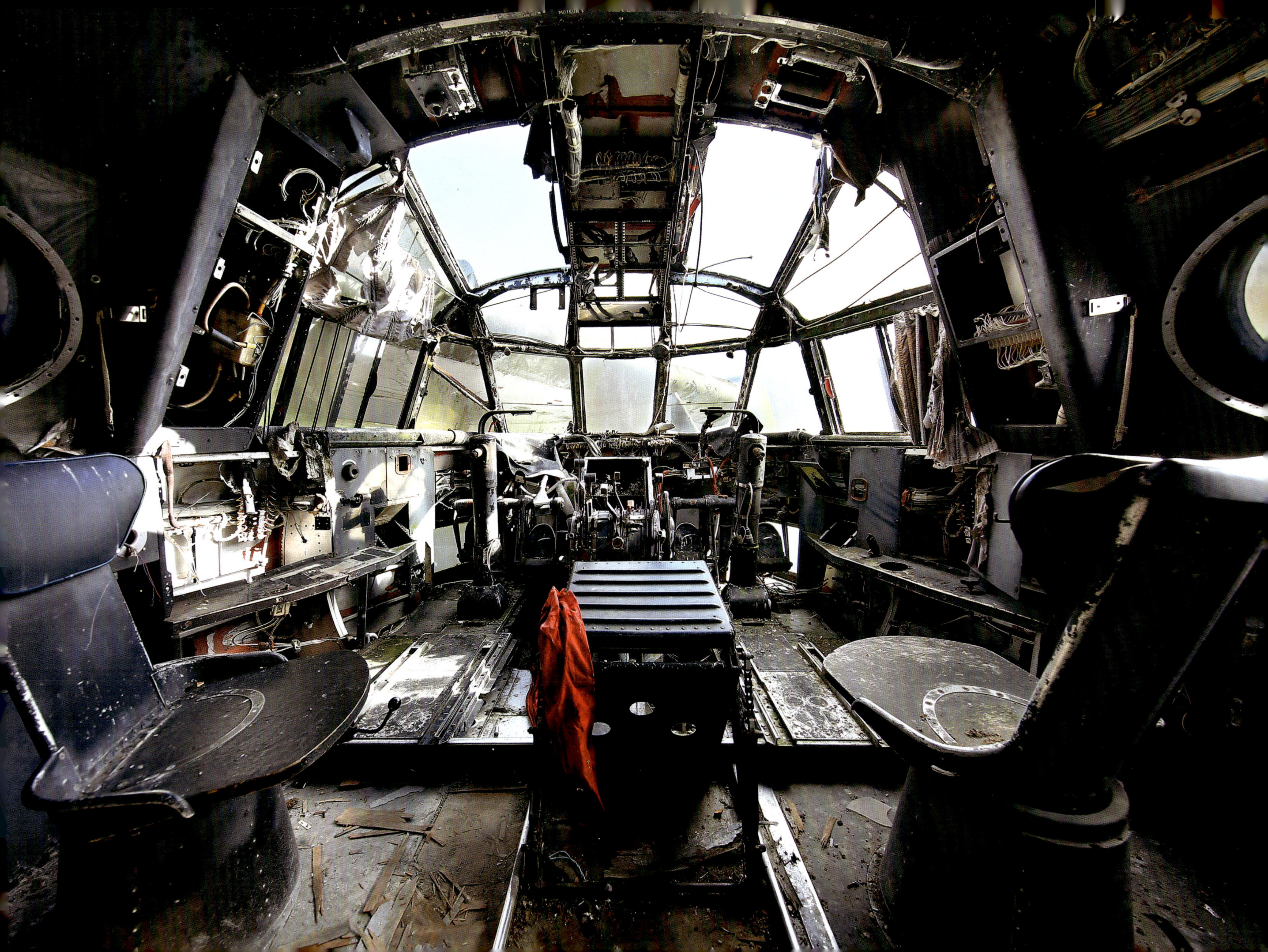

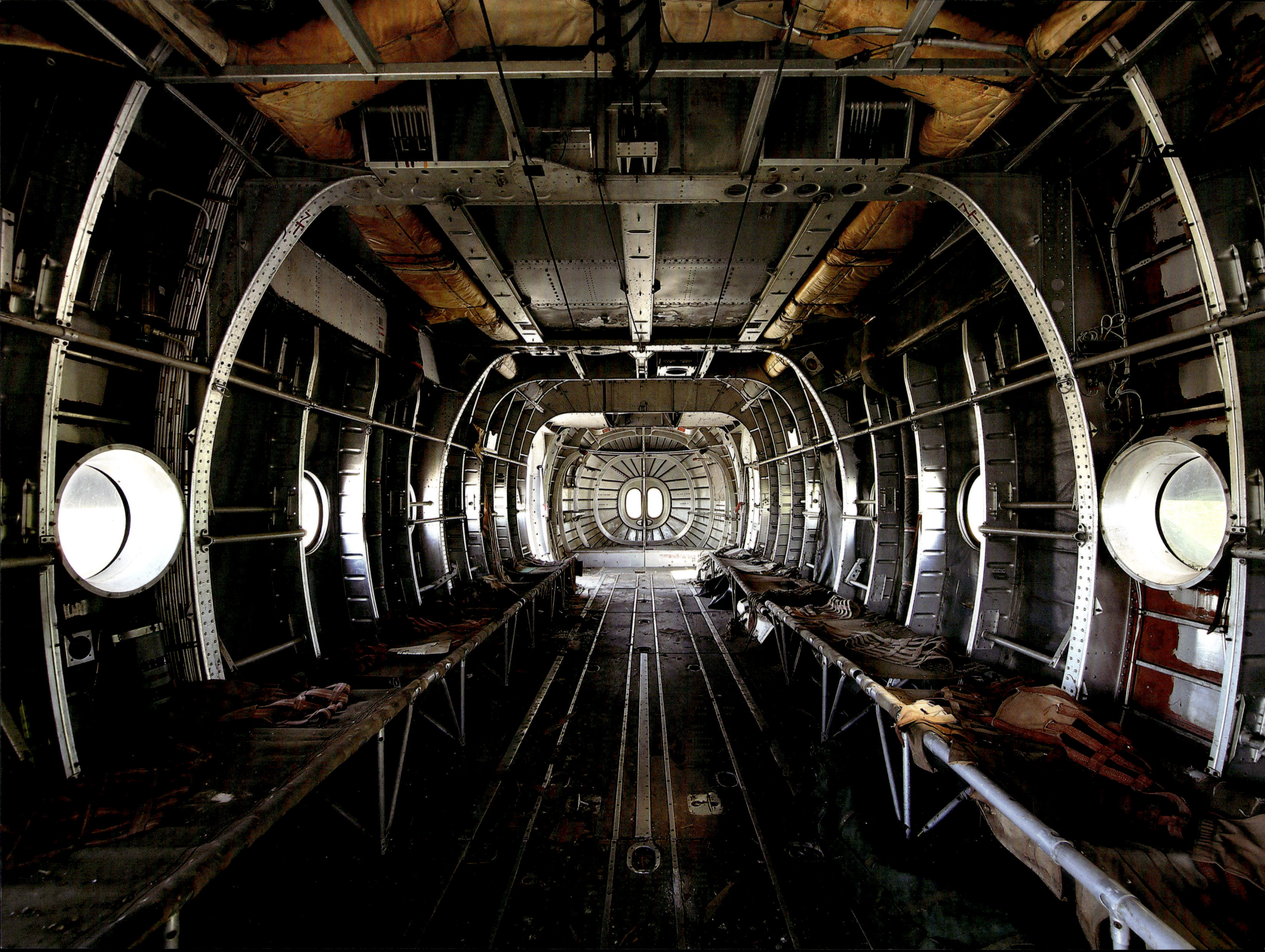

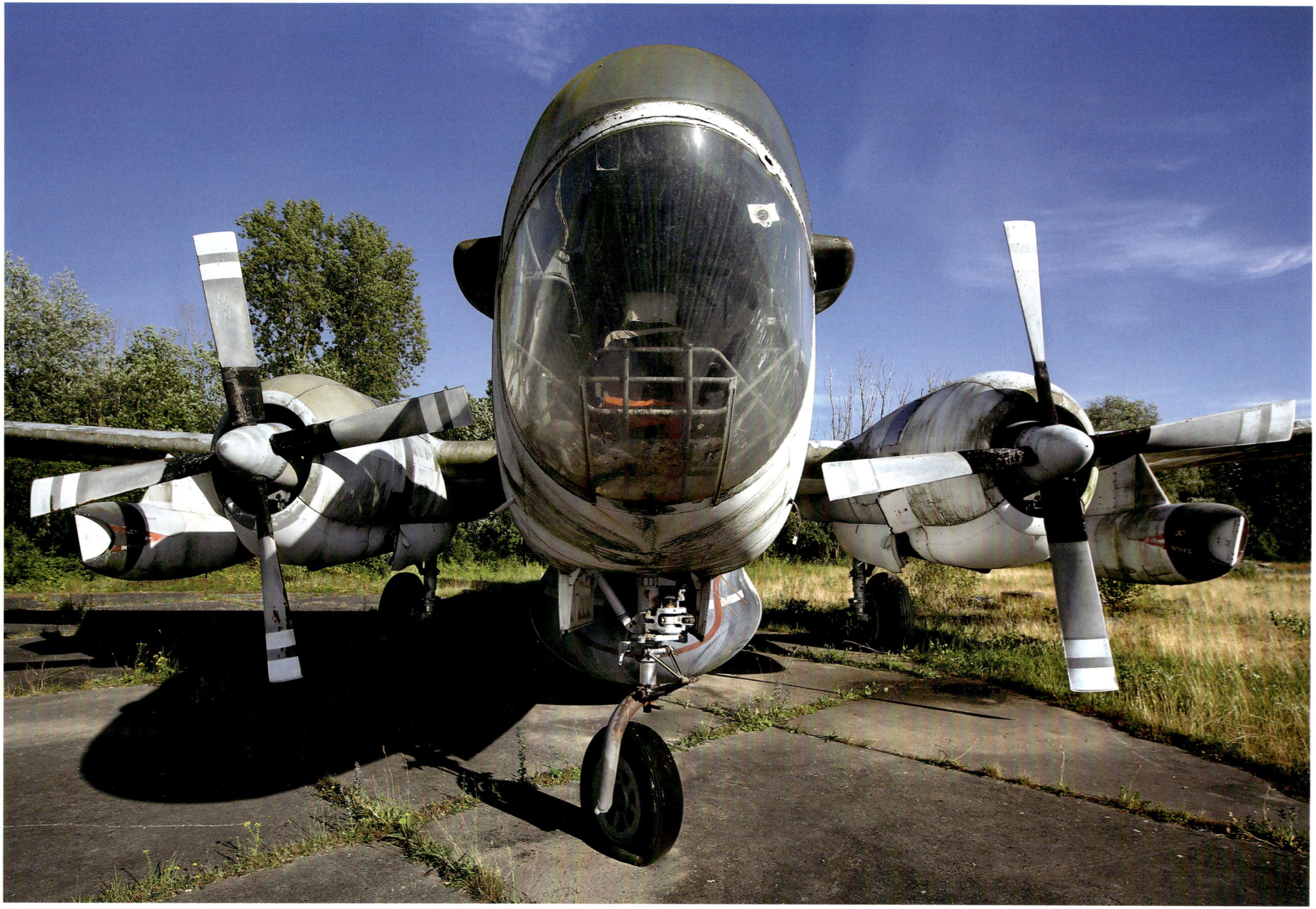

Château Samouraï · Nouvelle-Aquitaine

Die wechselnden Besitzer dieser feudalen Burganlage hinterließen hier über fünf Epochen ihre Spuren, im Zuge von Verschönerungen und zahlreichen Um- und Ergänzungsbauten. Das Ergebnis ist ein außergewöhnlich reizvoller, bunter Flickenteppich.

Der weithin sichtbare, zinnenbewehrte Bergfried sowie der runde Turm stammen vermutlich aus dem ausgehenden 13. Jahrhundert. Über dem Türsturz des Bergfrieds ist ein bislang nicht identifiziertes Wappen mit drei Byzantinern zu erkennen, darüber ein Ritterhelm. Im 16. Jahrhundert kamen ein vornehmes Taubenhaus und das hübsche Eckürmchen hinzu. Erst im 19. Jahrhundert wurden die beiden Haupttürme durch einen Wohntrakt miteinander verbunden. Im vergangenen Jahrhundert kam in dem nördlich der Burg gelegenen Waldstück eine Grablege aus der Merowingerzeit zum Vorschein.

Im Inneren finden sich große Räume, deren Dekor von Fleurs de Lys über verschiedene Wappen und Helme bis hin zu Chinoiserien reicht und eine überraschend harmonische Mischung ergibt. Besonders ins Auge fällt die Kamineinfassung, auf der links und rechts zwei unbekümmerte Jünglinge sitzen.

Jüngst hat diese reizvolle Anlage einen neuen Eigentümer gefunden, der hier ein Hotel einrichten möchte. Möge sein Vorhaben von Erfolg gekrönt sein.

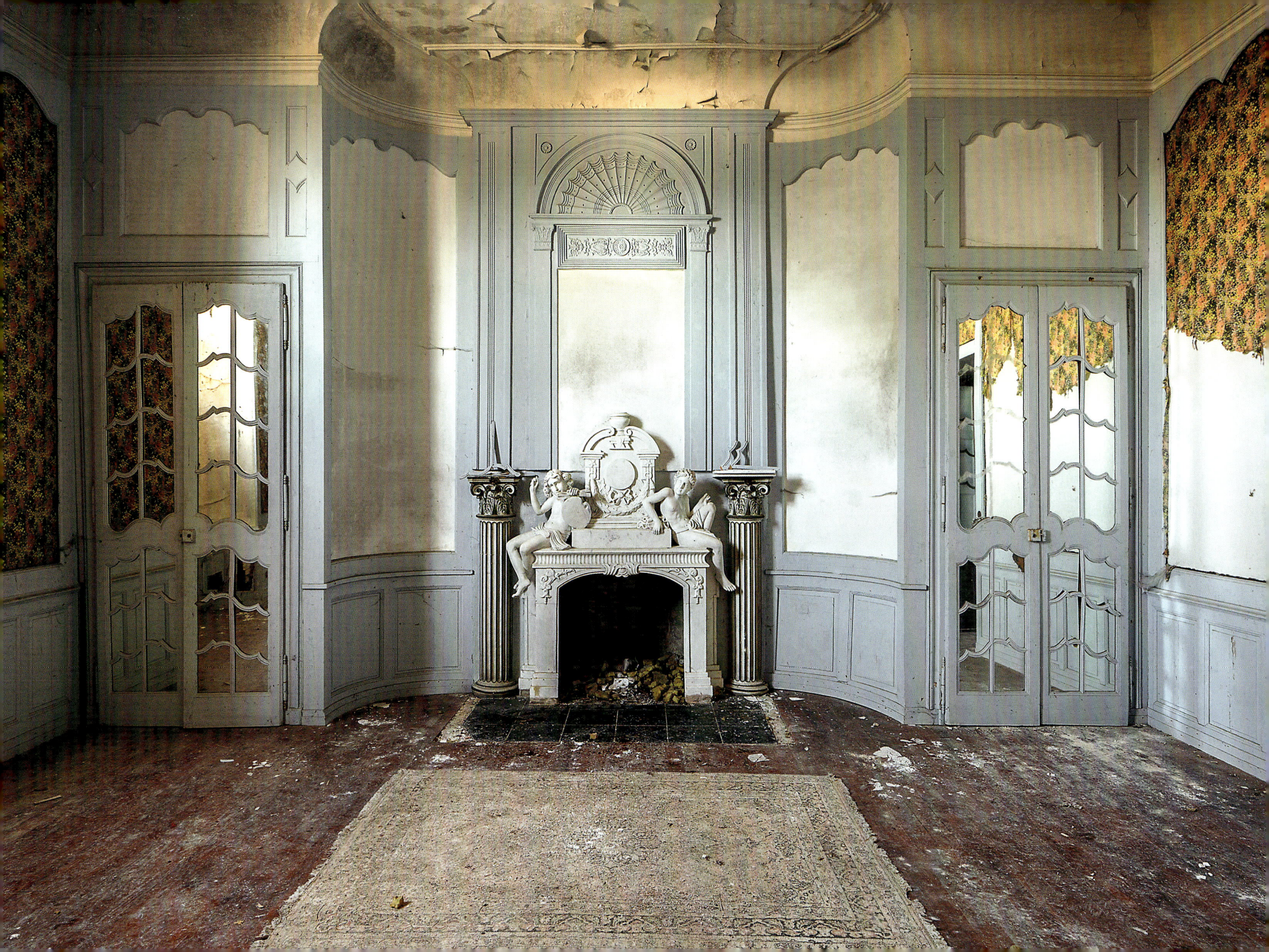

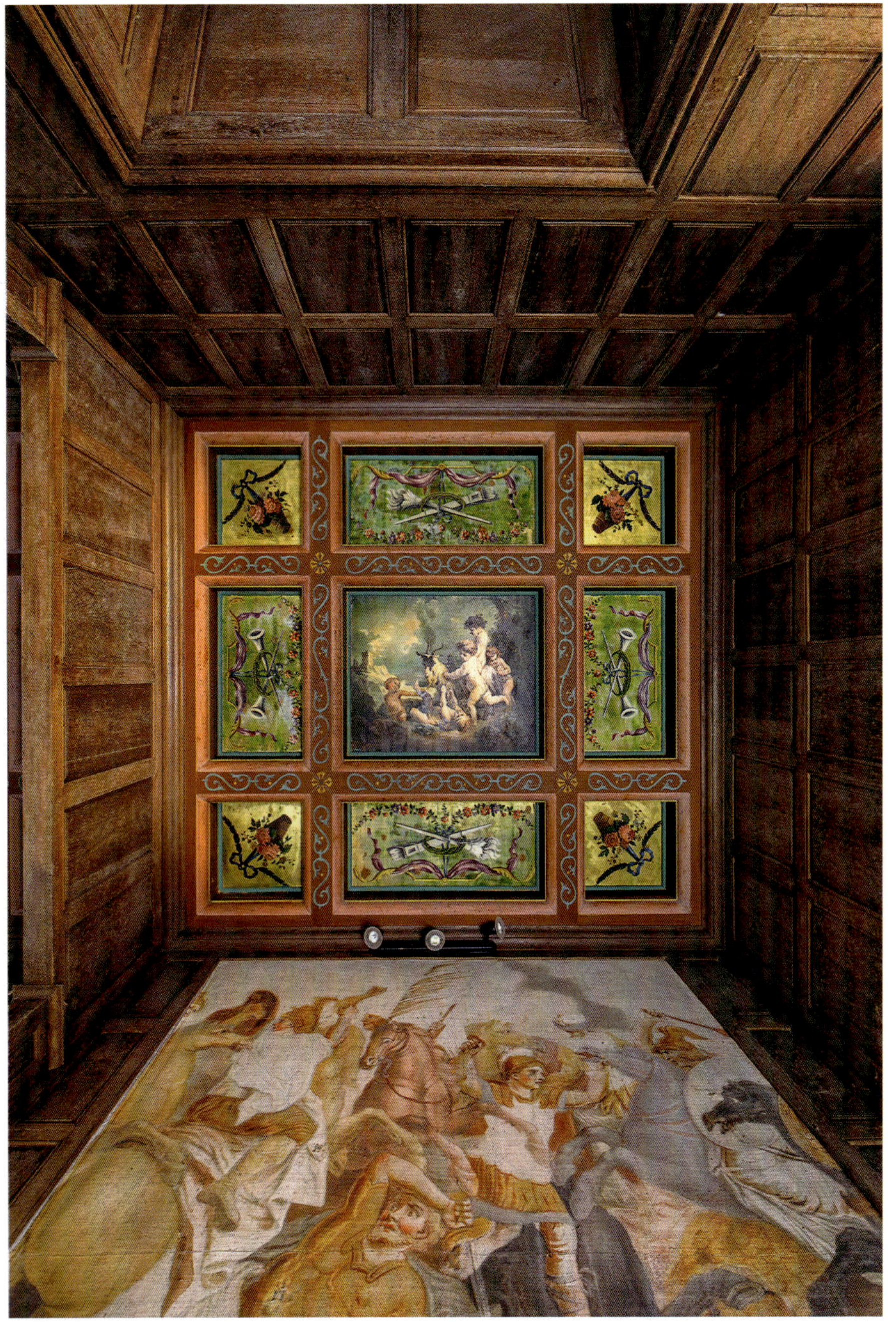

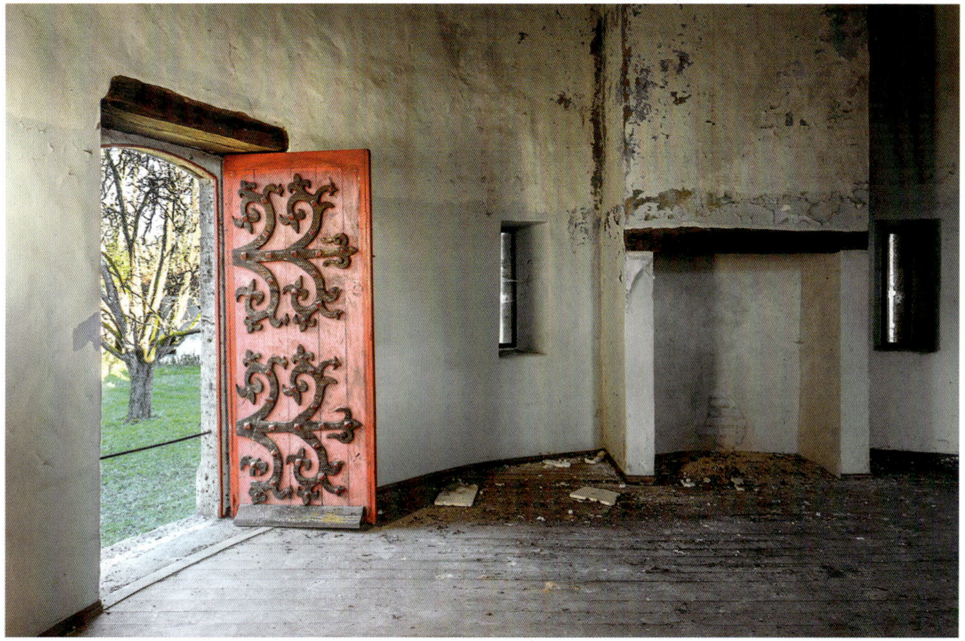

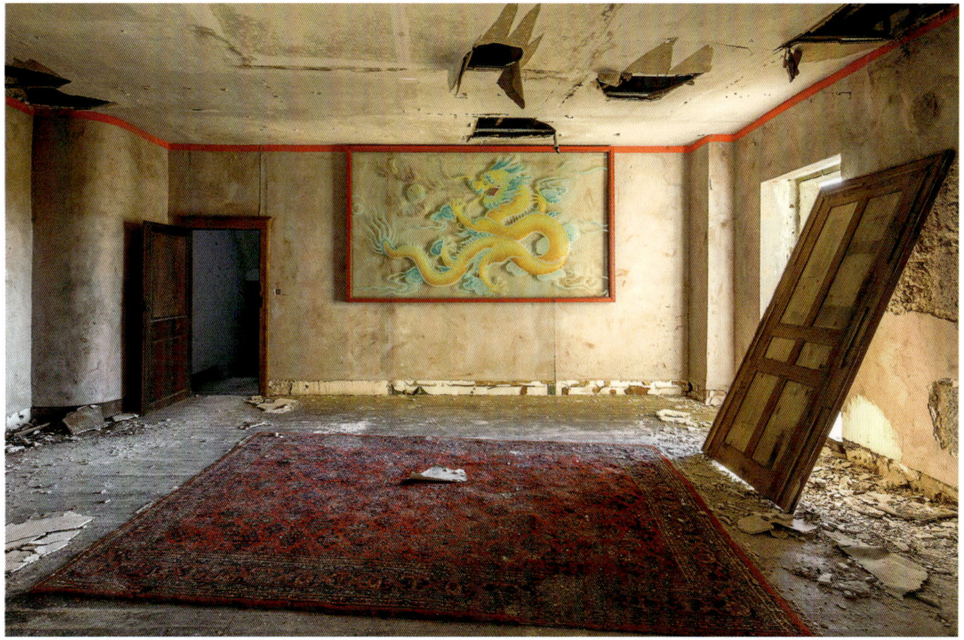

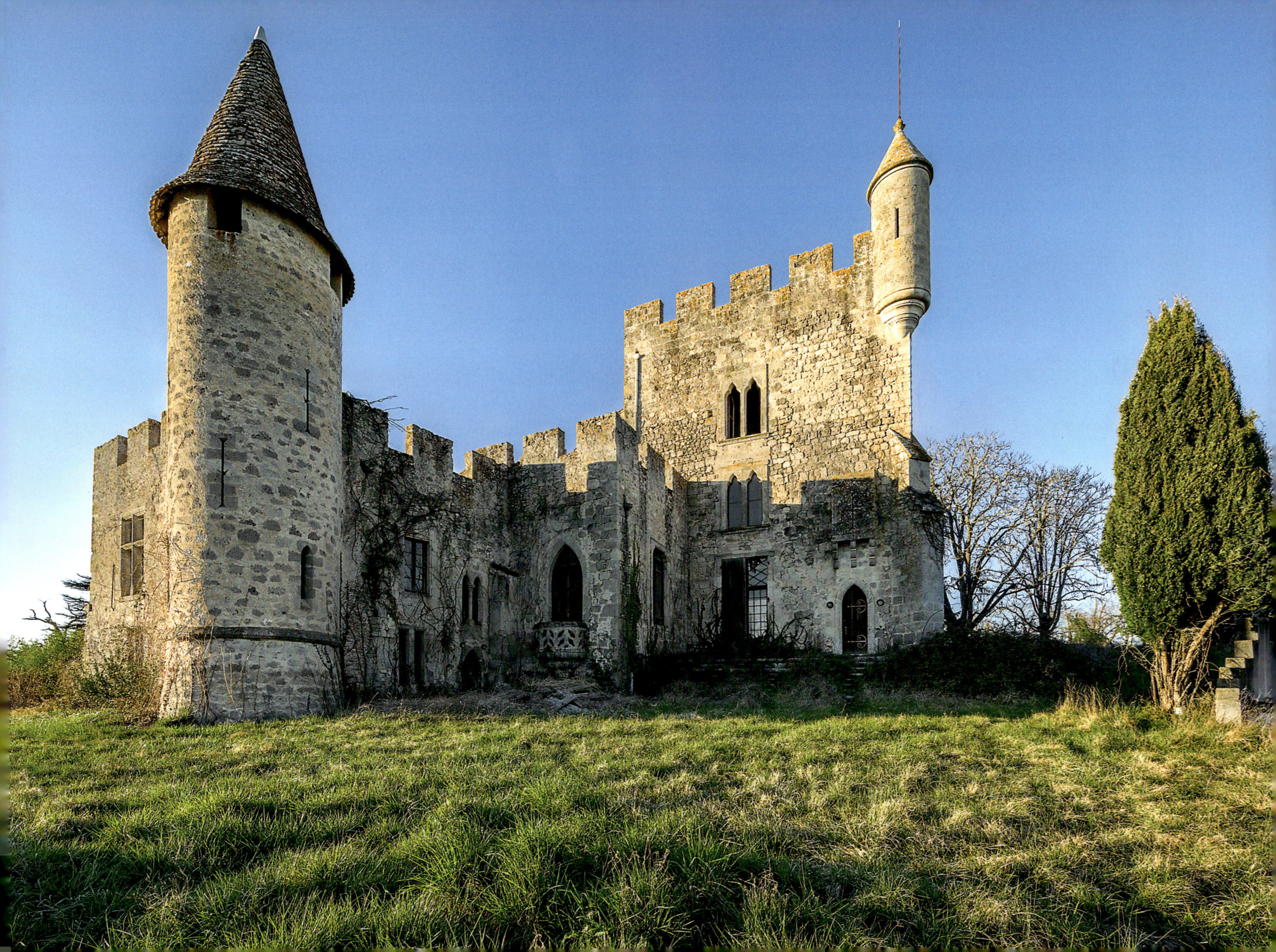

Château des Ducs • Bourgogne-Franche-Comté

Die Festung der Herzöge von Burgund auf einem Hügel oberhalb des Dorfes war ein wahres Juwel. Dass die gesamte Anlage samt Haupt- und Nebengebäuden als historisches Denkmal geschützt ist, ist nur allzu verständlich.

Das zwischen 1655 und 1700 erbaute Herrenhaus besteht aus einem erhöhten Wohntrakt und quadratischen Türmen an den Fassadenabschlüssen. In einem davon befindet sich eine in Frankreich einzigartige Steintreppe. Am Vorbau sind Spuren einer Zugbrücke erkennbar. Darin eingelassen ein großes Scheunentor. Der Ehrenhof ist dank einer langen Mauer mit aufliegender Balustradenterrasse wunderbar hell. Im Inneren befinden sich keine Möbel mehr. Besucher werden dafür neben schönen Holztreppen eines im neogotischen Stil gehaltenen Speisesaals, eines maurischen Bades, eindrucksvoller Buntglasfenster auf einer Galerie sowie eines Empfangssaals und verschiedener Salons mit Blick über das Tal gewahr. An den Wänden Tapeten mit Fleur-de-Lys-Dekor, auf den Böden bunte Tessellat-Mosaiken. Das Château wurde im 19. Jahrhundert neu gestaltet und ist ein wahres Juwel. Im 15 Hektar großen französischen Park wandelt man vorbei an einem dreinischigen Taubenhaus und der alten Kapelle, beide Bauten mit Lavaputz versehen, sowie einem Pavillon aus dem 17. Jahrhundert.

Heute befindet sich das Anwesen im Besitz eines angesehenen Bürgers aus der Region. Bleibt zu hoffen, dass es so zu seinem einstigen Glanz zurückfinden kann.

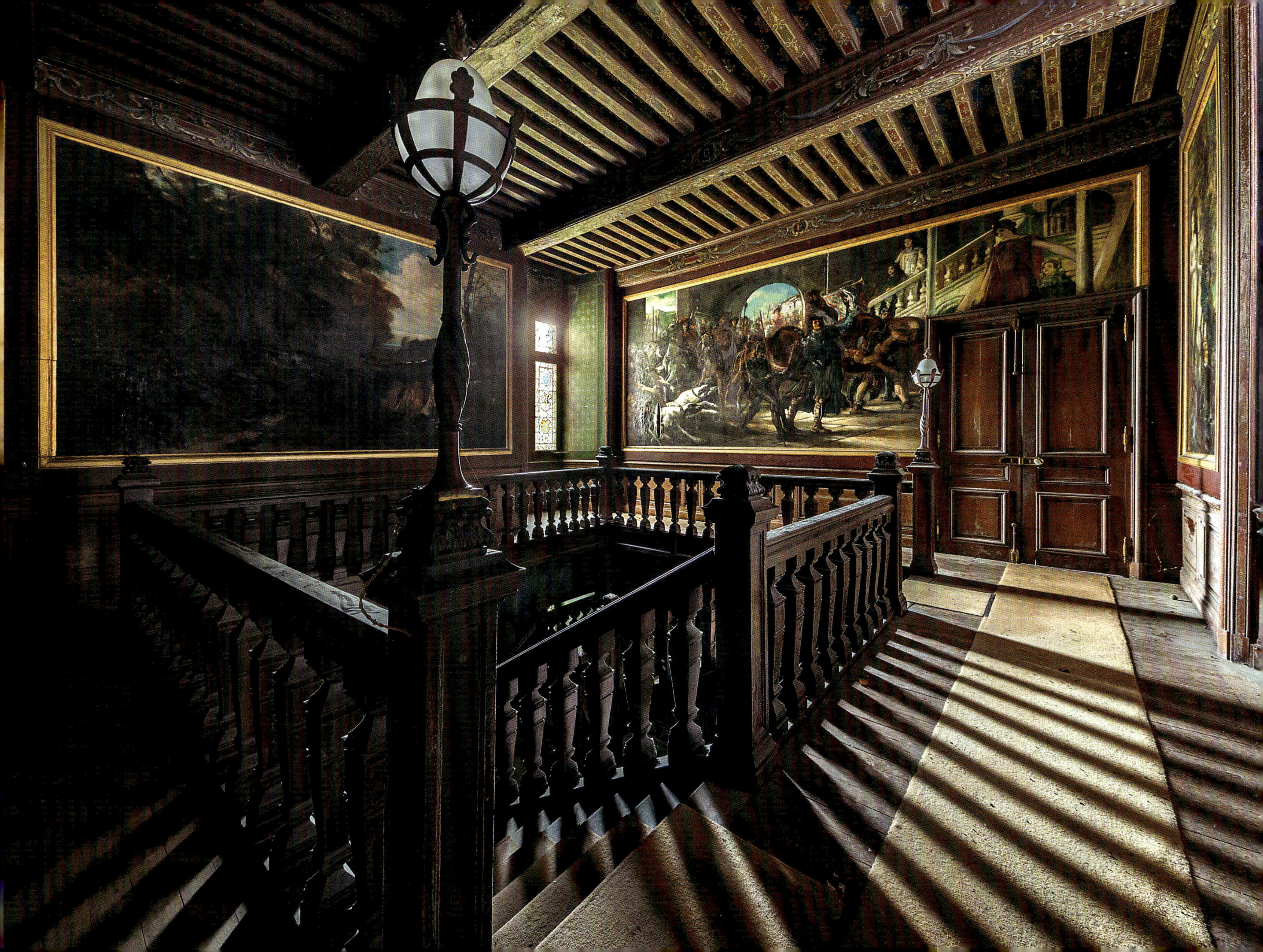

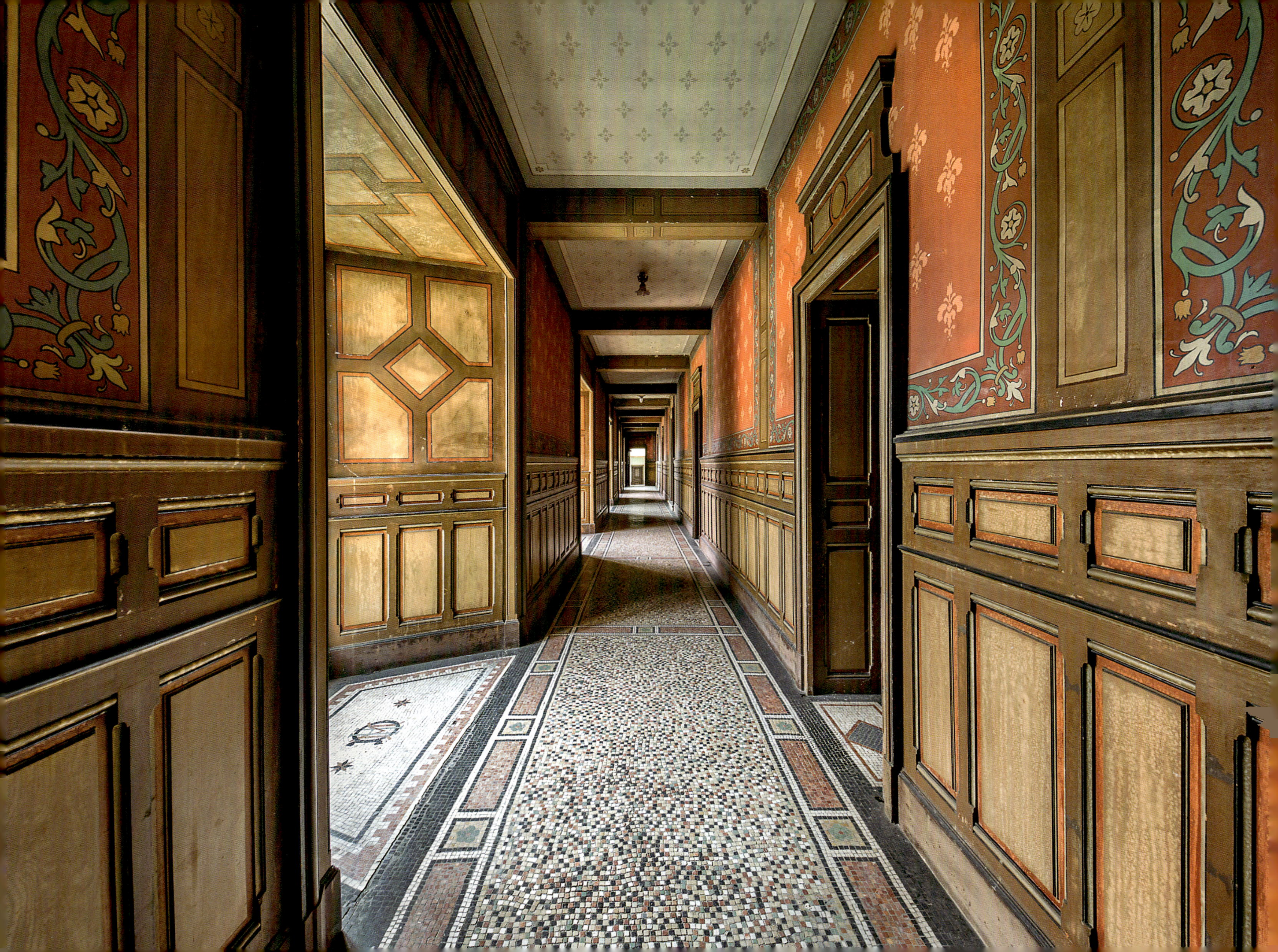

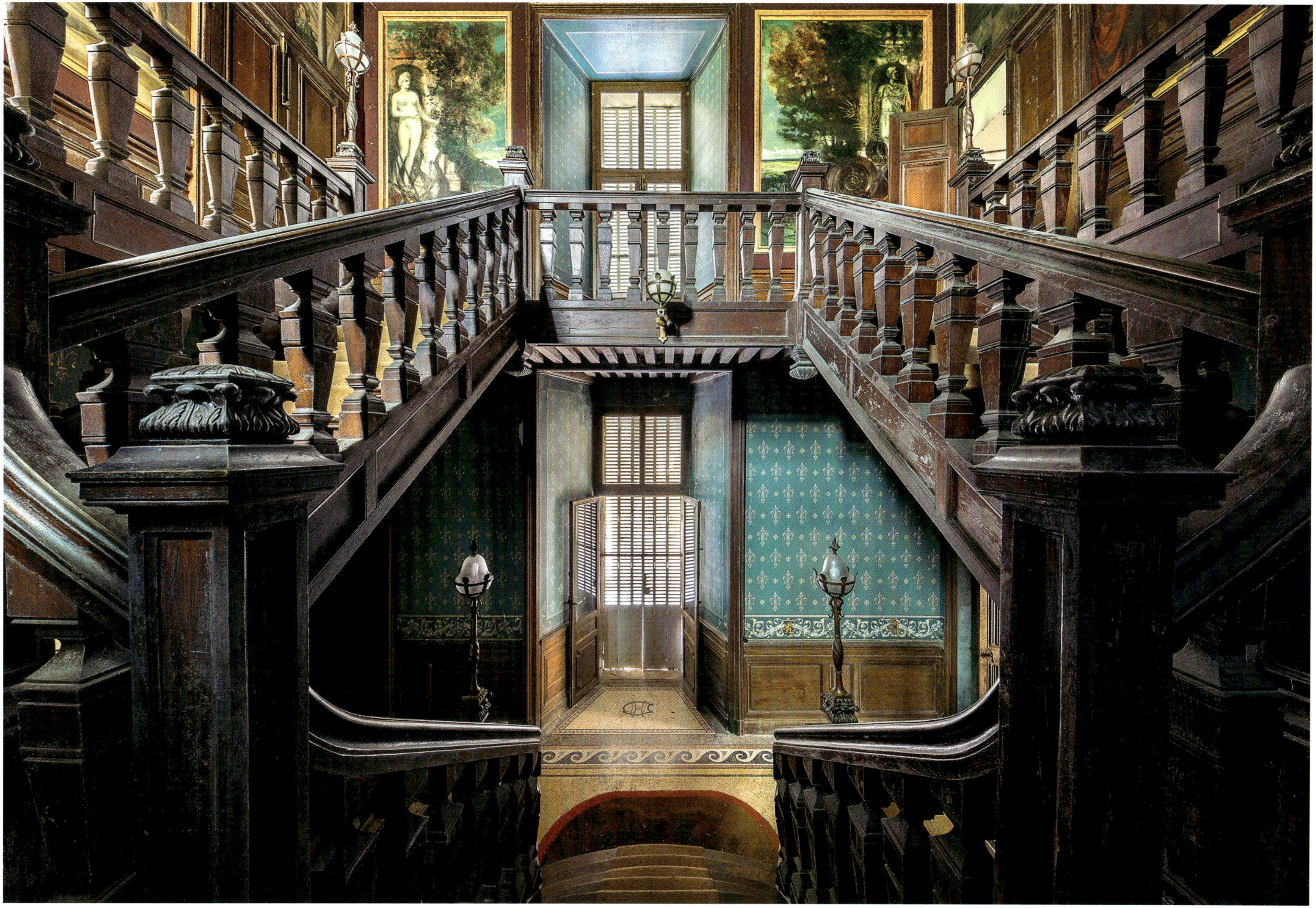

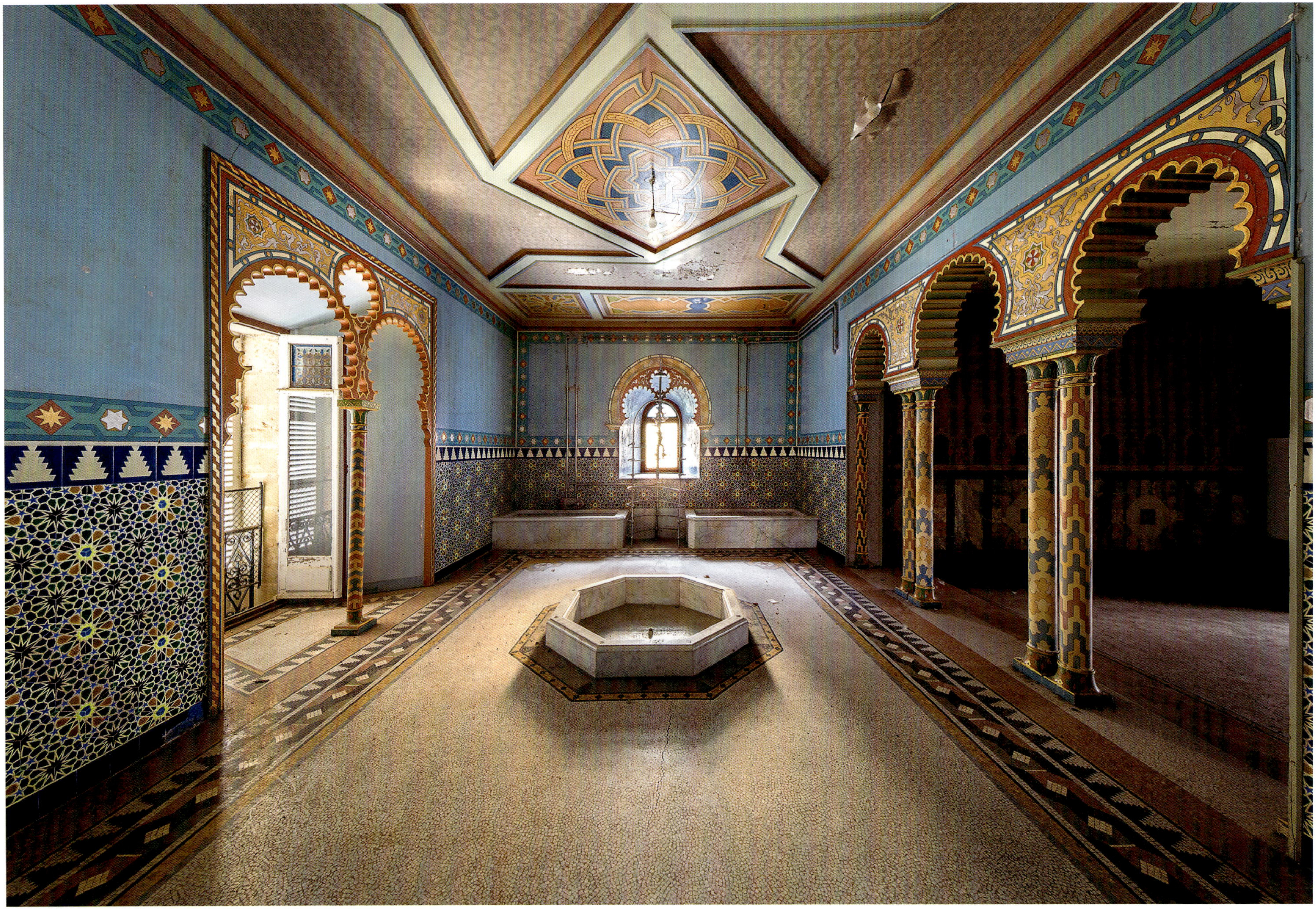

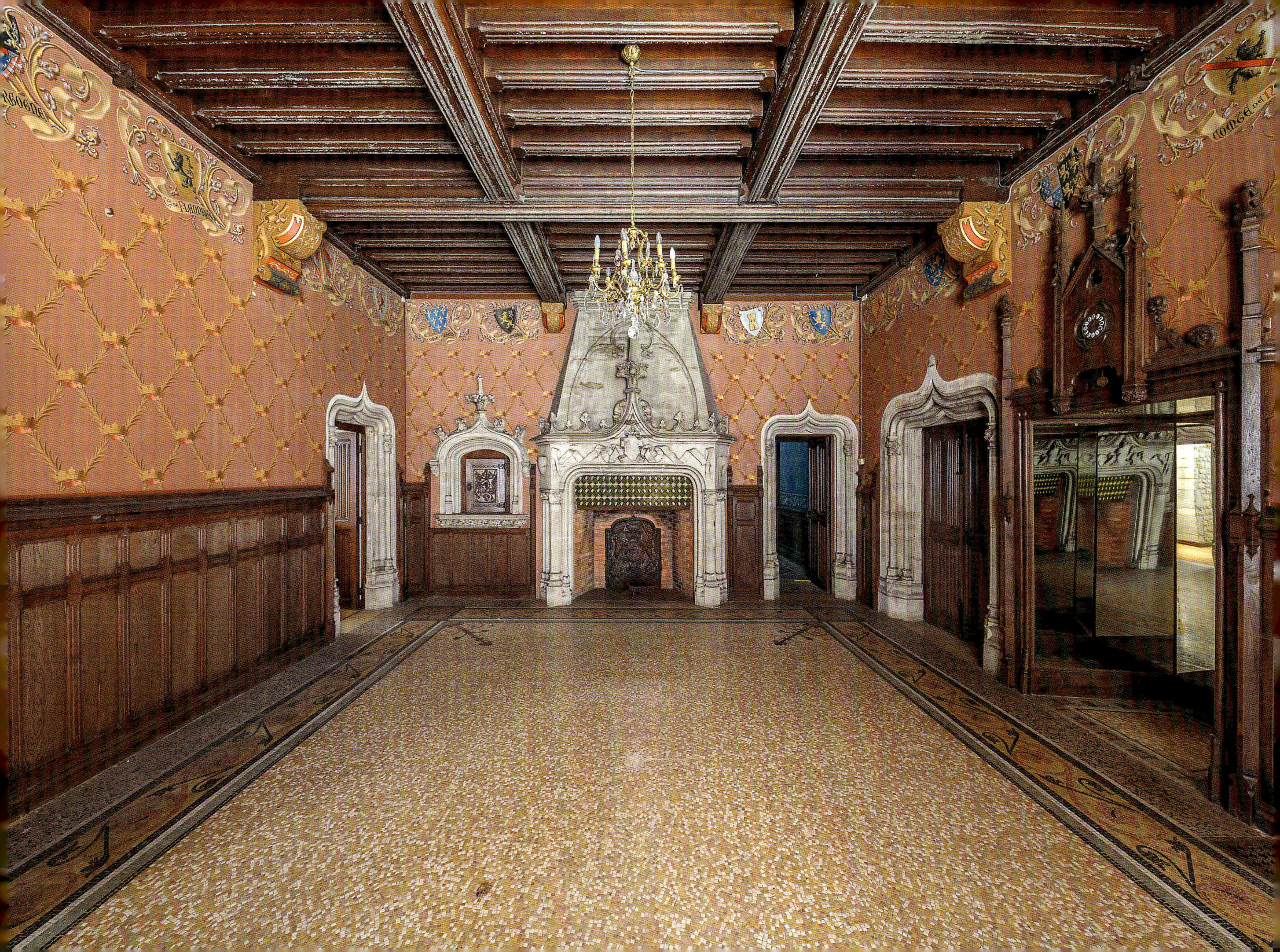

Château Secret • Bourgogne-Franche-Comté

Von dem alten, durch Gräben und Mauern geschützten Anwesen aus dem 16. Jahrhundert haben einzig das Portal und zwei Türme die Zeit überdauert. Im Laufe seiner langen Geschichte wurde es zahlreichen Umbauten unterzogen. Der Eigentümer, Graf Armand de Montrichard, ließ 1868 ein modernes Schloss im Stil der Renaissance erbauen, das er über eine Galerie mit dem vorhandenen Gebäudekomplex verbinden ließ. Das Ergebnis ist stimmig.

Das Gebäude präsentiert sich voller Stolz. Es ist groß, es ist schön – und steht seit vielen Jahren leer. Lustvoll verliere ich mich immer weiter in dem mit Trödelwaren vollgestopften Labyrinth aus Halbgeschossen. In den zentralen Baukörper integrierte der Bauherr eine durch strahlende Buntglasfenster erhellte Kapelle. Die riesige Küche quillt über vor Utensilien – und Staub. Es fällt nicht schwer, sich das geschäftige Treiben vorzustellen, das hier einst geherrscht haben muss. Das Wohnzimmer scheint darauf zu warten, durch Empfänge und Familienfeste aus seiner Starre erlöst zu werden. In einem großen, hellen Raum befindet sich eine Bibliothek voller im Laufe der Jahre angesammelter Bücher. Auch Nähmaschinen haben hier ein Zuhause gefunden. Ich ertappe mich dabei, wie ich mir den Hausherren beim Schmökern vorstelle, eine Zigarre im Mundwinkel, während die Dame des Hauses neue Kleider für den Sommer näht. Eine imposante Holztreppe mit fein gearbeiteter Balustrade führt mich hinauf auf einen Treppenabsatz, der in tief oranges Licht getaucht ist. Zu beiden Seiten führen von hier aus Gänge zu den Schlafzimmern. In den oberen Stockwerken und im Dachgeschoss finden sich zahlreiche weitere Räume, einer vollgestopfter als der andere mit Objekten, die hier seit ewigen Zeiten im Dornröschenschlaf liegen.

2020 wurde zum Schutz des schönen Gebäudes ein Verein gegründet. Allein, es fehlen bislang die Mittel für seinen Erhalt. Durch einen Verkauf könnte Bewegung in die Sache kommen.

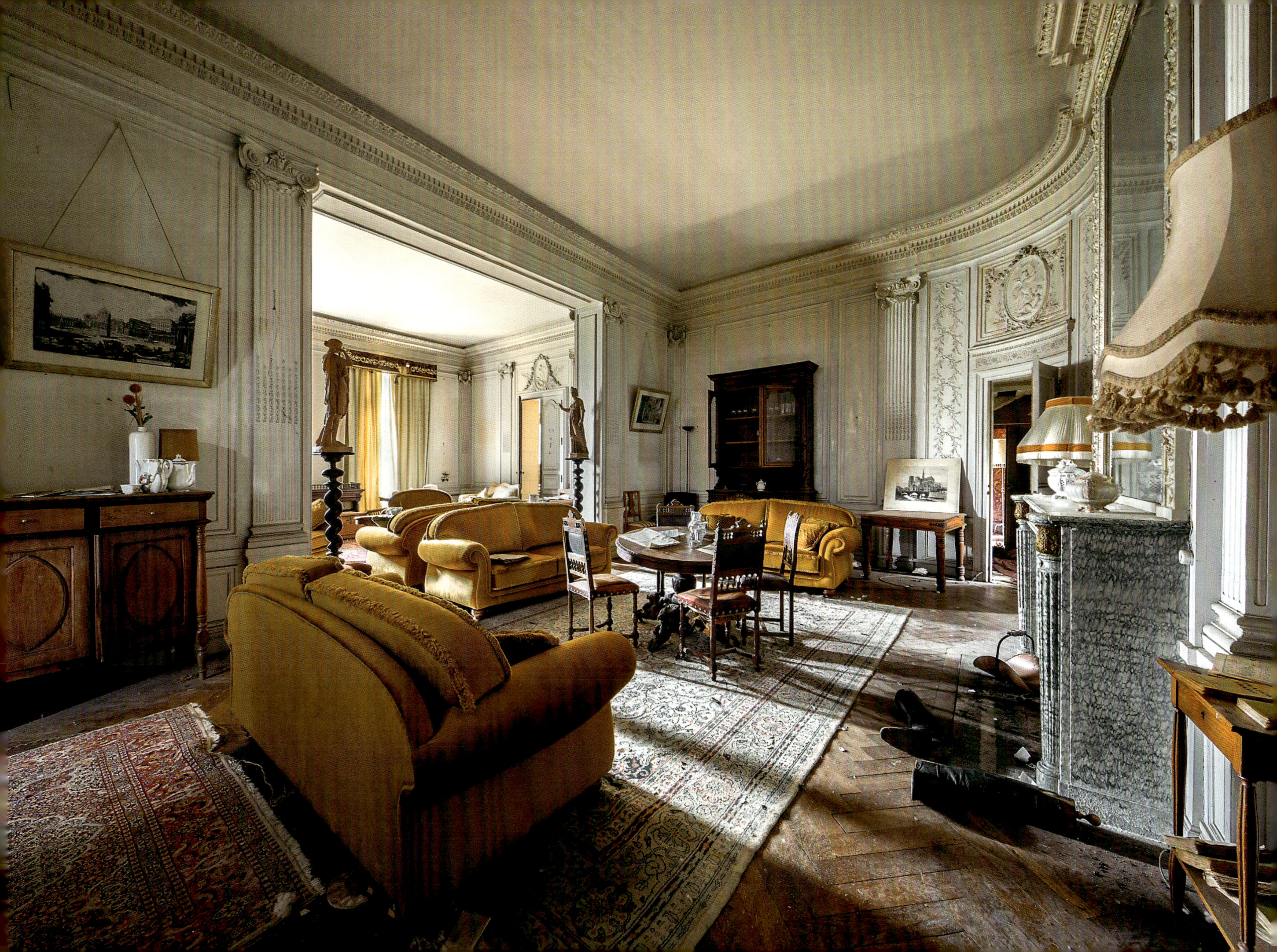

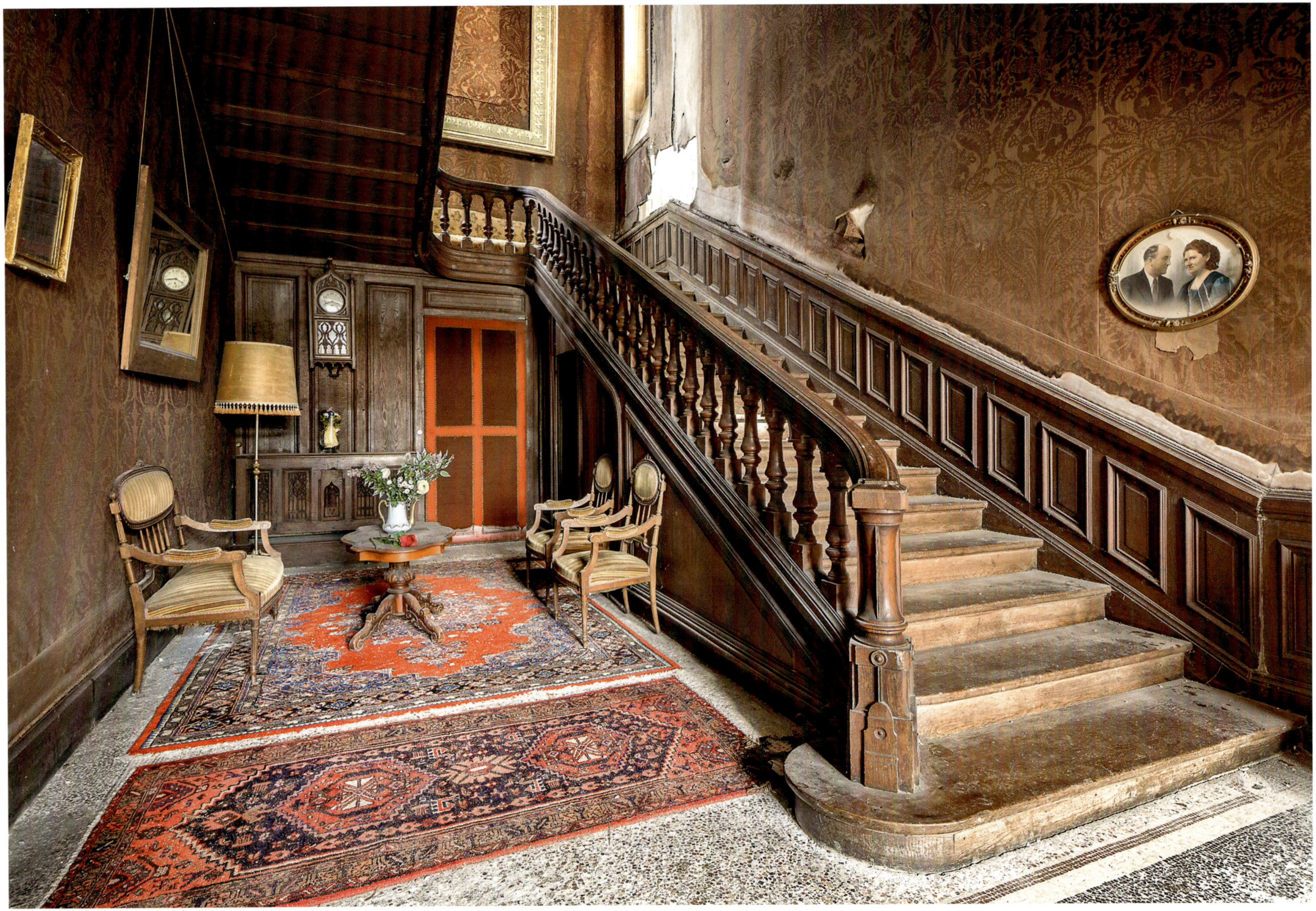

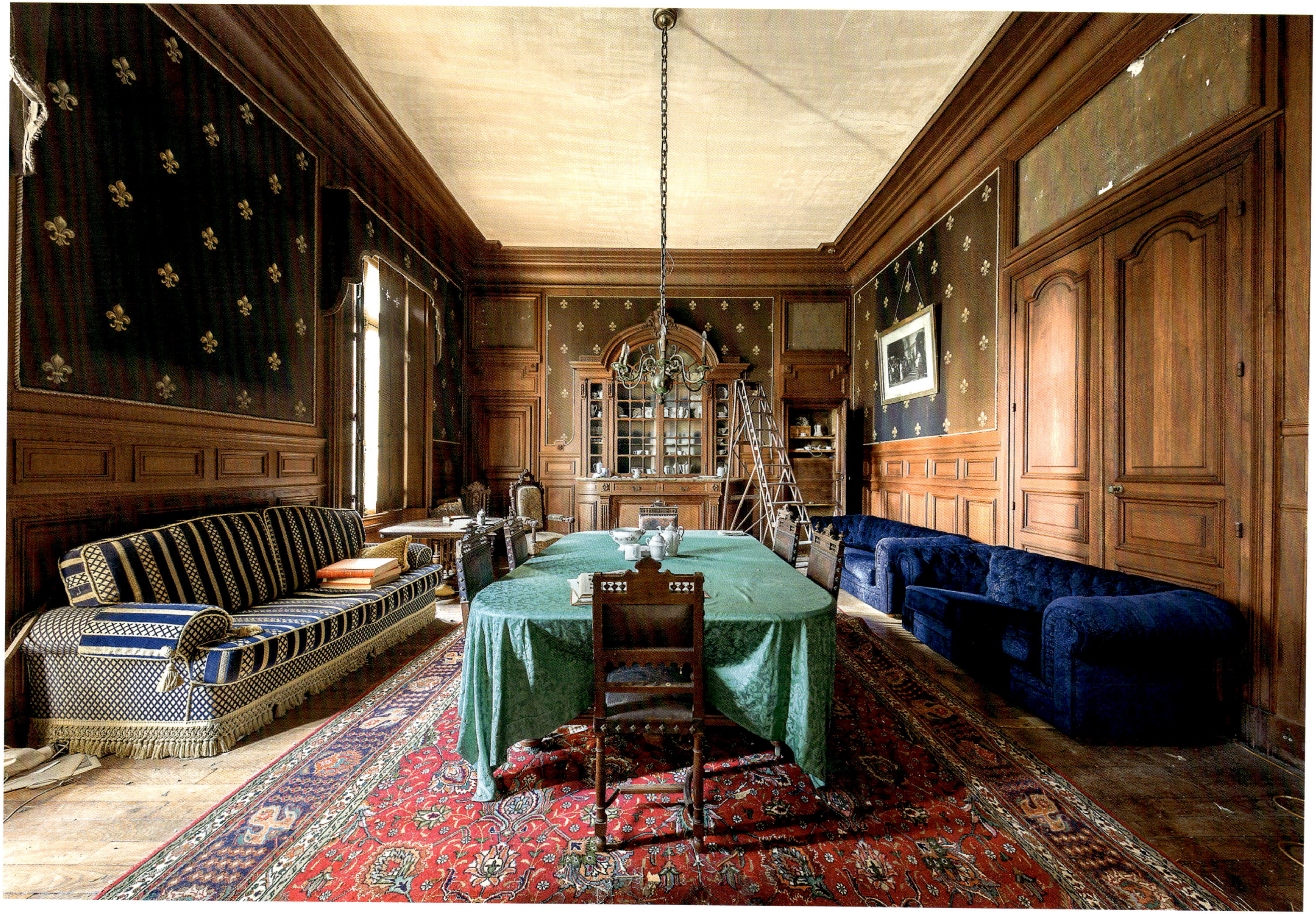

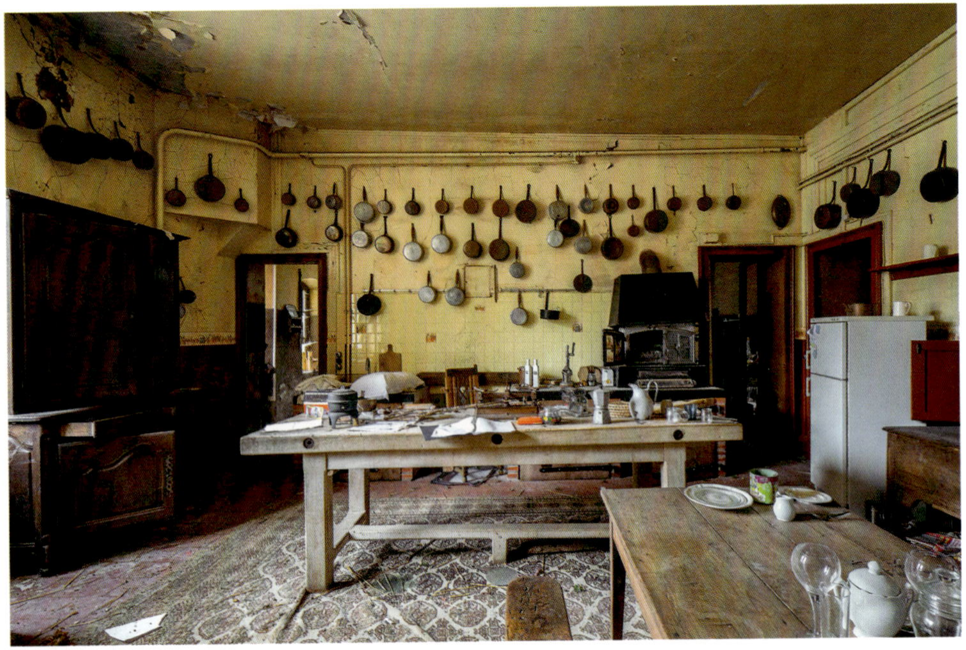

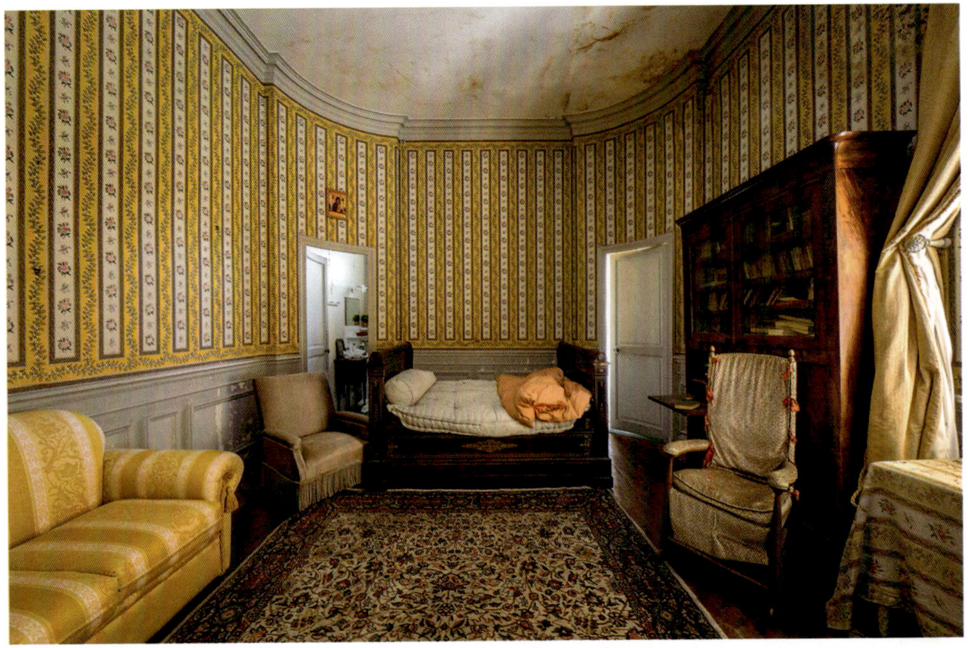

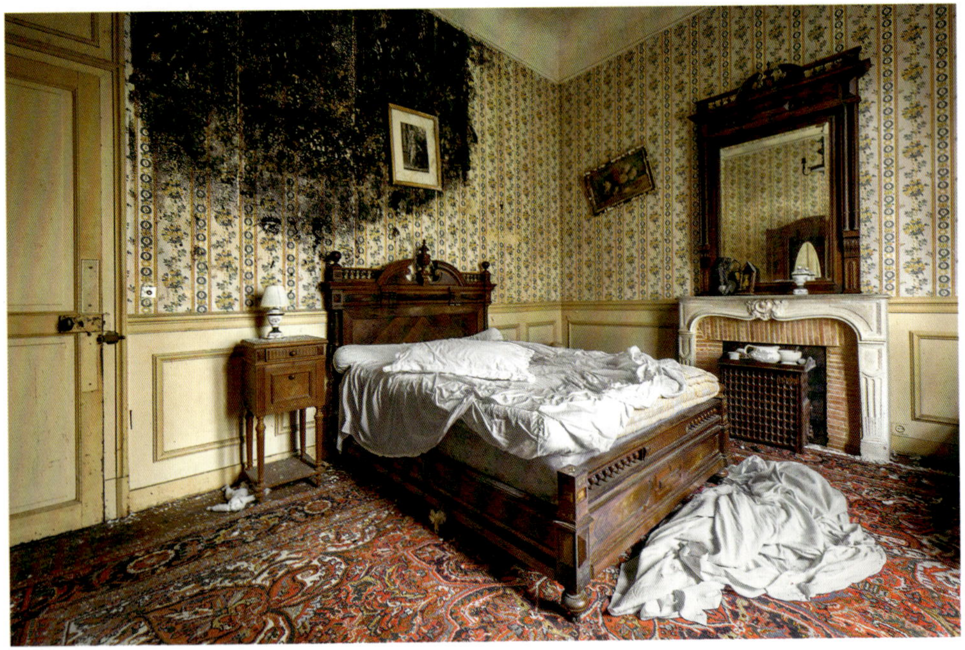

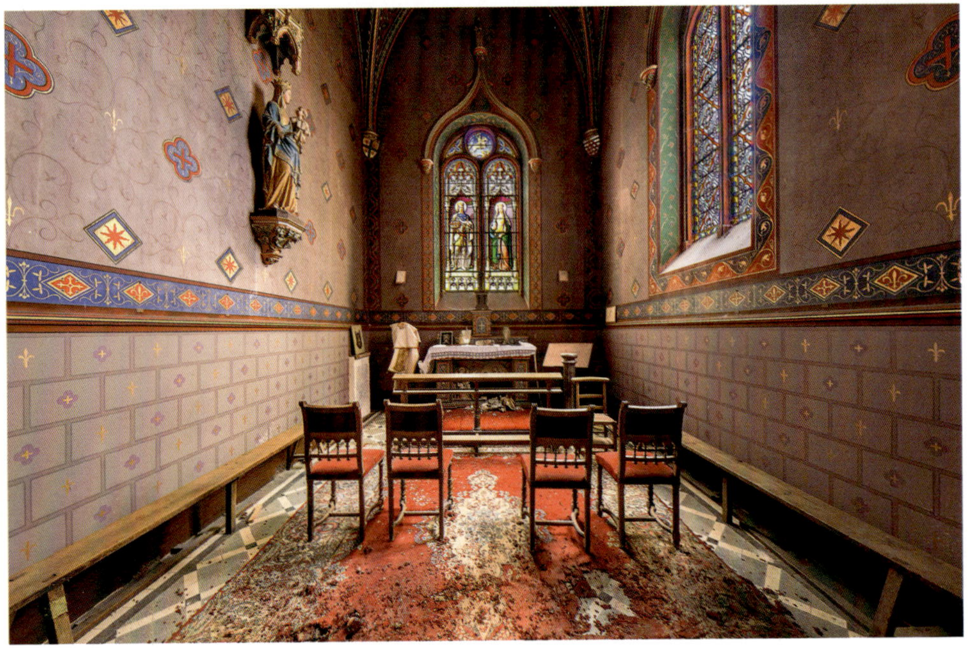

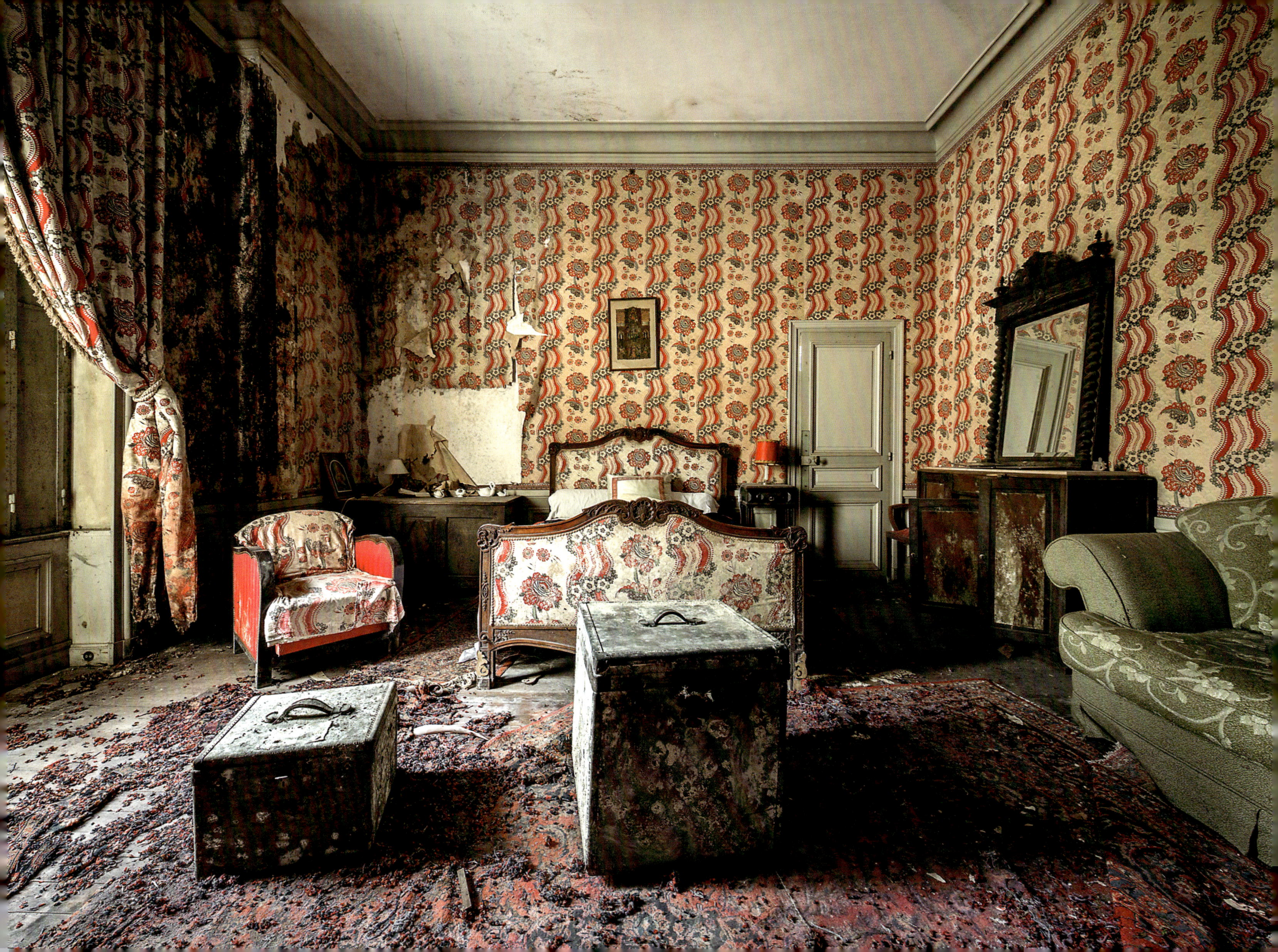

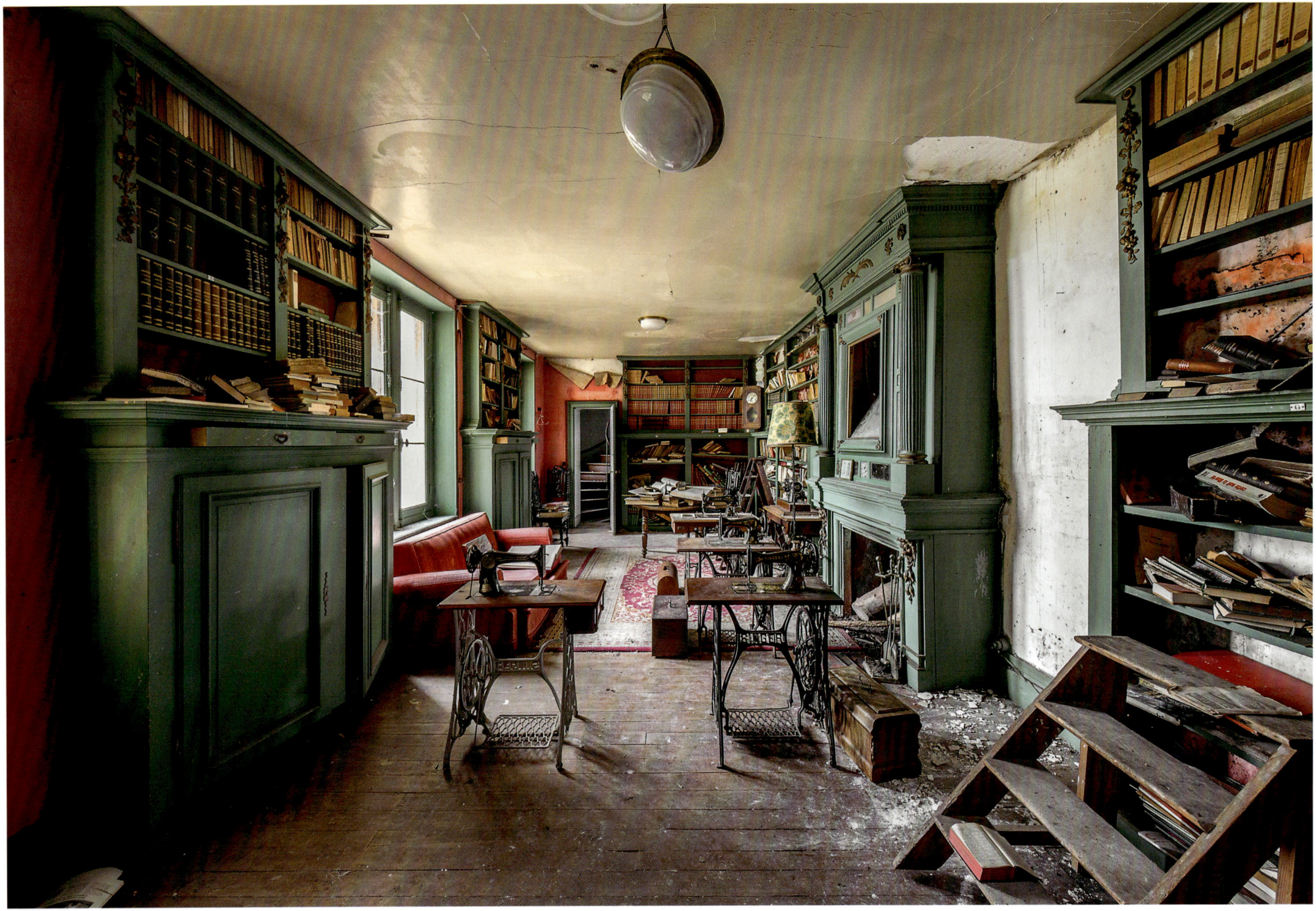

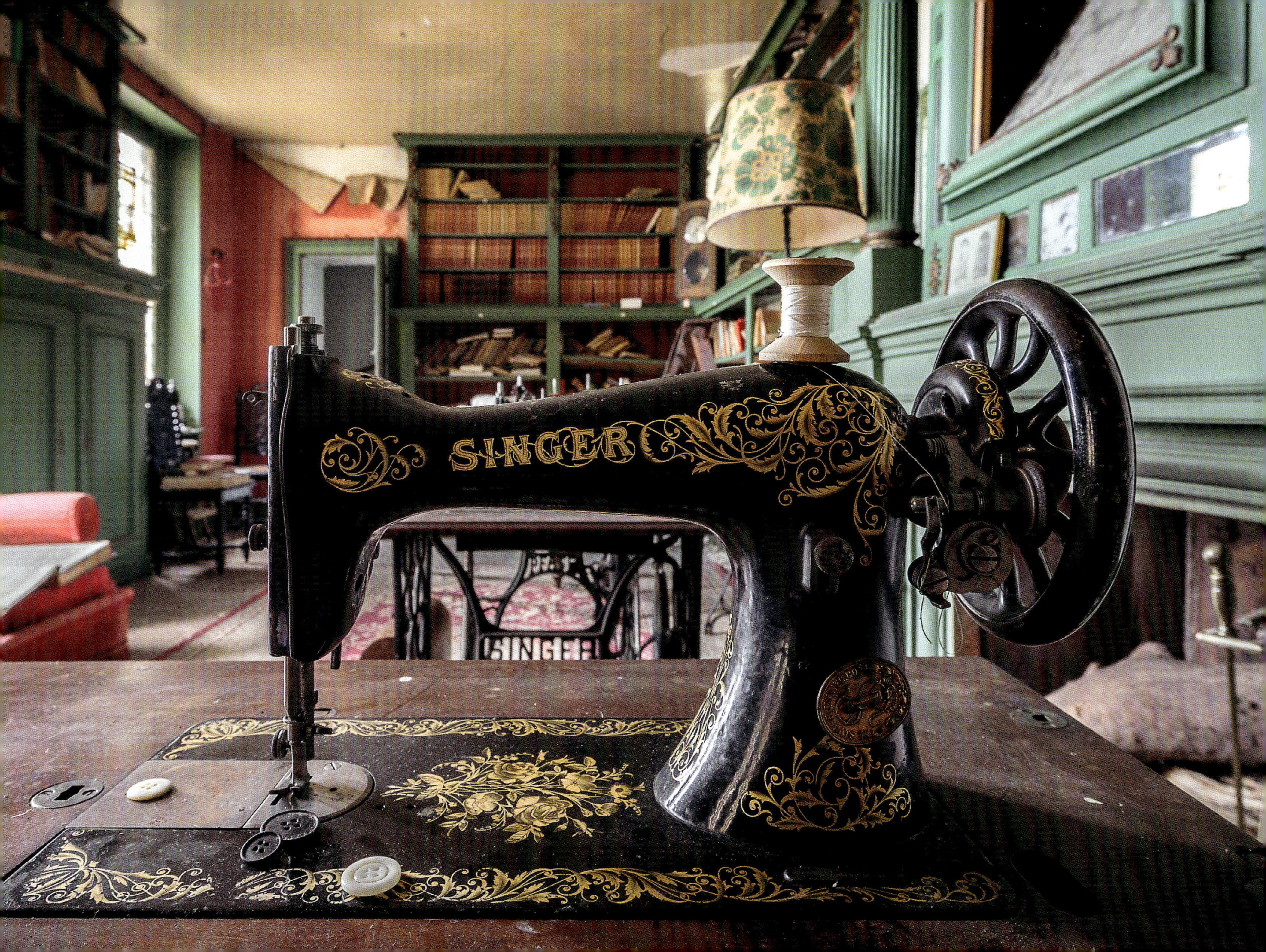
SINGER

Theater von Dole • Bourgogne-Franche-Comté

Das erste ständige Theater der Stadt wird 1754 in einem Militärgebäude eingerichtet. Daneben befinden sich Stallungen. Nach deren Einsturz kommt die Idee auf, als Beitrag zur Entwicklung der Musikkunst in der Region einen neuen Veranstaltungsort zu errichten. Das ehrgeizige Projekt wird im oberen Teil der Stadt realisiert, der geprägt ist von Stadthäusern der gehobenen Gesellschaft. Der Bau wird zwischen 1840 und 1844 nach Plänen des Ingenieurs und Architekten Jean-Baptiste Martin ausgeführt. Zu seiner Einweihung strömt die Aristokratie der gesamten Region herbei. Seit 1996 steht das Theater unter Denkmalschutz. Es ist ein erstaunliches Bauwerk. Mit seiner schönen, neoklassischen Fassade und seinem zentralen, von Säulen getragenen Vorbau trotzt es scheinbar unbeeindruckt der Zeit. Der Theatersaal ist im italienischen Stil in Hufeisenform gestaltet, um den Raum zwischen der Bühne und dem großen Foyer zu weiten. Sechshundert Plätze verteilen sich auf fünf Ebenen mit ursprünglich blau und mit goldenen Reliefs verzierten Logen und Balkonen. Das von den Dekorateuren Och und Chenillon auf Holz und marouflierte Leinwand aufgetragene Dekor ist überraschend gut erhalten.

2015 wird das Theater für Renovierungsarbeiten geschlossen. Zu diesem Zeitpunkt stelle ich meine Kamera auf und fange die Stimmung dieses so außergewöhnlichen Saales ein. Bei seiner Wiedereröffnung 2021 erstrahlt das Theater in neuem Glanz. Mit Zurückhaltung und Augenmaß wurde ihm seine einstige Farbigkeit zurückgegeben. Mit Behutsamkeit ist es den Machern gelungen, sich in den alten Bestand hineinzuversetzen und das Gebäude in die heutige Zeit zu transportieren, ohne die so besondere Atmosphäre eines italienischen Theaters zu stören. Heute finden in den modernen Räumen regelmäßig Konzerte sowie Theater- und Tanzvorstellungen statt.

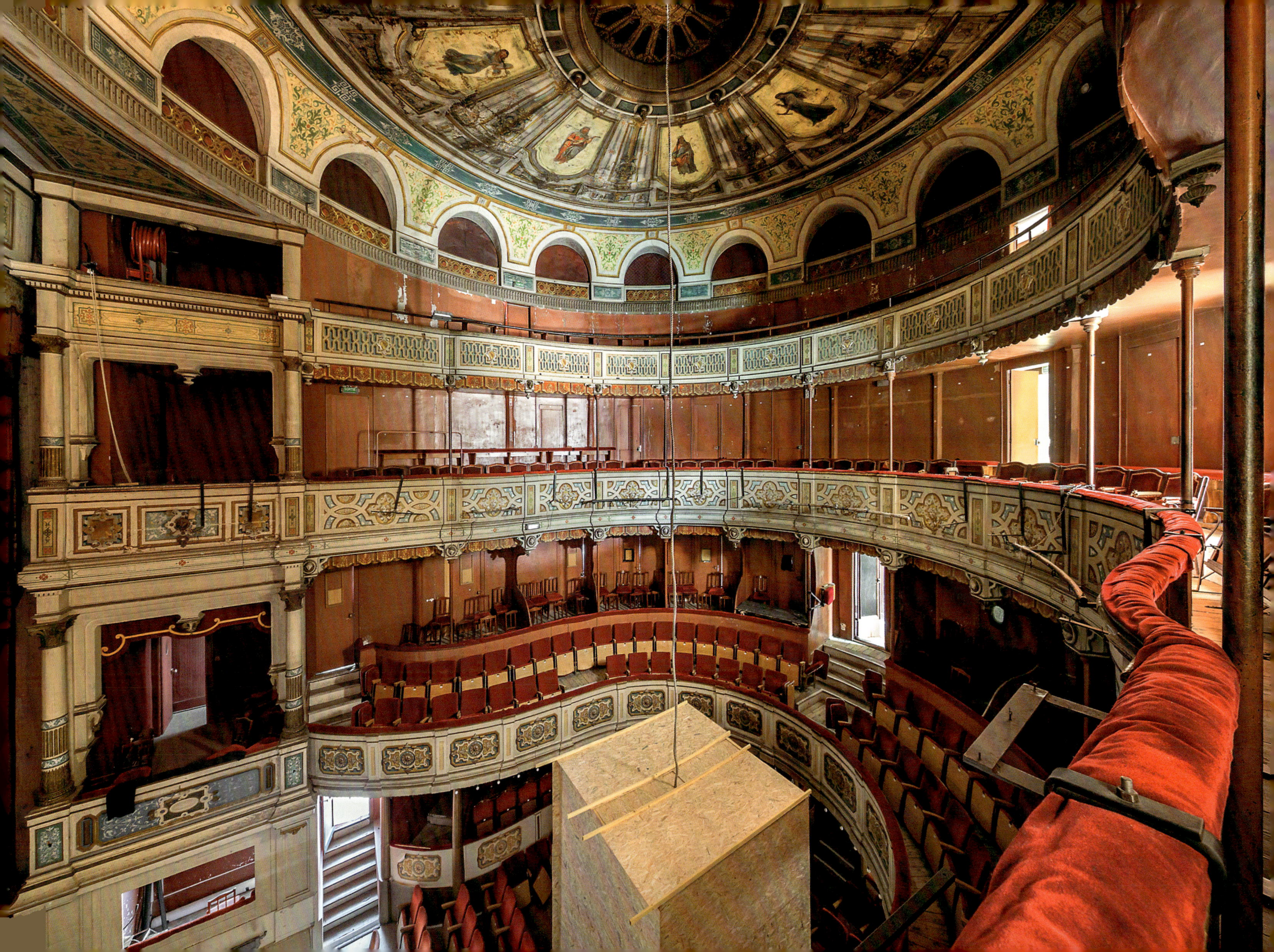

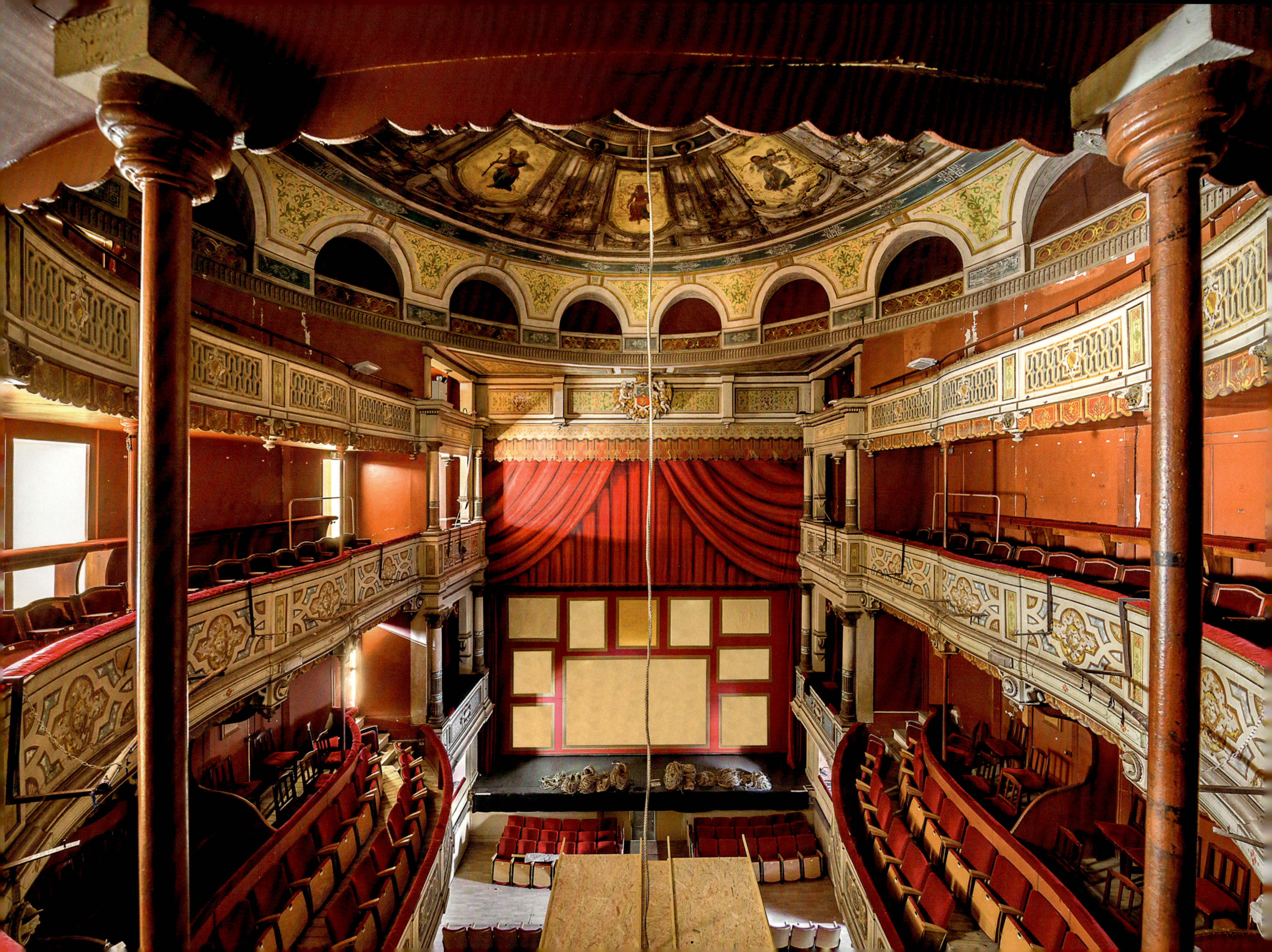

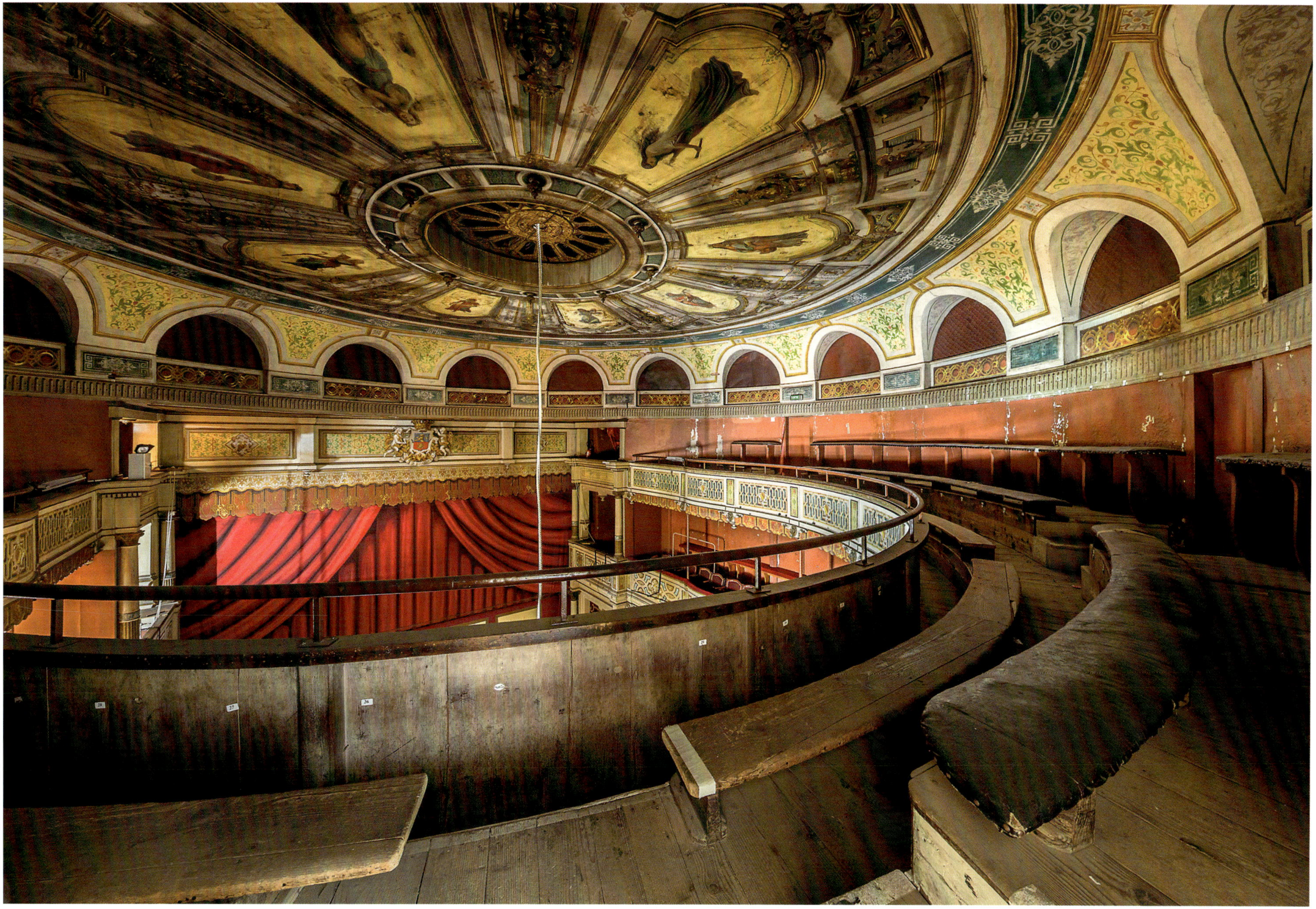

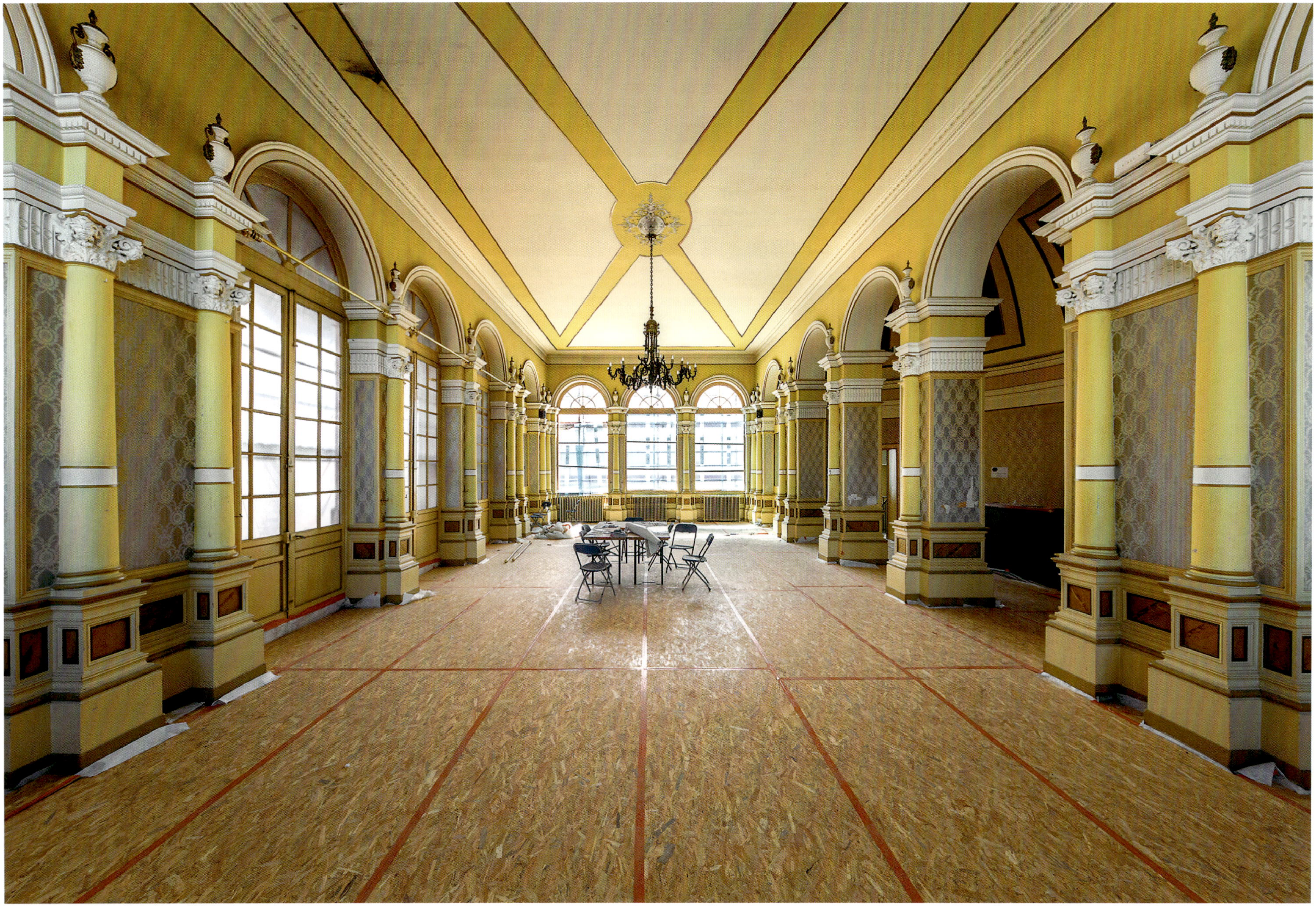

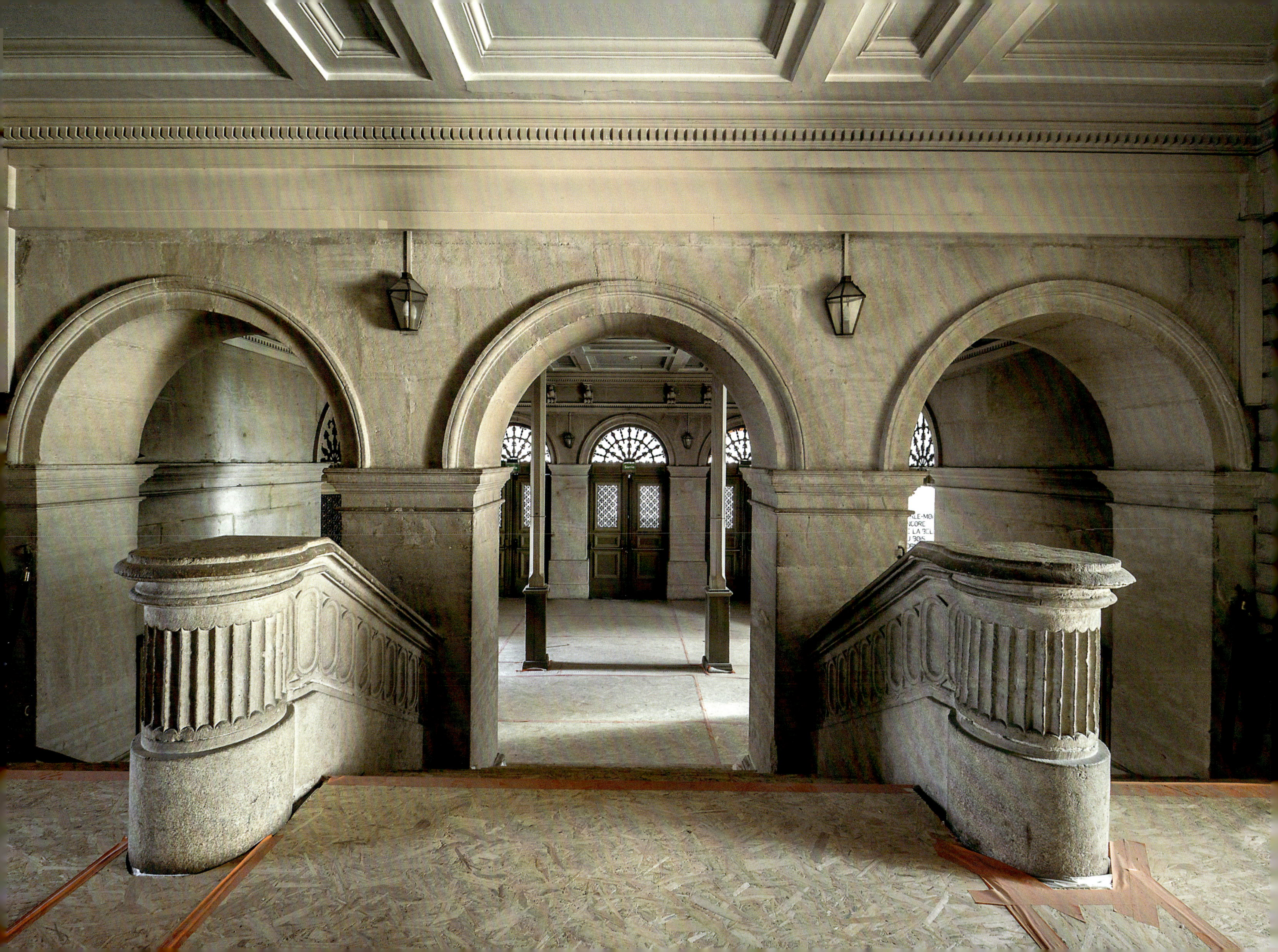

Garage Poussette • Bourgogne-Franche-Comté

Ein verwildertes Grundstück in einem kleinen Dorf, unweit der Kirche, eigentlich keines zweiten Blickes wert. Bahnt man sich jedoch einen Weg durch die dichten Hecken, eröffnet sich eine unbeschreibliche Szenerie.

Überwuchert von Gestrüpp und Brennnesseln stößt man auf einen Autoklassiker nach dem anderen, hauptsächlich französische und englische Modelle. Jahr für Jahr ziehen in stetem Kommen und Gehen Winterkälte und Sommerhitze über sie hinweg. Herbstlaub und Frühlingsmoos kennen keine Gnade gegenüber Prunkstücken wie dem Triumph Spitfire mit „polierter Schnauze", die das Herz eines jeden Sammlers früher einmal hätten höher schlagen lassen.

Viele weitere Fahrzeuge teilen, dicht an dicht majestätisch in einer schwankenden Halle aufgetürmt, dasselbe traurige Schicksal, darunter mehrere Renault Dauphines, ein Citroën Typ H und eine Acadiane, diverse alte Mercedes-Modelle, zwei Panhard PL17, ein Peugeot 202 (ein Modell, das in den Jahren 1938 bis 1949 gebaut wurde) und ein Simca 5. Die drei roten Lieferwagen eines früheren Bauunternehmens glänzen bis heute wie in ihren besten Zeiten. In einer der Nebenhallen stand seit dem Zweiten Weltkrieg ein blauer Kinderwagen, der diesem Ort seinen Namen gab. Nach und nach kamen die Autos dazu, bis der Inhaber mit ihrer schieren Masse schlicht überfordert war. Der Kinderwagen ist verschwunden.

Die Privatsammlung auf diesem „Autofriedhof" verbreitet bis heute eine ganz besondere Stimmung.

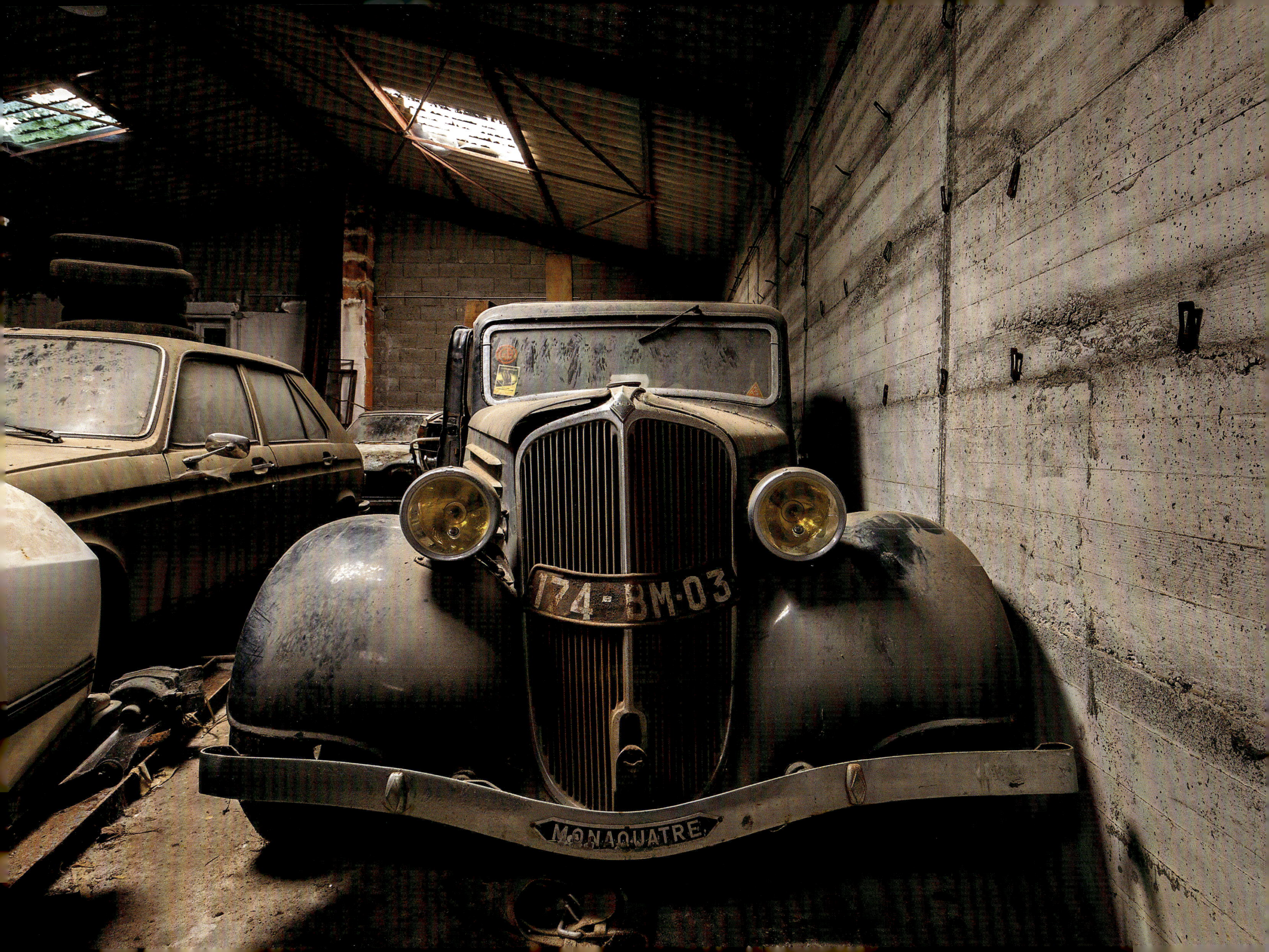
174 BM·03
MONAQUATRE

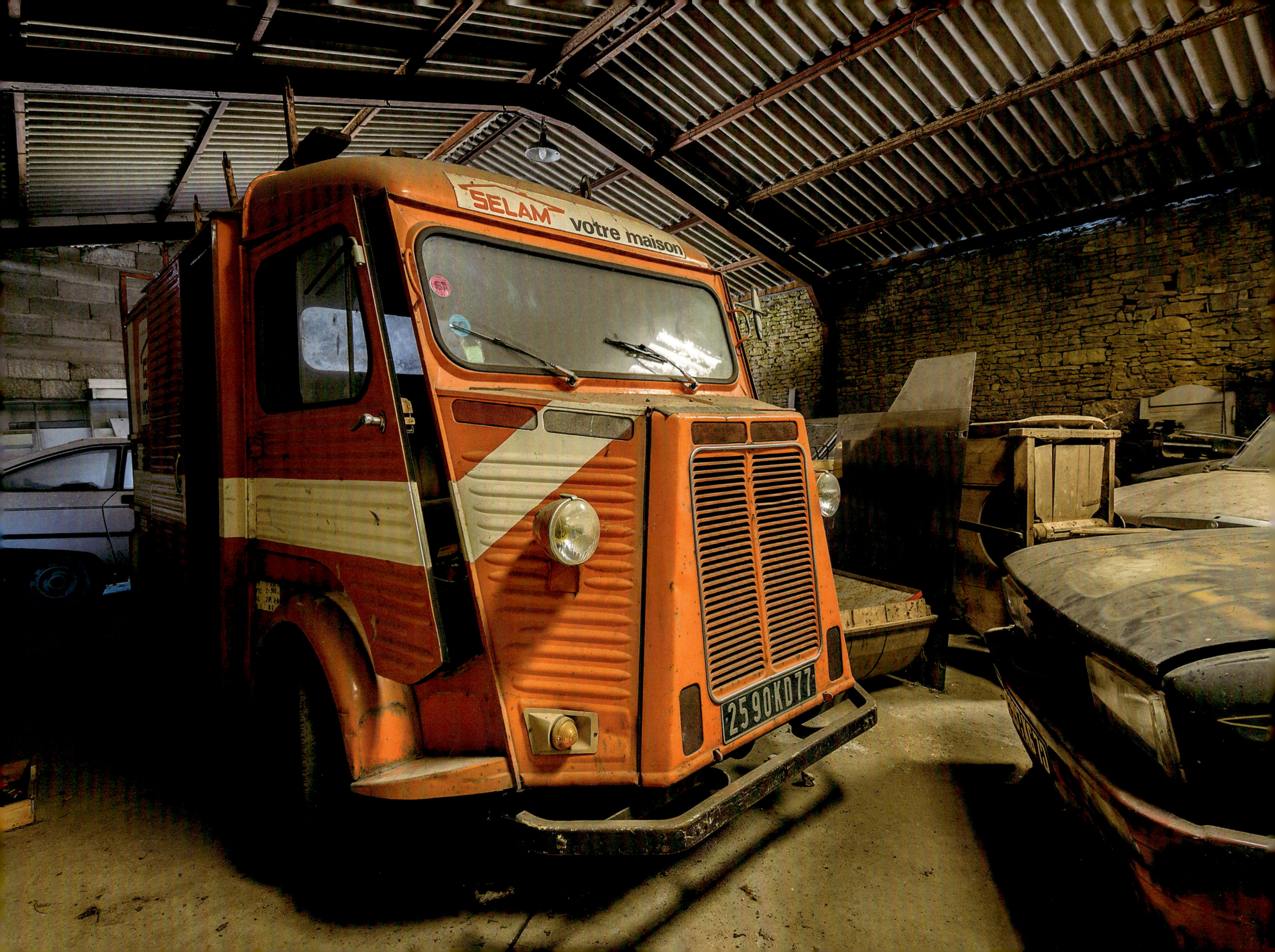
SELAM votre maison
2590KD77

205

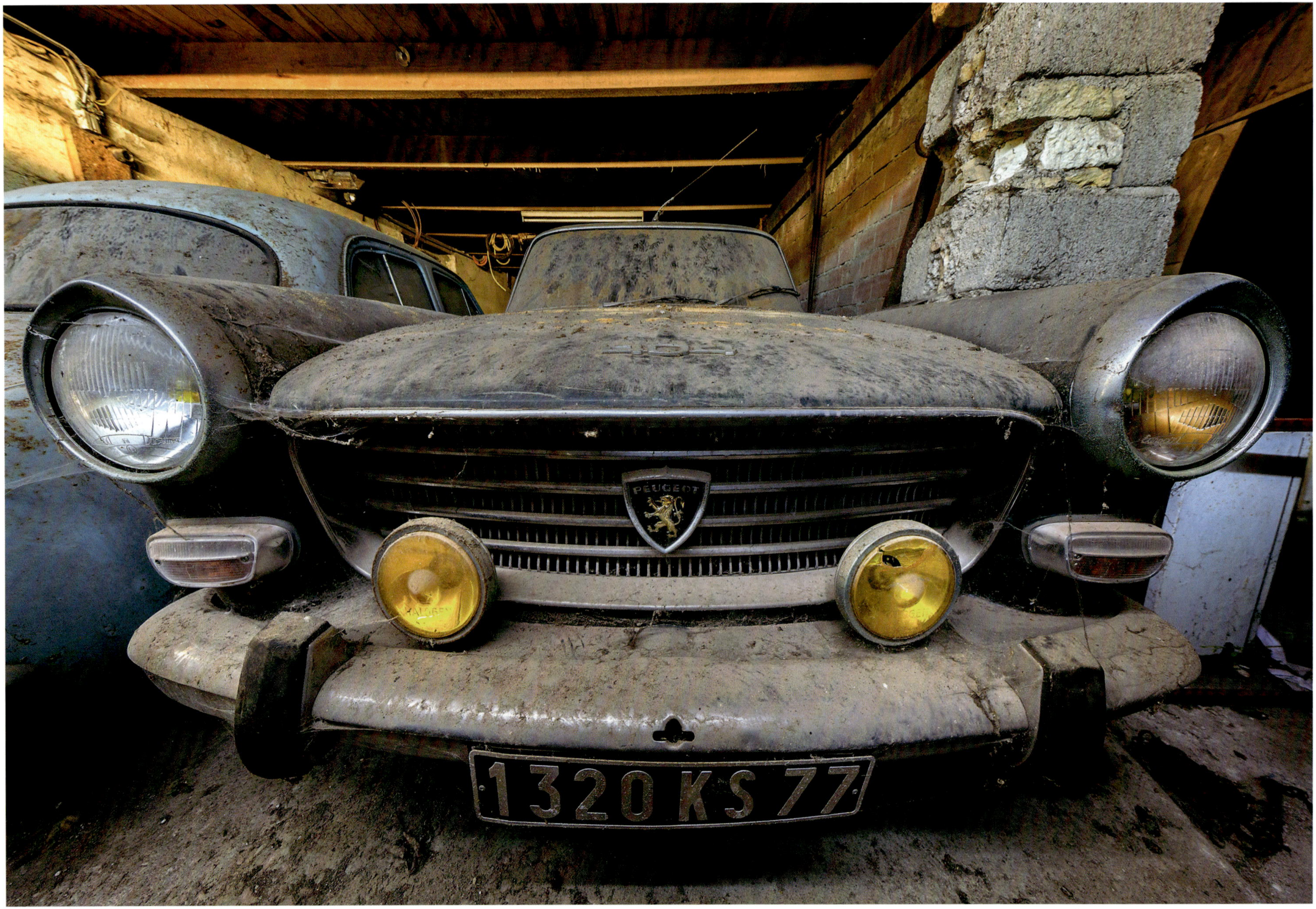
PEUGEOT
1320 KS 77

207

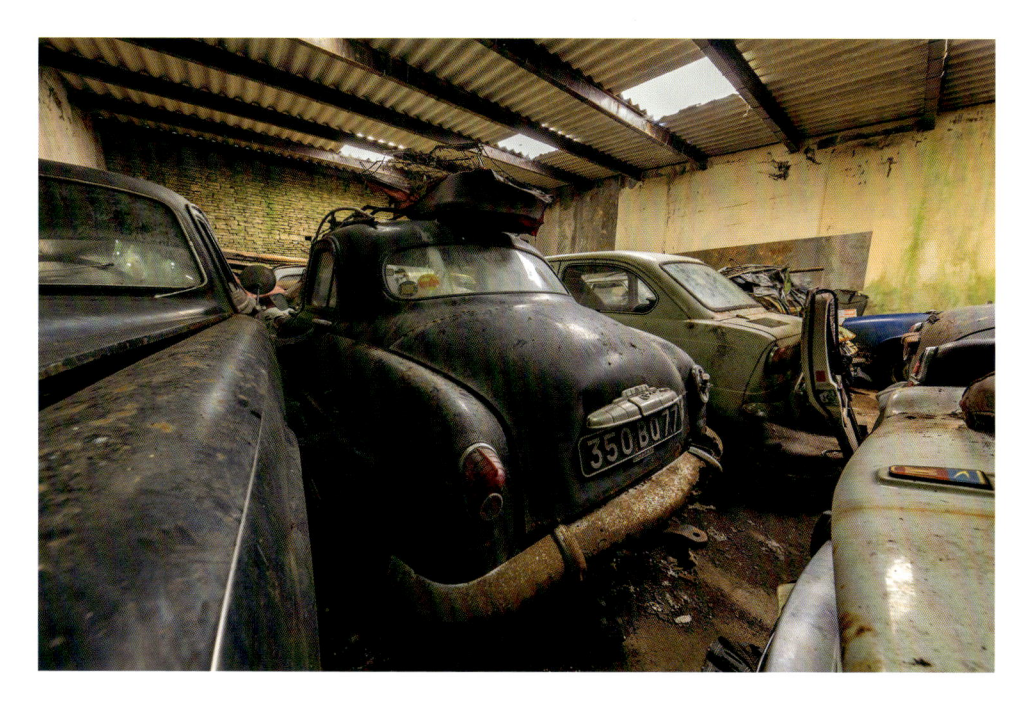

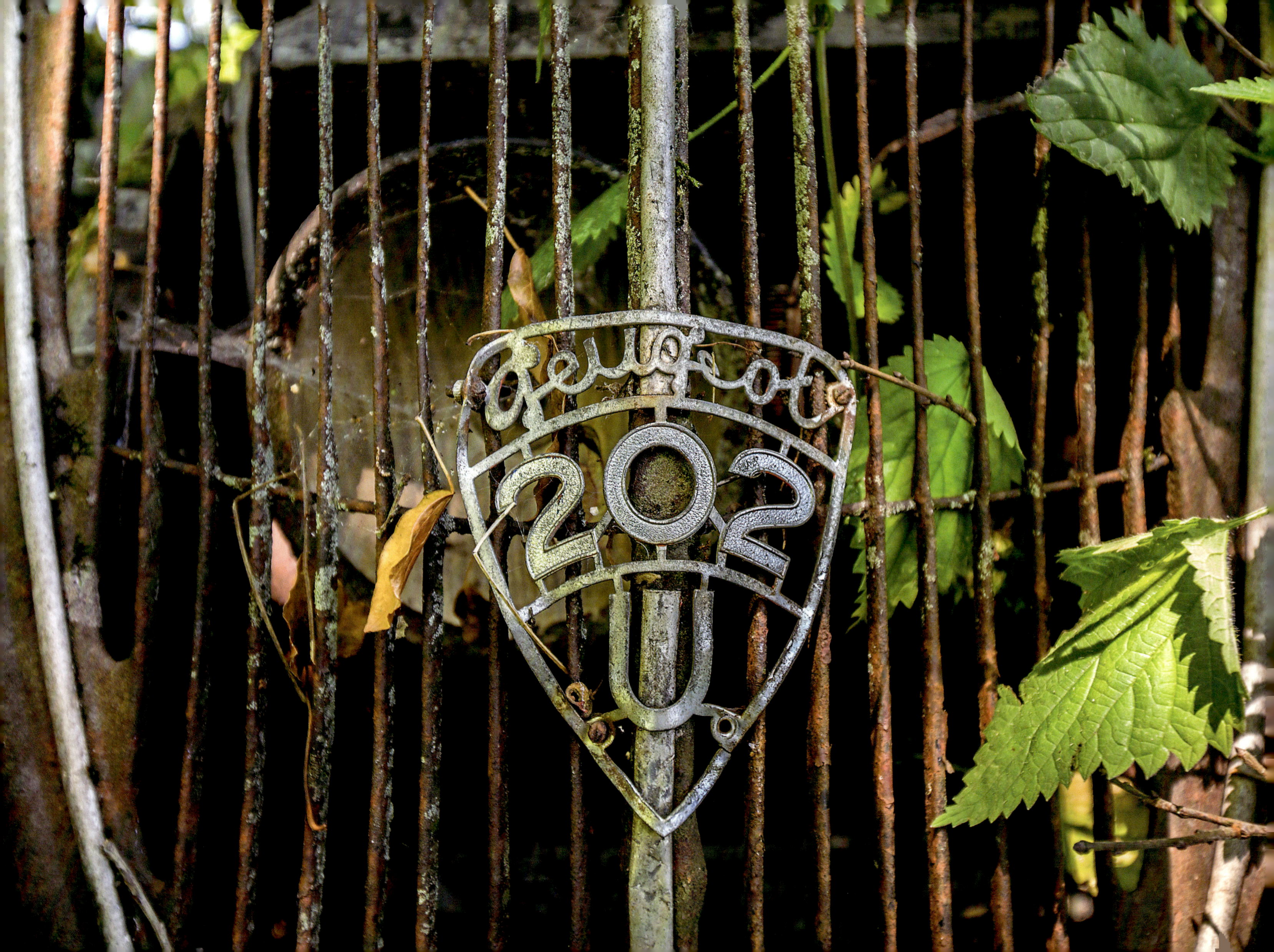
Peugeot
202
U

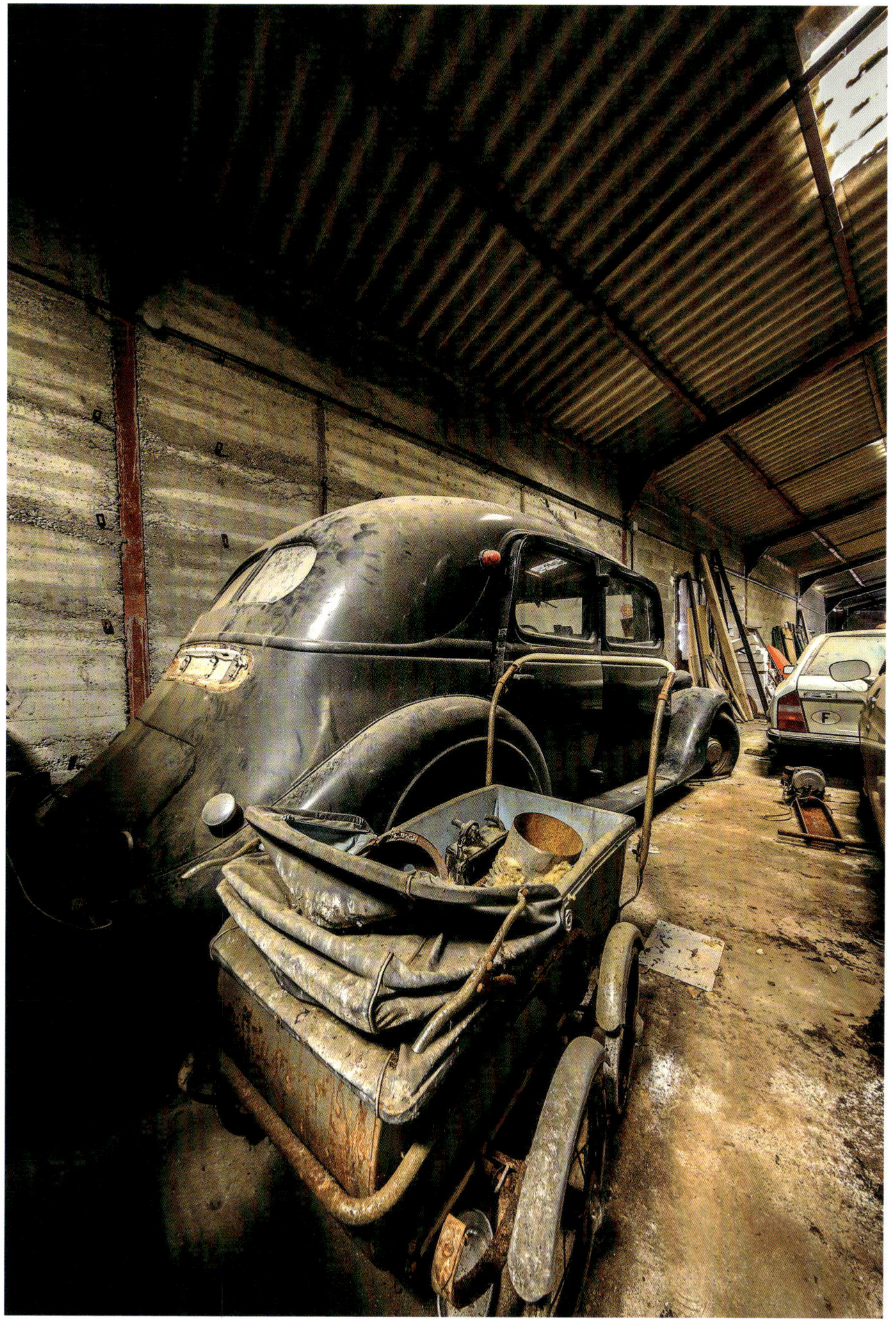

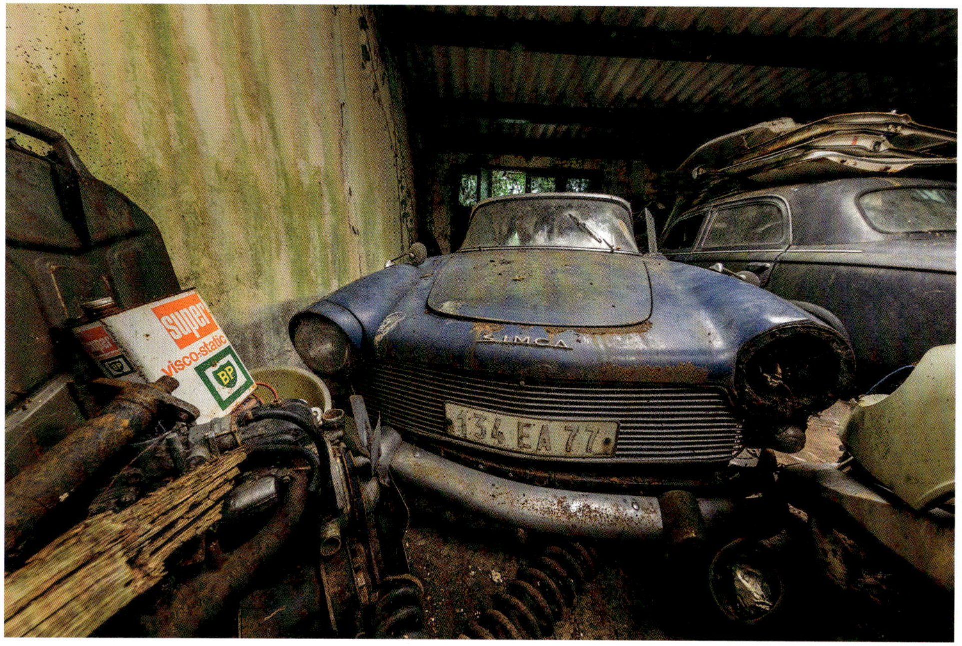
super
visco-static
BP
SIMCA
134 EA 77

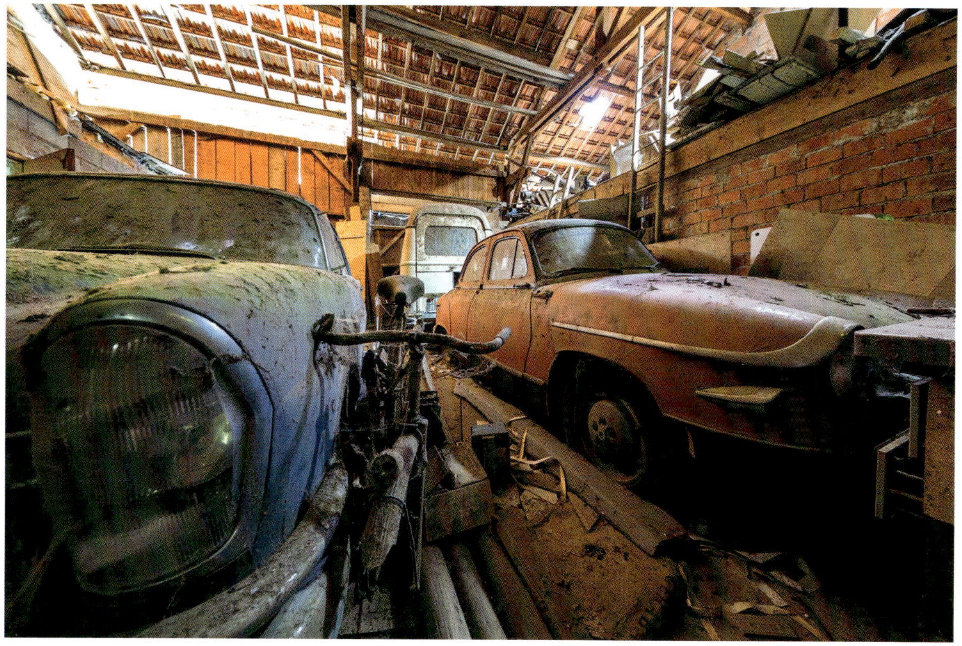

Manoir au landau • Okzitanien

Ein charmantes Gutshaus im Stadtzentrum, das nur darauf zu warten scheint, dass das Leben in seinen Mauern weitergeht.

Mitte des 19. Jahrhunderts wurden in Frankreich die ersten Zementfliesen gefertigt, ganz im Sinne des damaligen Zeitgeistes, der nach Bodenbelägen mit eingearbeiteten Motiven verlangte. Mehr als ein Jahrhundert lang gestalteten einfache Leute vom Land ebenso wie die wohlhabende Stadtgesellschaft ihre Häuser mit solchen bunt dekorierten Böden. Es entstanden umfangreiche Kataloge mit verschiedensten Motiven, Farben und Formaten.

In diesem Gutshaus findet sich die klassische Bodengestaltung mit Motivzement nicht nur im Erdgeschoss, sondern auch auf den Treppenabsätzen und in den Räumen im Obergeschoss. Ein fantastischer Anblick!

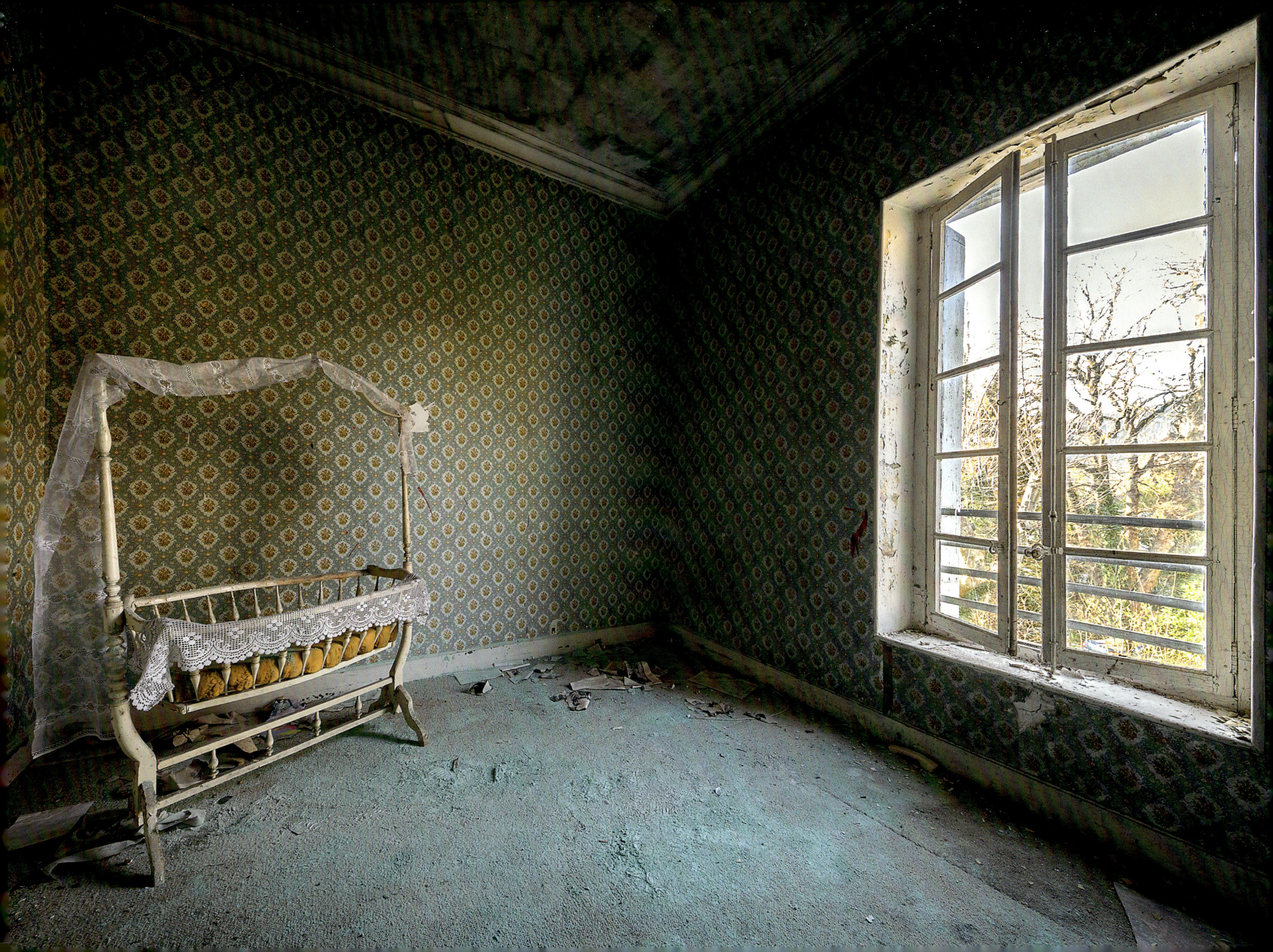

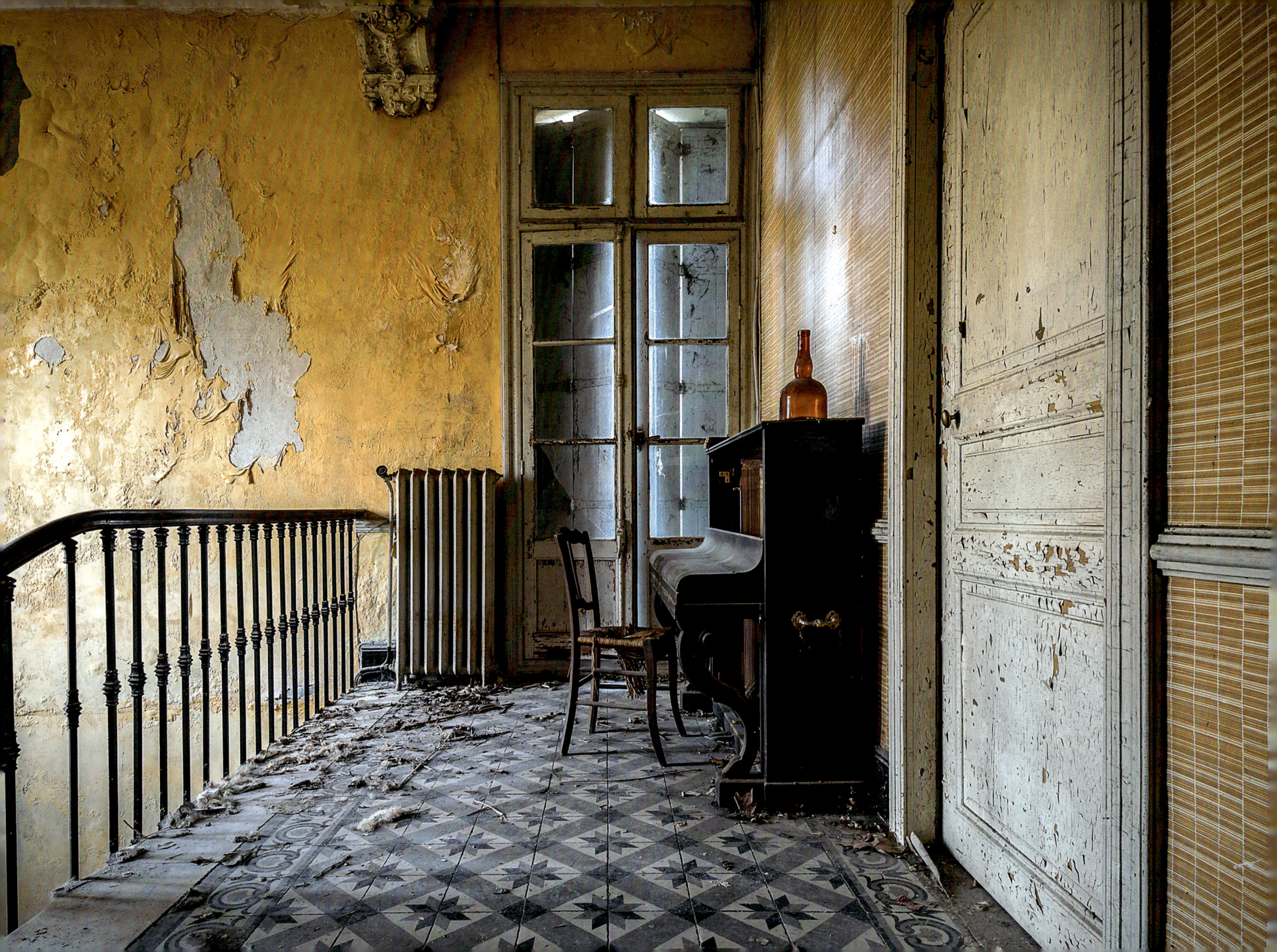

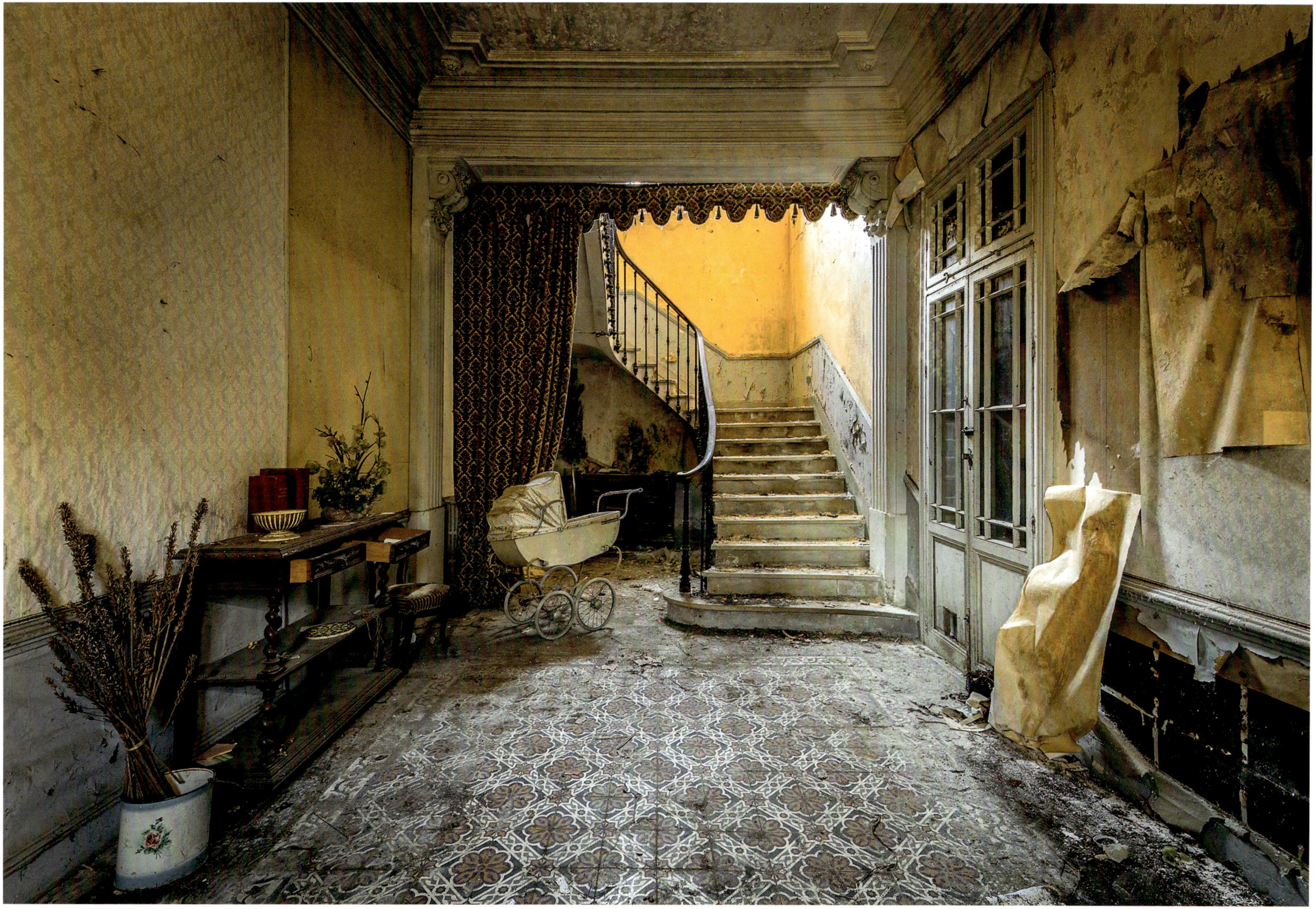

Château du Pape • Okzitanien

In diesem kleinen Château im Herzen eines Weinbergs ließ es sich einst vermutlich gut leben. Heute wohnt hier niemand mehr und die Möbel fristen ein einsames Dasein. Bis auf einen Teil, der renoviert wurde und zur Erzeugung eines edlen Weines genutzt wird.

Hundertjährige Rebstöcke gedeihen auf dem nach Süden ausgerichteten Hang neben jüngeren Anpflanzungen von Syrah und Grenache, aromatischen Rebsorten, die eine tief dunkle, feine, ausgewogene Traube hervorbringen. Die Zwillingsgeschwister, die hier die alte Familientradition fortführen, sind in ihrem Alltag von der Philosophie geleitet, das Vermächtnis früherer Generationen, das Wissen der Winzer, agronomische Erfahrung und önologische Kenntnisse miteinander zu vereinen. Das Ergebnis ließ nicht lange auf sich warten und schon bald regnete es Medaillen und die Anerkennung als kontrollierte Herkunftsbezeichnung (AOC). Ein einzigartiges Projekt, das raffinierte, authentische Weine hervorbringt und vor allem zutiefst menschlich daherkommt.

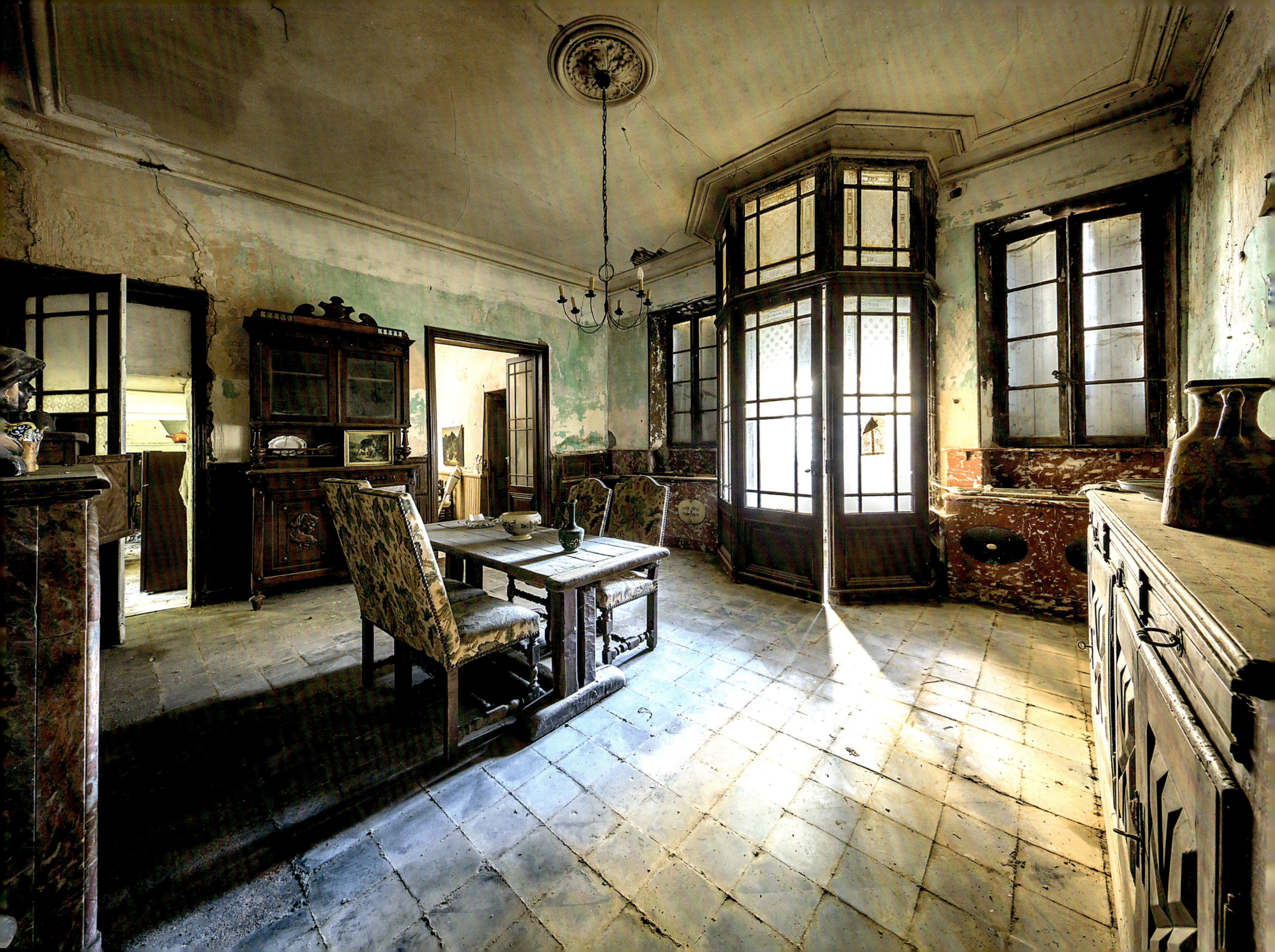

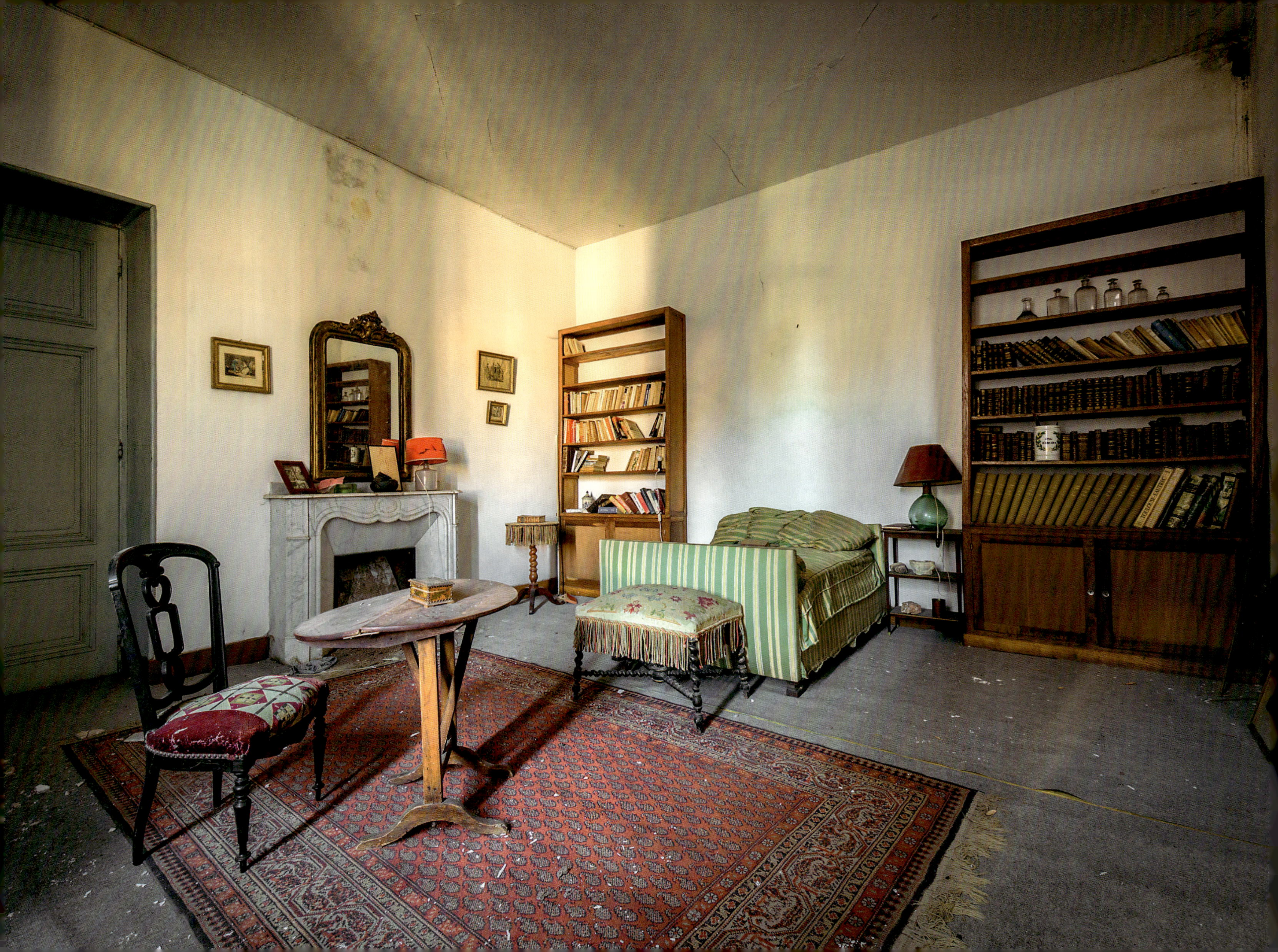

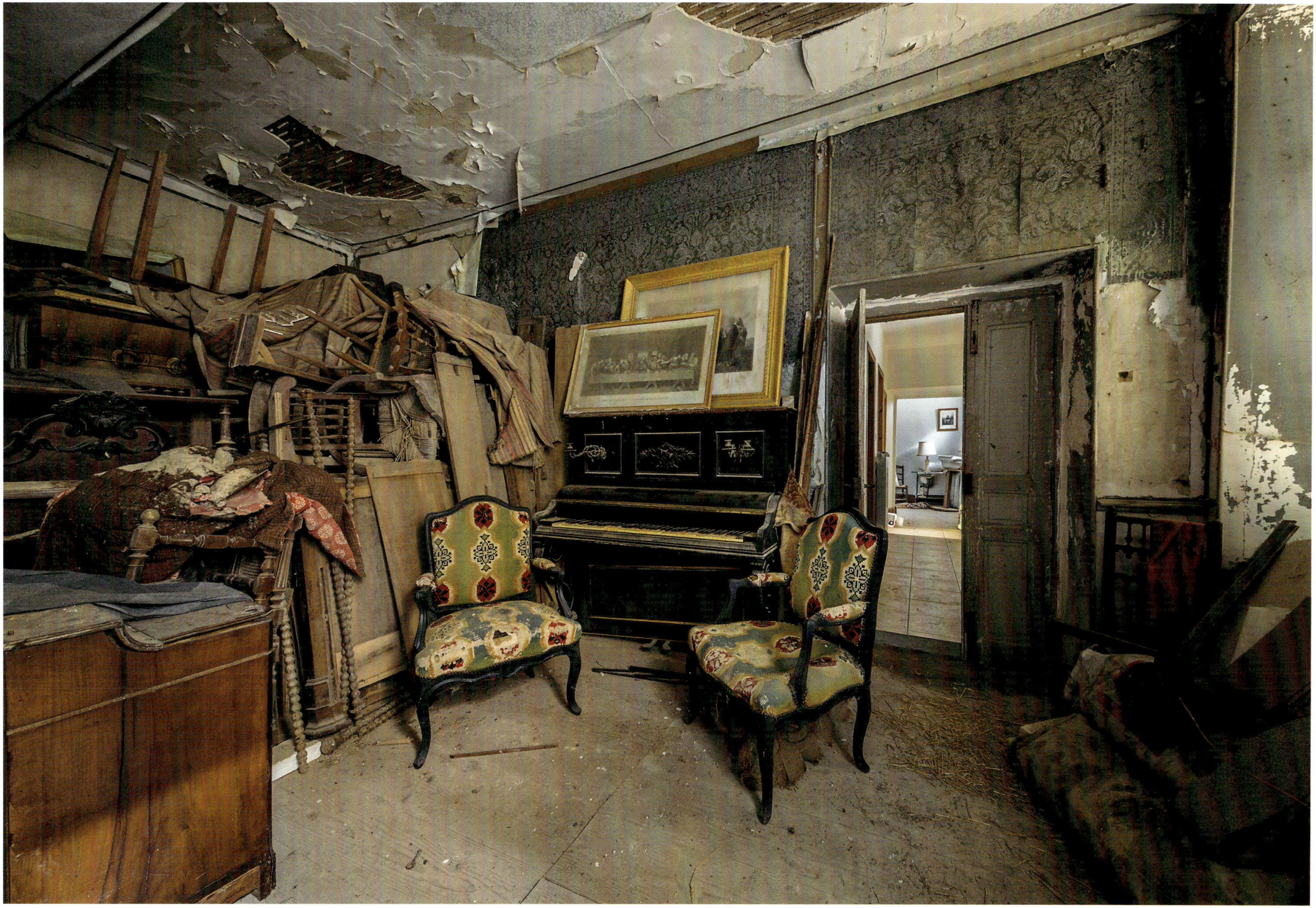

Château du Chevalier • Okzitanien

Ein Schloss wie im Dornröschenschlaf …

Graf Gontaut-Biron, Marschall von Frankreich, ließ es Anfang des 14. Jahrhunderts errichten, den Inschriften in den Mauern zufolge vermutlich im Jahr 1303. 1888 bei einem Brand stark beschädigt, wurde es im 19. Jahrhundert identisch wieder aufgebaut und bietet heute einen schönen Blick auf die Pyrenäen.

Im Ersten Weltkrieg diente es 22 Monate lang als Lazarett, bevor dieses im Frühjahr 1916 geschlossen wurde. Im Zweiten Weltkrieg erweist das Schloss seinem Land abermals gute Dienste: Als ihr Gatte in Gefangenschaft gerät, stellt Anne de la Rochefoucault ihr Château dem Louvre zur Verfügung, der seinerzeit auf der Suche nach sicheren Schutzräumen im Südwesten ist. Es beherbergt so zeitweilig insbesondere ägyptische Antikensammlungen, die dem wachsamen Auge einer jungen Mitarbeiterin des Louvre unterstanden, die später zu einer der berühmtesten Ägyptologinnen weltweit werden sollte: Christine Desroches-Noblecourt. 1990 findet sich schließlich ein Engländer, der das seit vielen Jahren verlassene Anwesen kauft.

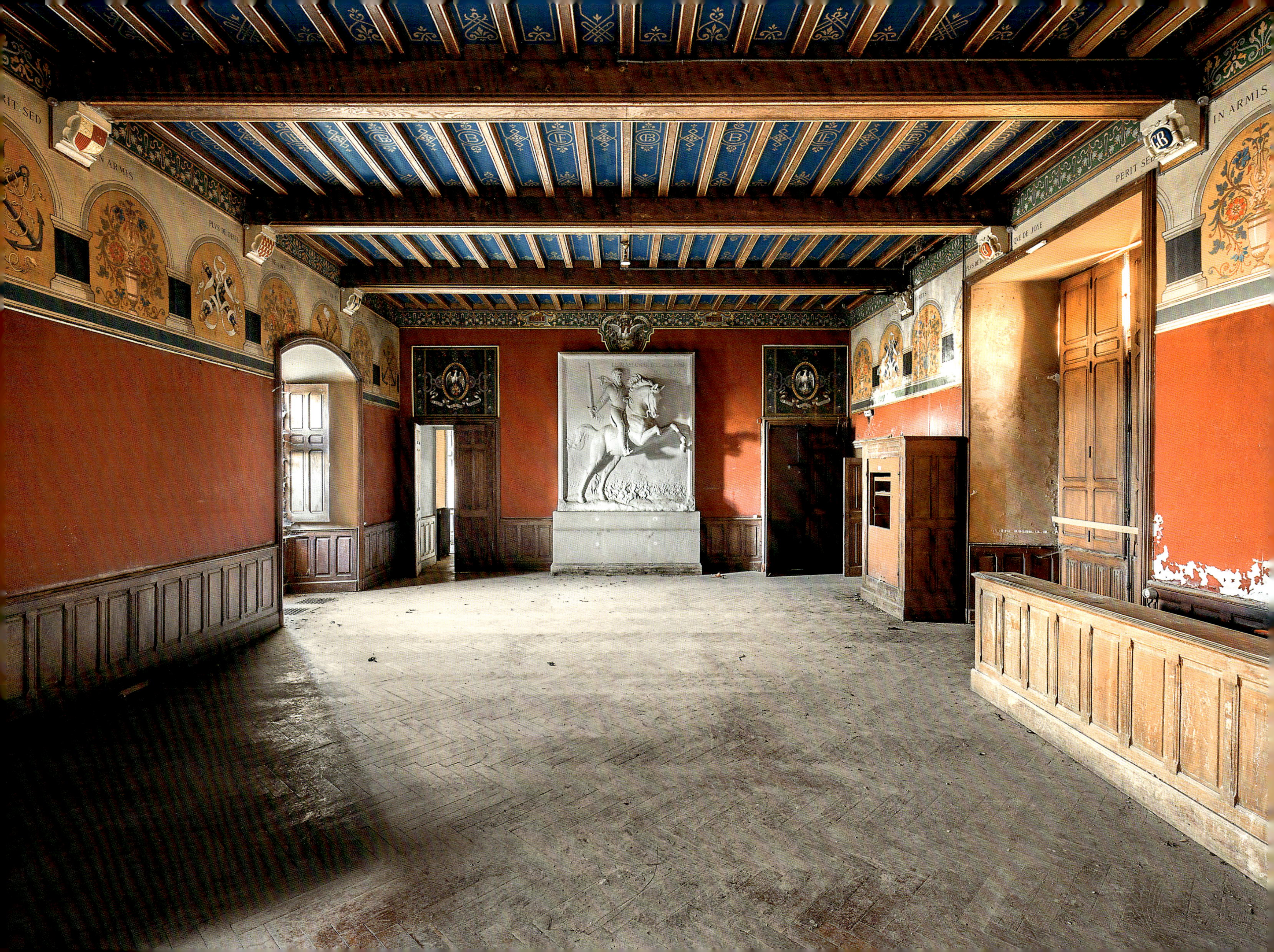
PLVS DE DEVIL
QVE DE JOYE
PERIT SED
IN ARMIS

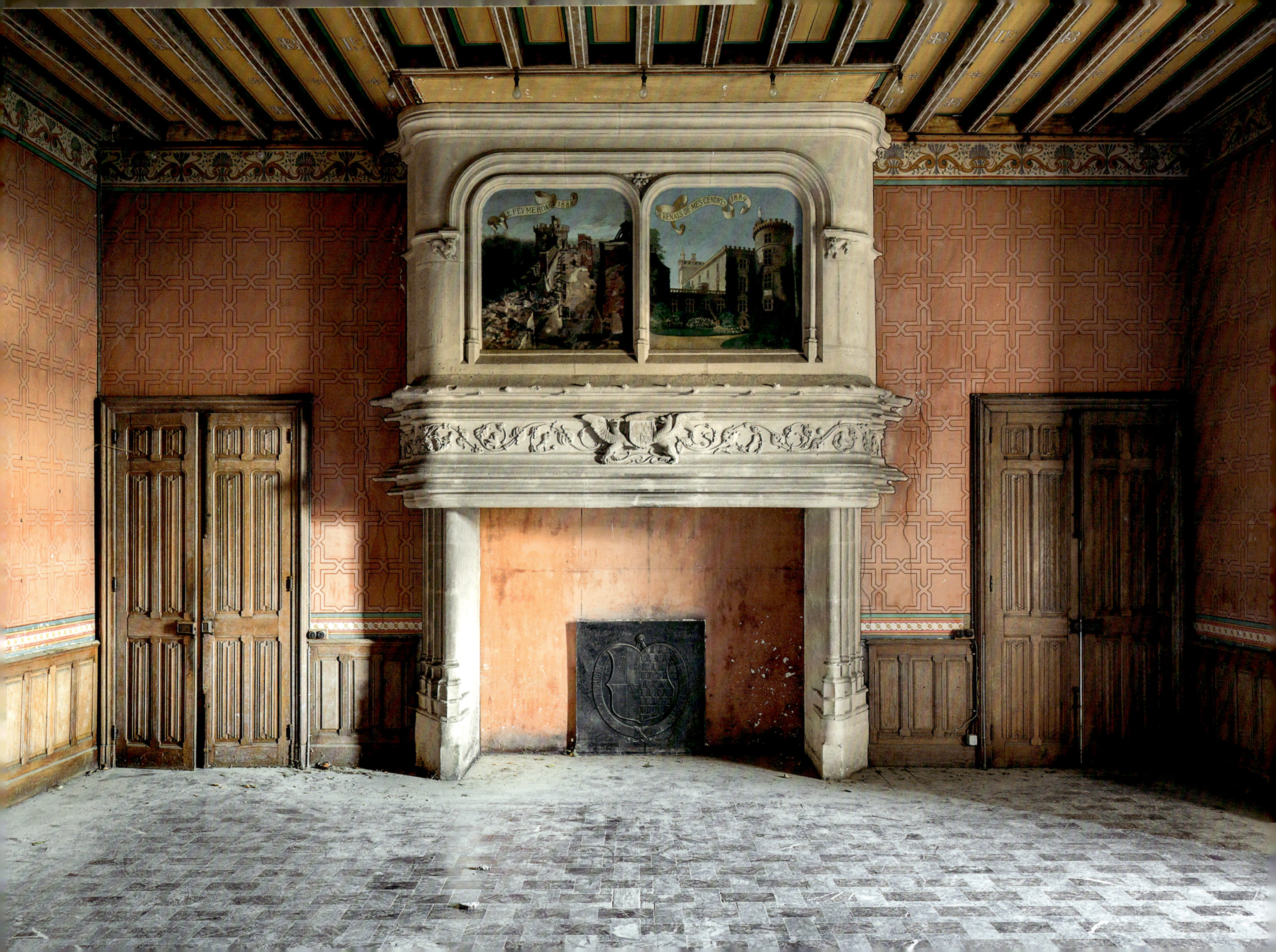

Nachdem dieser anfangs noch häufig vor Ort war, ist er inzwischen schon länger nicht mehr aufgetaucht und, dem Bürgermeister zufolge, auch nicht erreichbar. So könnte einzig diplomatischer Druck eine Sanierung der Anlage bewirken, die seit 2005 samt feudaler Hügelburg, Fassaden und Dächern, Hof und den Burggräben im Süden und Osten, Festungsmauer, allen Nebengebäuden sowie Gewächshaus vollständig unter Denkmalschutz steht.

Es ist ein wunderbares Schloss, von außen wie von innen. Im Erdgeschoss beeindrucken der große Saal, das Gemach der Margarete von Navarra, der Speisesaal, die reich verzierten Räume des Bergfrieds mit ihren dekorativen Kaminen und die neogotische Holztreppe. Besondere Erwähnung verdienen ein fein gearbeitetes Ritterrelief aus weißem Stein und ein Stammbaum mit Familienwappen sowie verschiedene Wandgemälde wie jenes oberhalb einer Feuerstelle. Auf diesem ist das Schloss vor und nach seinem Wiederaufbau zu sehen, versehen mit der Inschrift: „1888 – Wiedergeboren aus meiner Asche – 1889".

Leider wurde über einen Teil des Châteaus aufgrund akuter Einsturzgefahr ein „Gefährdungserlass" verhängt. Vor allem das Dach befindet sich in bemitleidenswertem Zustand und bedürfte dringend einer Renovierung.

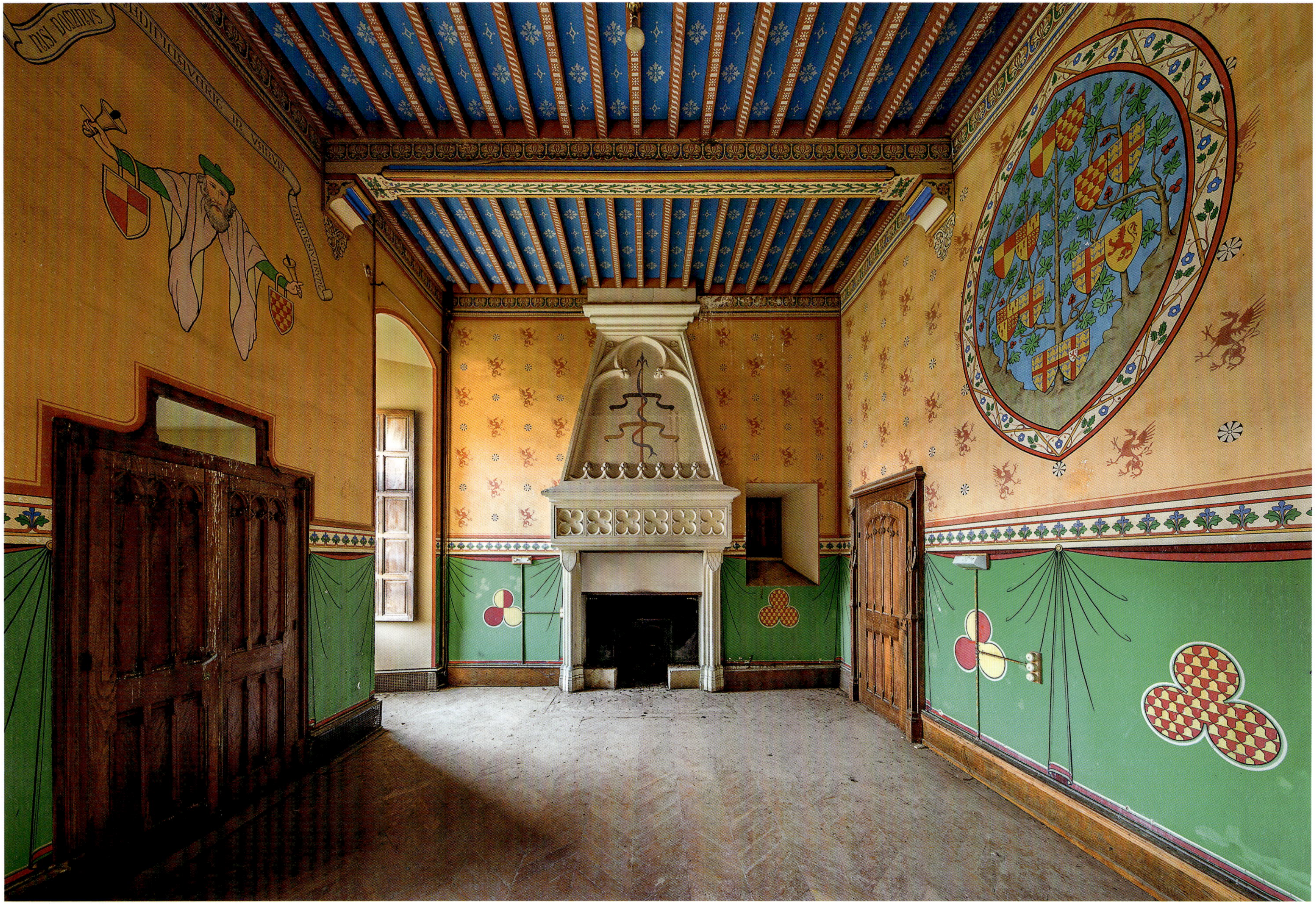
NISI DOMINUS

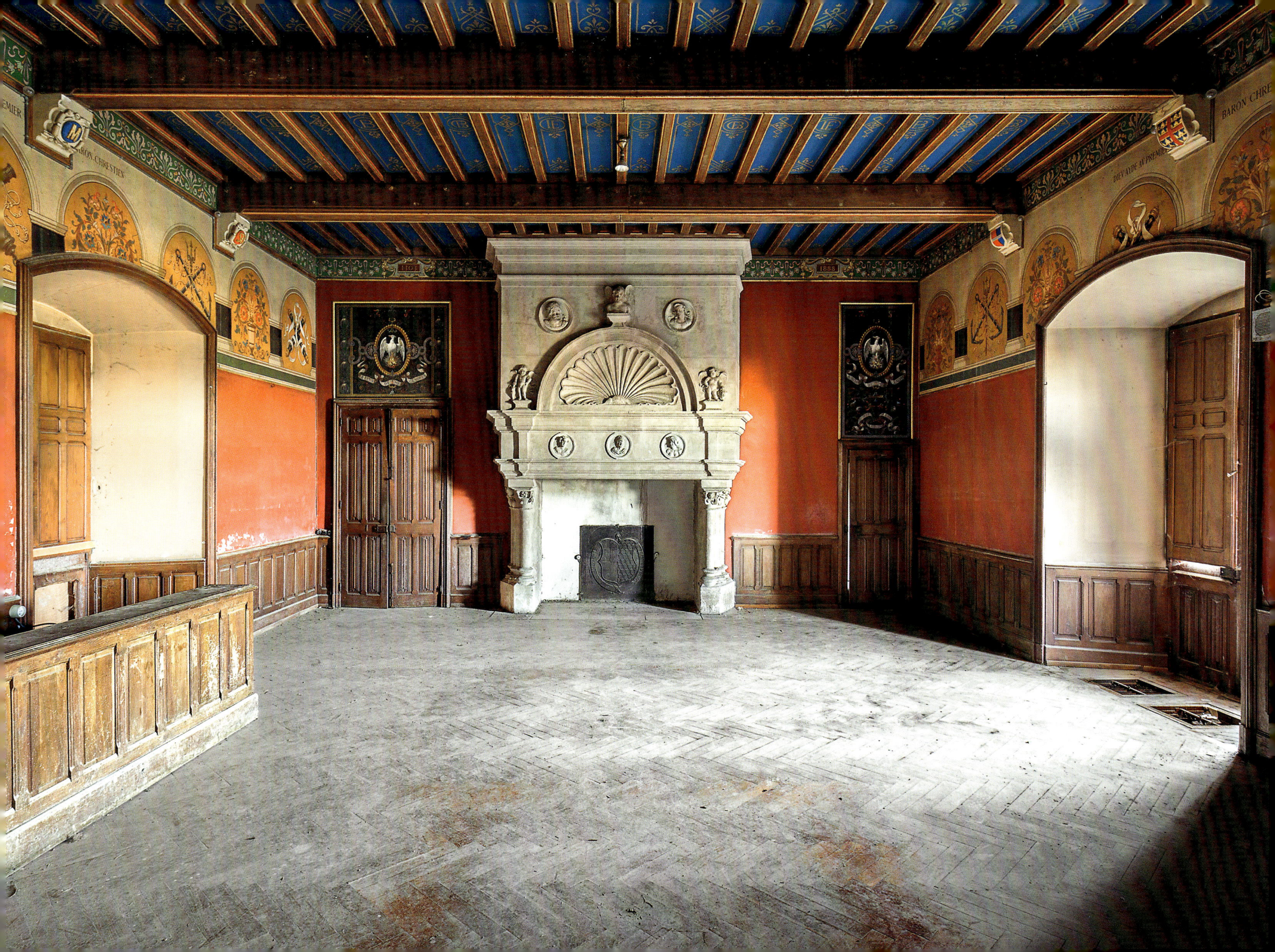

Château du Marquis • Okzitanien

Auf dem Hügel eines winzigen Dörfchens in einem früheren Marquisats steht, von dichten Wäldern und ungebändigter Vegetation umgeben, ein mittelalterliches Schloss.

Die klassischen Fassaden sowie die beiden Türme im Osten und Westen des Hofes haben die Zeit überdauert. Im Inneren stoße ich auf einen ionischen Ordonnanzsalon, der ursprünglich wohl überwölbt gewesen sein muss. Der in kalibriertem weißem Stein gestaltete Prunksaal erstrahlt in leuchtendem Glanz. Auffallend die vier in die Wände eingelassenen Weihwasserbecken für Besprengungen und Segnungen. Im Speisesaal ein Marmorkamin im Louis-quinze-Stil, darüber ein Trumeau mit fein ziseliertem Gipsdekor. Obenauf ein Adler als Symbol für die Macht der Familie. Der Höhepunkt meiner Erkundung erwartet mich in der angrenzenden Scheune, in der ich alte Kutschen entdecke. Das Anwesen befand sich über Generationen im Besitz der Familie des Marquis von Timbrune, General von Valence. Einer von dessen Söhnen beschloss 1763, auf den Fundamenten des alten, heruntergekommenen Familiensitzes ein prachtvolles Schloss errichten zu lassen. In der Folge lebten hier bis zu seinem Verkauf 1834 Marquis, Grafen und Generäle. Aus Mangel an Pflege und vermutlich auch Geld – Reichtum war in jenen Zeiten vergänglich – ist dieses Château aus dem 15. Jahrhundert schon lange dem Verfall preisgegeben und stellt für alle, die sich in sein Inneres vorwagen, eine unmittelbare Gefahr dar.

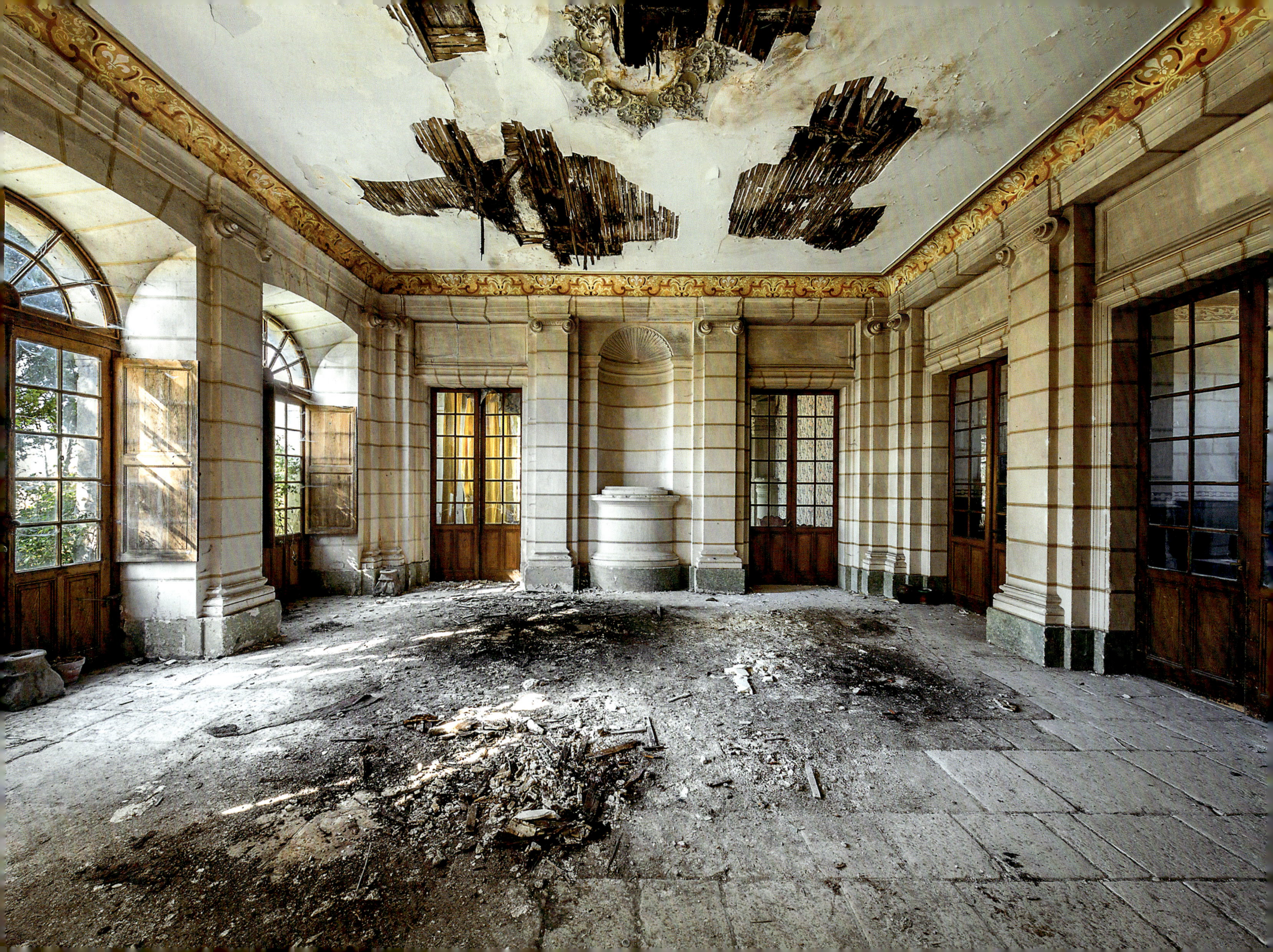

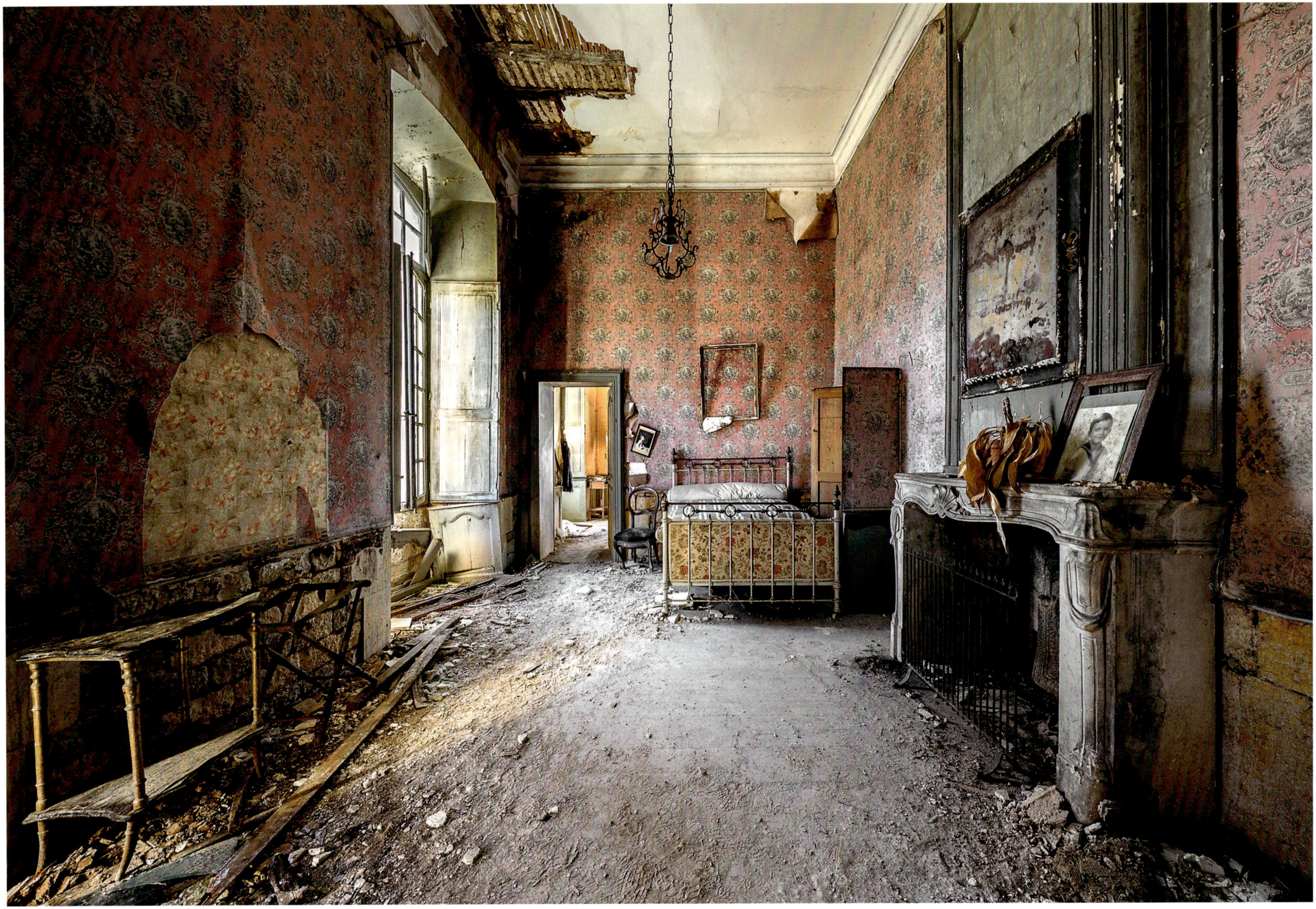

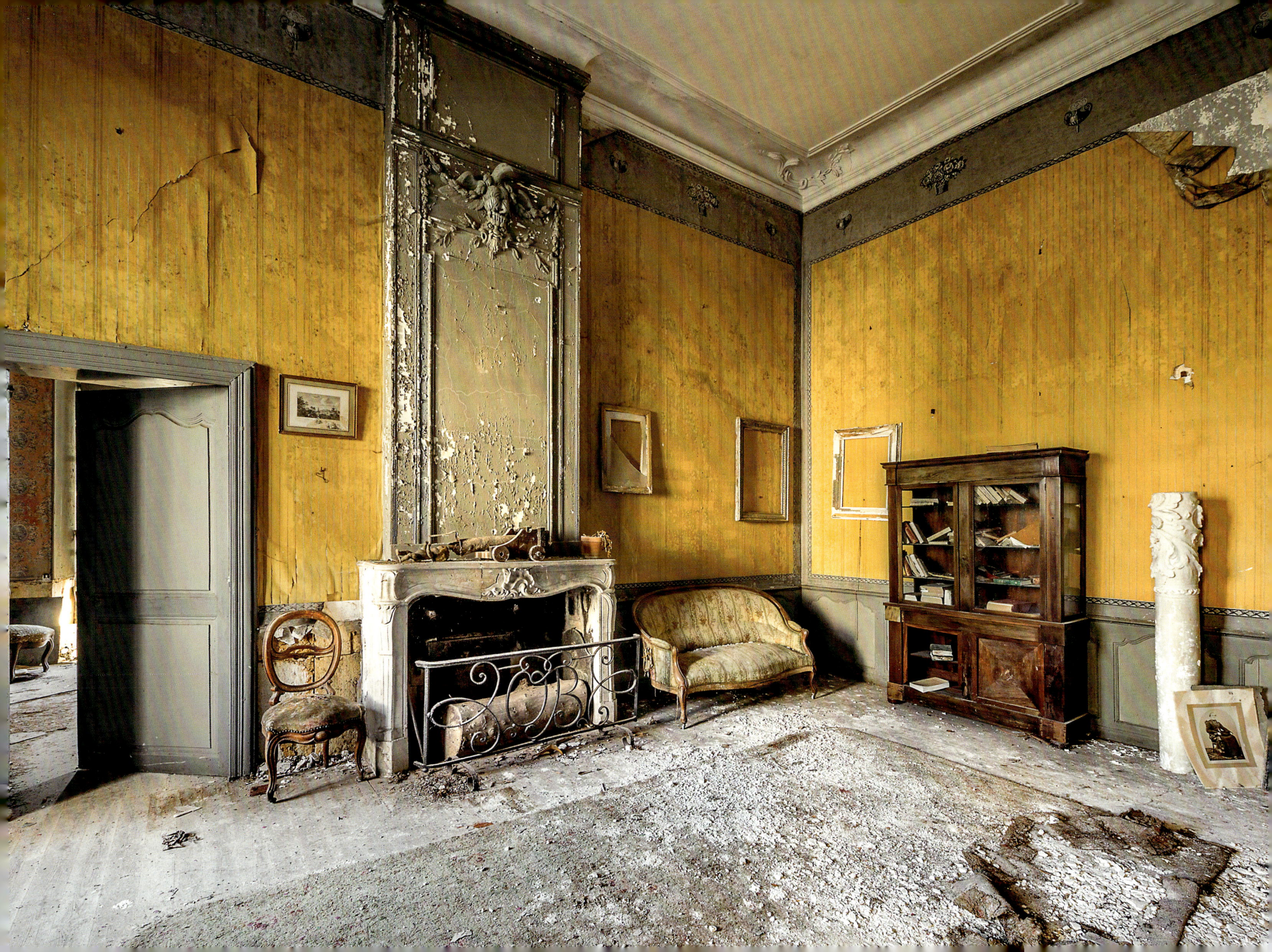

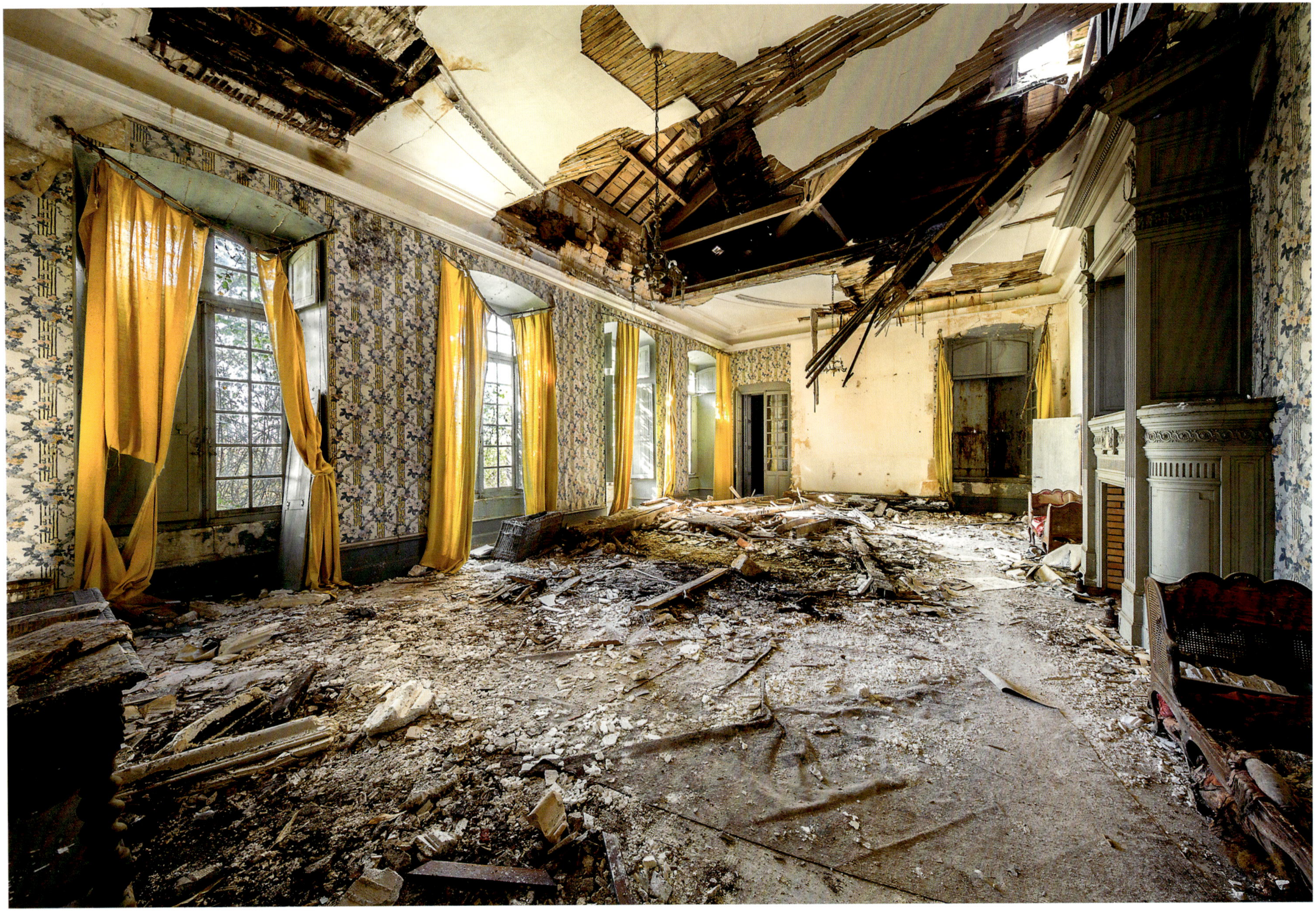

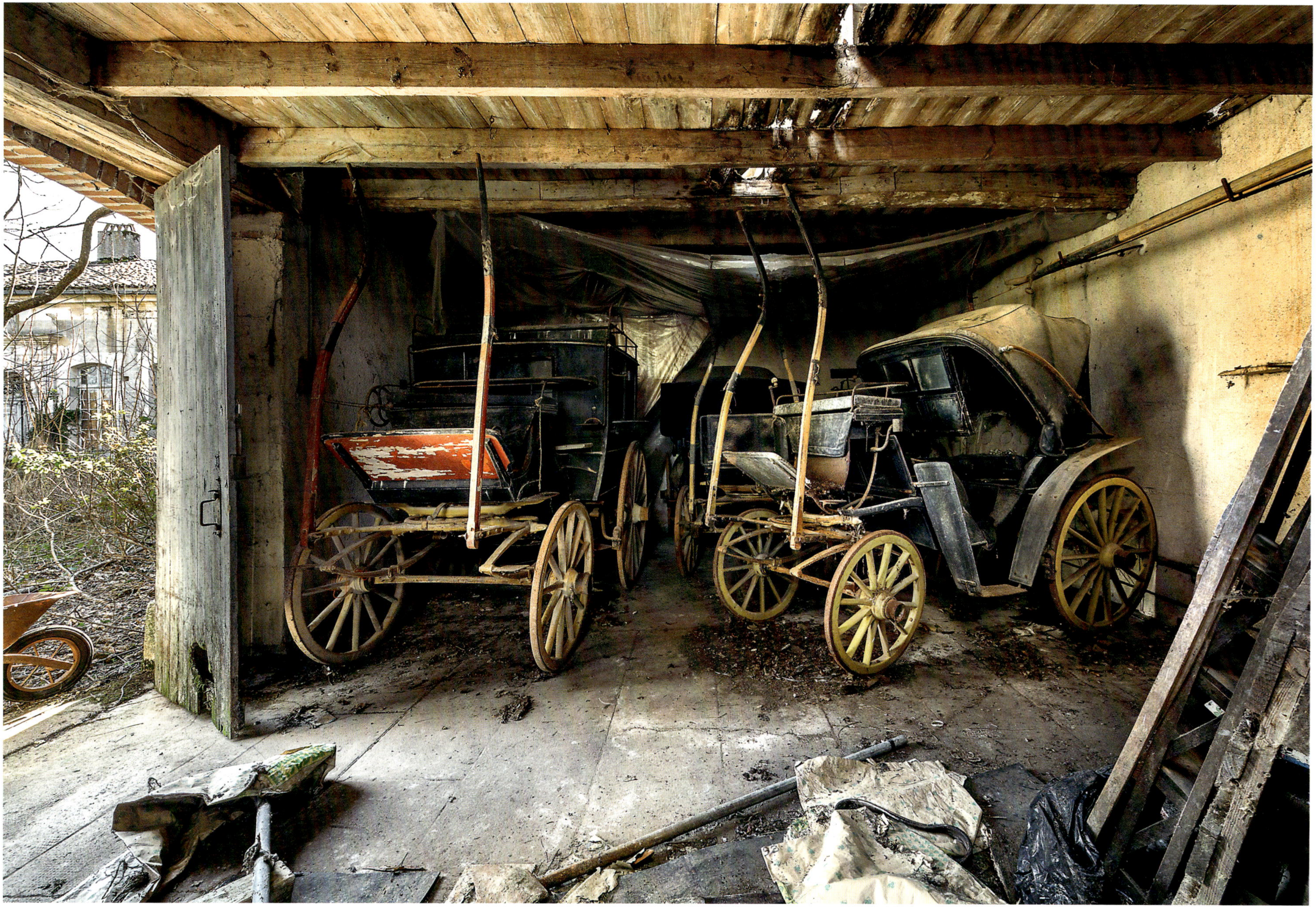

Amphitheater des Purgatoriums • Okzitanien

Die düstere Leichenhalle, einst Amphitheater genannt, war früher Teil eines großen französischen Klinikkomplexes. Oft wird diesem Bereich der Medizin nur wenig Beachtung geschenkt, dabei ist die Leichenhalle ein nicht minder bedeutender Teil des Krankenhausbetriebes als die übrigen Pflegedienste. Das Hauptaugenmerk liegt dabei auf der Betreuung und Beratung der Hinterbliebenen, aber auch auf der fachgerechten Versorgung der Verstorbenen.
Dieser Untersuchungsraum wurde zugunsten eines moderneren Neubaus aufgegeben und lässt einem mit seiner roten Farbgebung das Blut in den Adern gefrieren.

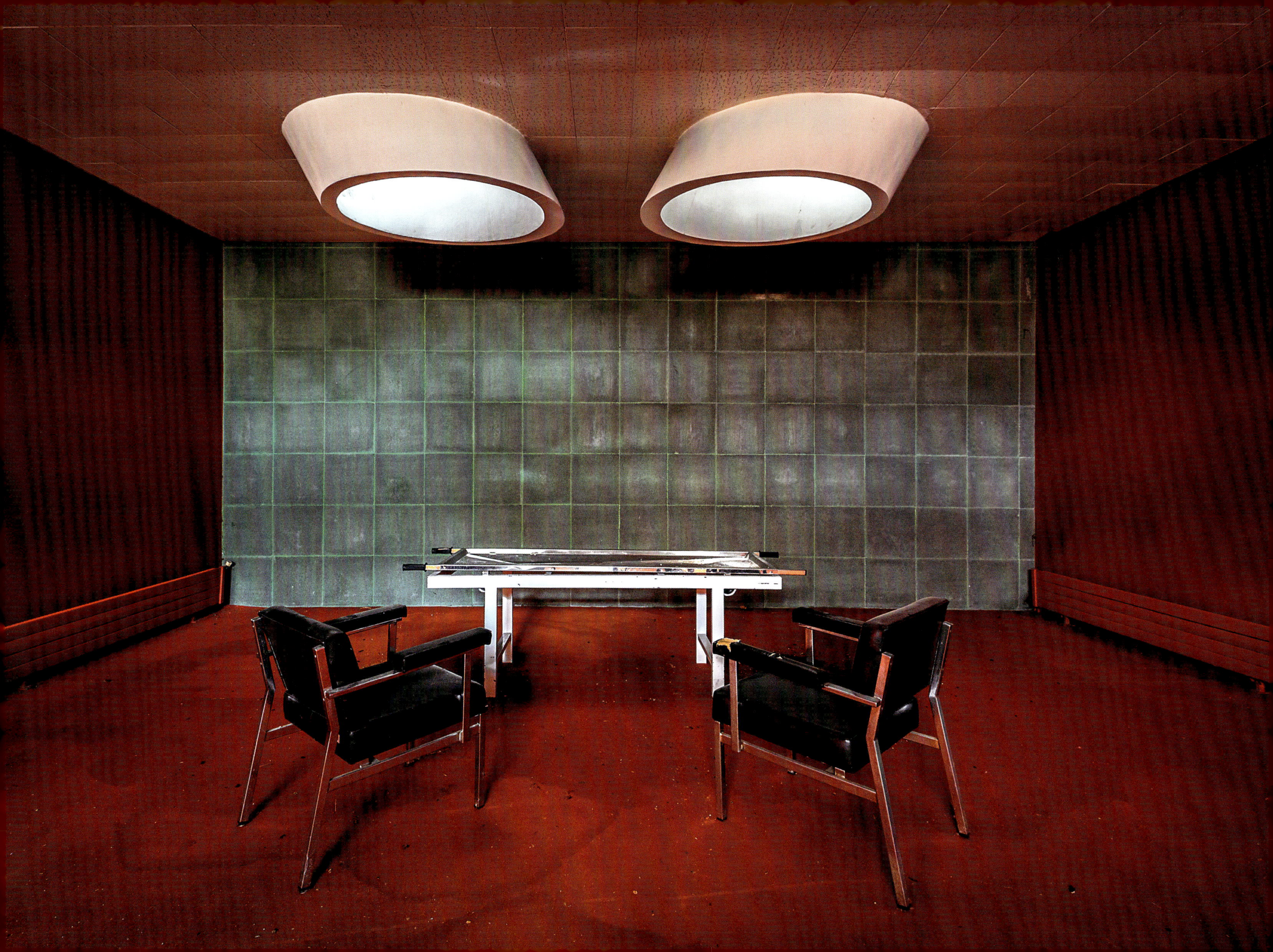

Göttliches Oratorium · Okzitanien

Irgendwo in Frankreich, mitten auf dem Land, widersetzt sich diese kleine, in schillernden Farben ausgestaltete Privatkapelle den Regeln der Zeit. Oberhalb der Stützpfeiler blicken menschliche Fratzen auf den Besucher herab. Sie sollen Unheil abwenden und darüber wachen, dass sich das Böse keinen Zutritt zu diesem Ort verschafft.
Die Kapelle ist Teil einer Schlossanlage, die noch heute bewohnt ist. Das Deckengewölbe vermochte es nicht länger, sich der Witterung zu widersetzen, und ist eingestürzt. Wie so viele alte Bauwerke wird wohl auch dieses früher oder später vollends in sich zusammenfallen.

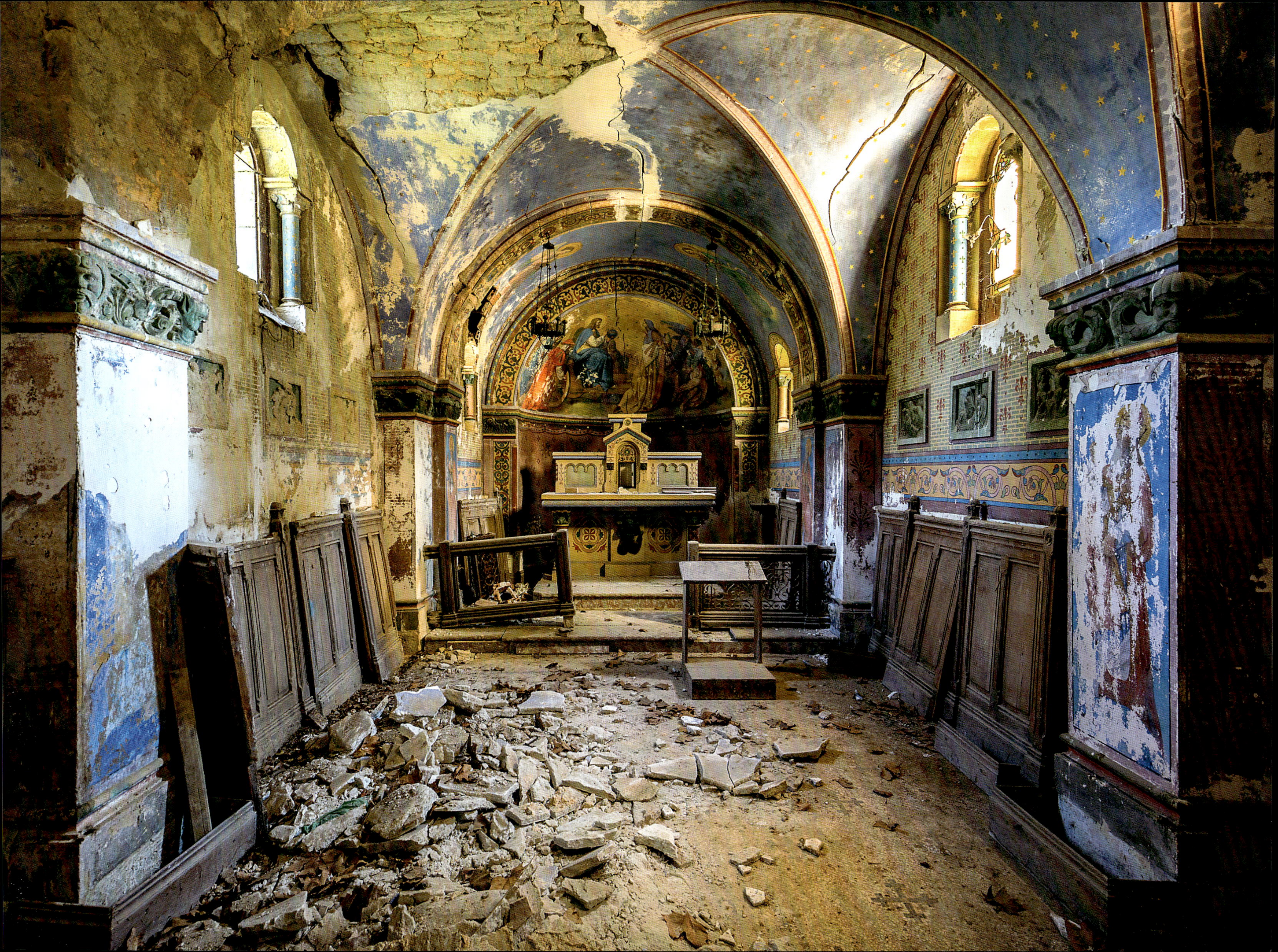

Feuerwehrkaserne Saint-Bernard · Okzitanien

Die alte Feuerwehrkaserne Saint-Bernard ist wahrlich kein Blickfang. Doch wer sich vom Äußeren nicht täuschen lässt und bis in das Innere des Hangars vordringt, sieht sich einer beeindruckenden Sammlung eingestaubter Feuerwehreinsatzfahrzeuge gegenüber, die in dem riesigen roten Backsteinbau seit vielen Jahren Wind und Wetter trotzt.

Zu sehen sind unter anderem mehrere Fahrzeuge des französischen Herstellers Berliet aus den 1960er-Jahren, darunter eines mit einer dreißig Meter hohen automatischen Drehleiter. Beim Anblick all dieser Gefährte, in denen sich vermutlich kein einziger Tropfen Wasser, Öl oder Benzin mehr befindet, macht sich Verdruss breit. Ein Schlag ins Gesicht all dieser furchtlosen Feuerwehrleute, die sich stets mit vollem Einsatz um ihre Arbeitsgeräte kümmern. Gut vorstellbar, dass der gesamte Fuhrpark eines Tages verschrottet wird. Vielleicht ist dieser Kokon doch die bessere letzte Ruhestätte, aus Respekt und im Gedenken an all die vielen geretteten Leben.

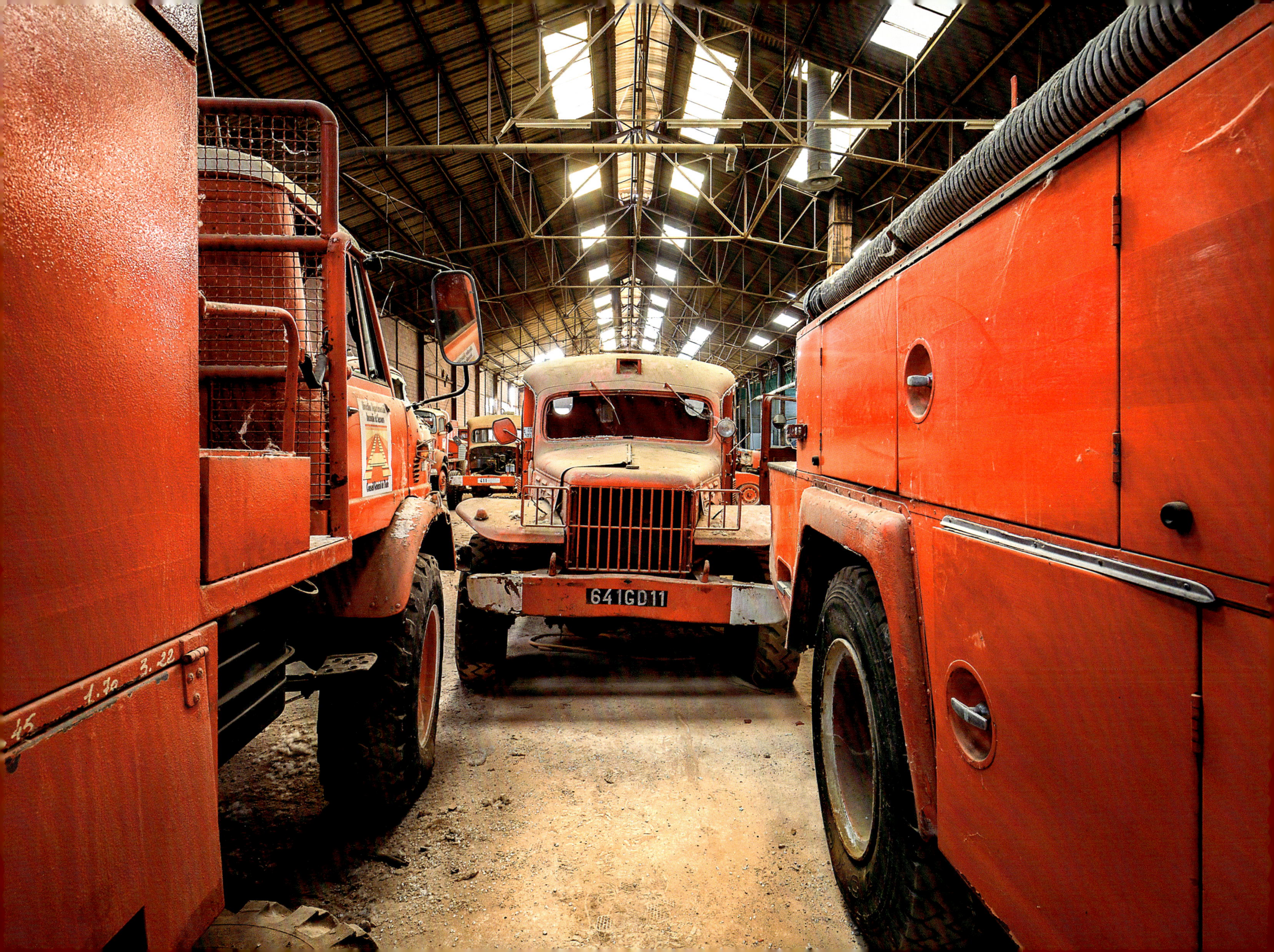
641GD11

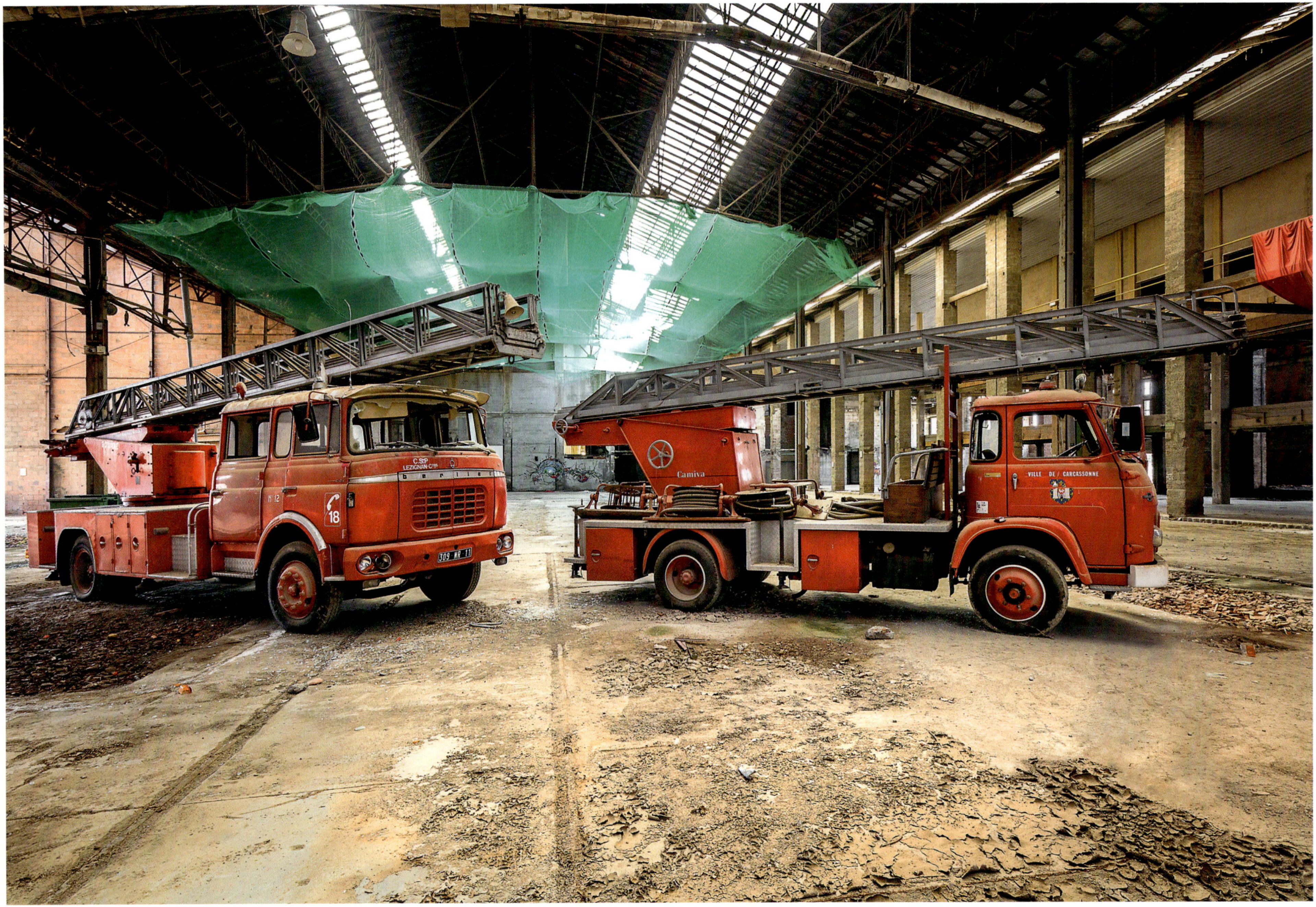
18
Camiva
VILLE DE CARCASSONNE

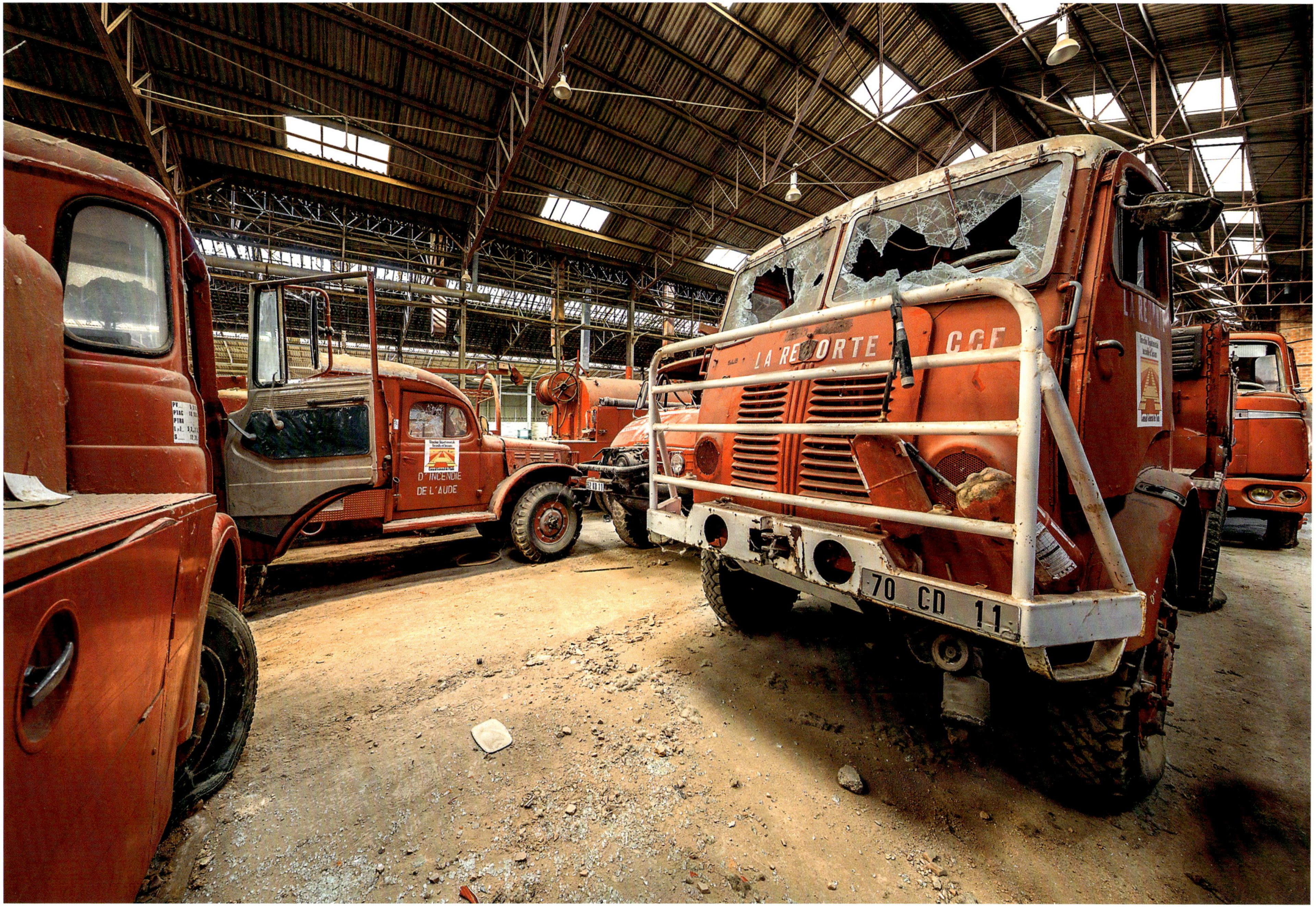
CCF
70 CD 11
D'INCENDIE
DE L'AUDE

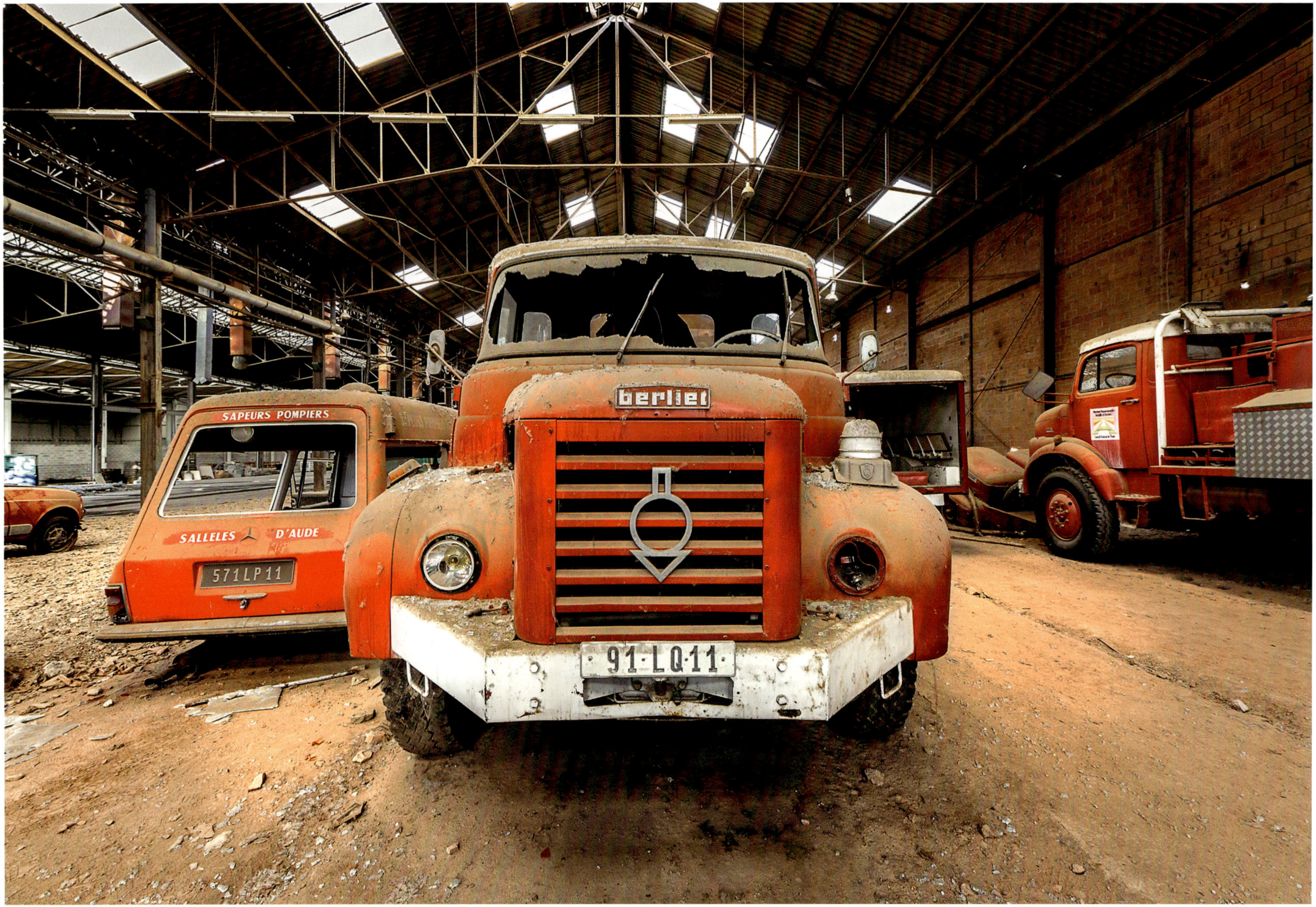
SAPEURS POMPIERS
SALLELES D'AUDE
571 LP 11
berliet
91·LQ·11

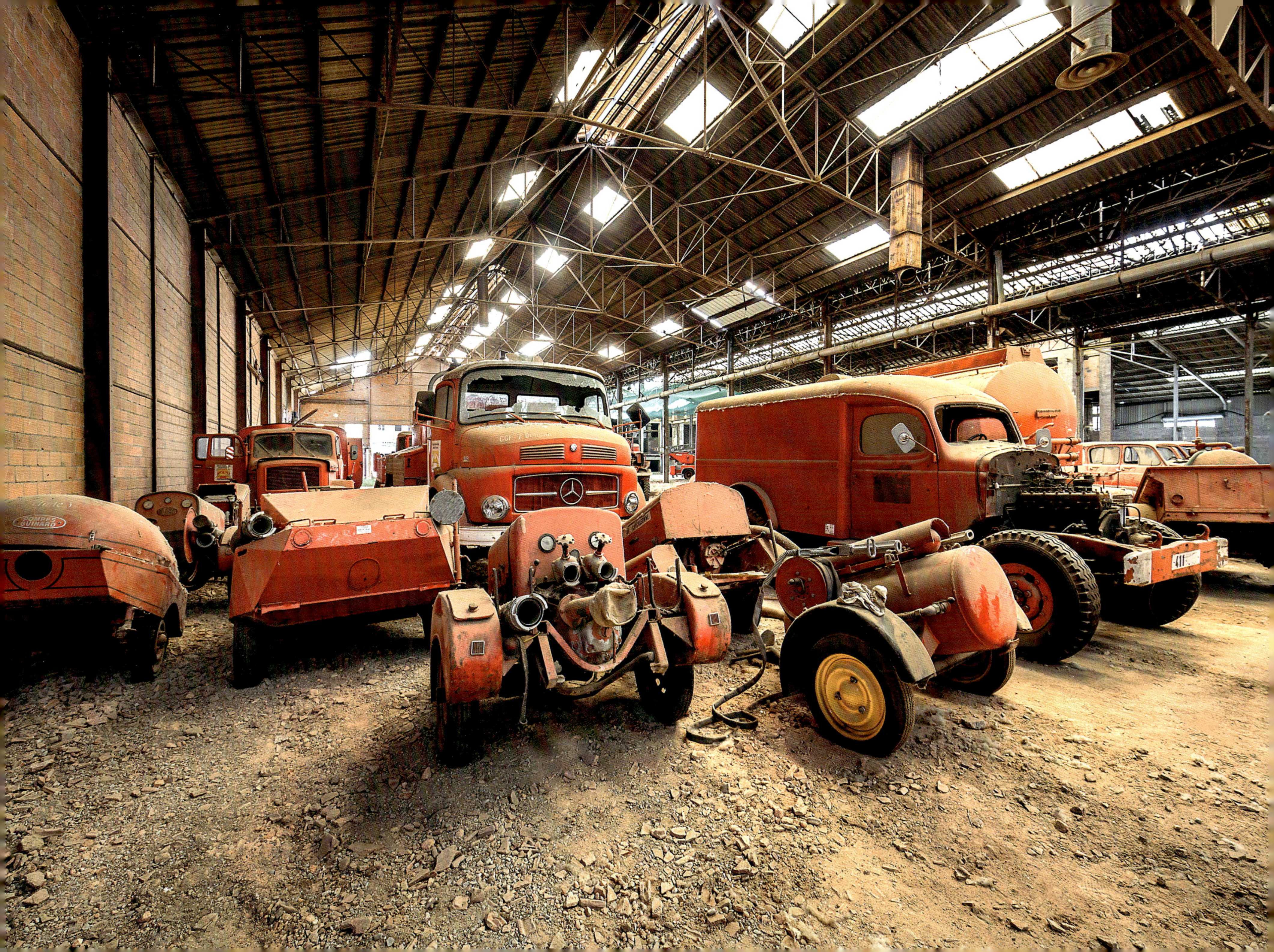
POMPES
GUINARD

Waisenhaus La Verrière • Okzitanien

Kaum vorstellbar, dass dieses kleine Dorf mit 521 Einwohnern, das heute kaum noch jemand kennt, bis zur Französischen Revolution das Zentrum einer Baronie bildete.

Bei dem von üppiger Natur umgebenen, seit Jahren verlassenen Gebäude handelt es sich um ein ehemaliges Waisenhaus. Der Rahmen bietet noch ein Gefühl von Sicherheit an diesem einst lebhaften und umtriebigen Ort, an dem es sich vermutlich recht gut leben ließ. Die hübschen Holzvertäfelungen in der Eingangshalle präsentieren sich noch in recht ordentlichem Zustand, eindrucksvolle Kämpferfenster und Verglasungen lassen viel Licht in den Raum, wenngleich sich der Efeu langsam, aber sicher Bahn bricht. Unheil droht indes von oben. Durch das undichte Dach dringt Feuchtigkeit ein; die Decken bröckeln auf das Parkett.

Niemand kümmert sich mehr um dieses einstige Refugium für Kinder. Wie lange noch wird es standhalten können?

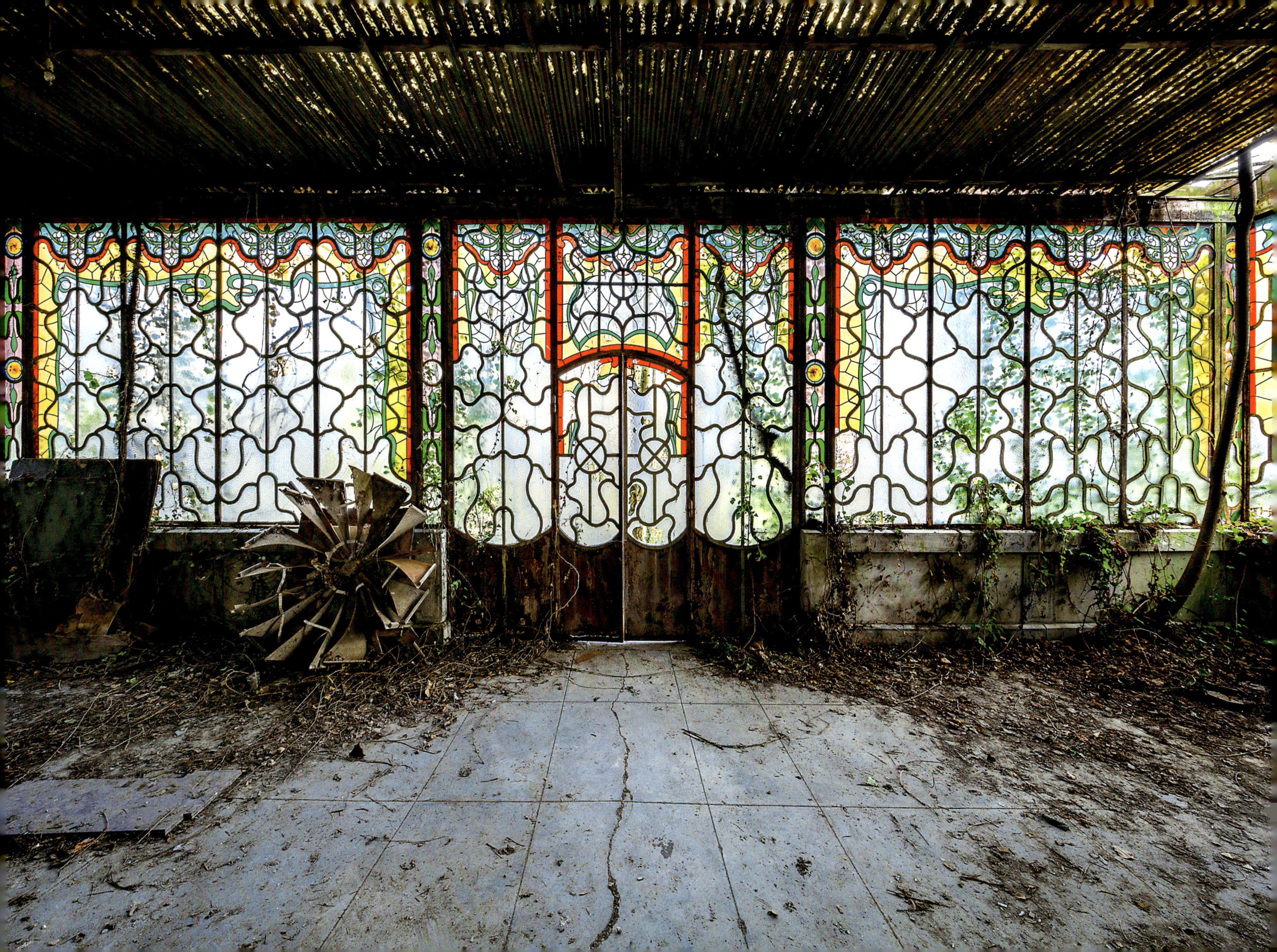

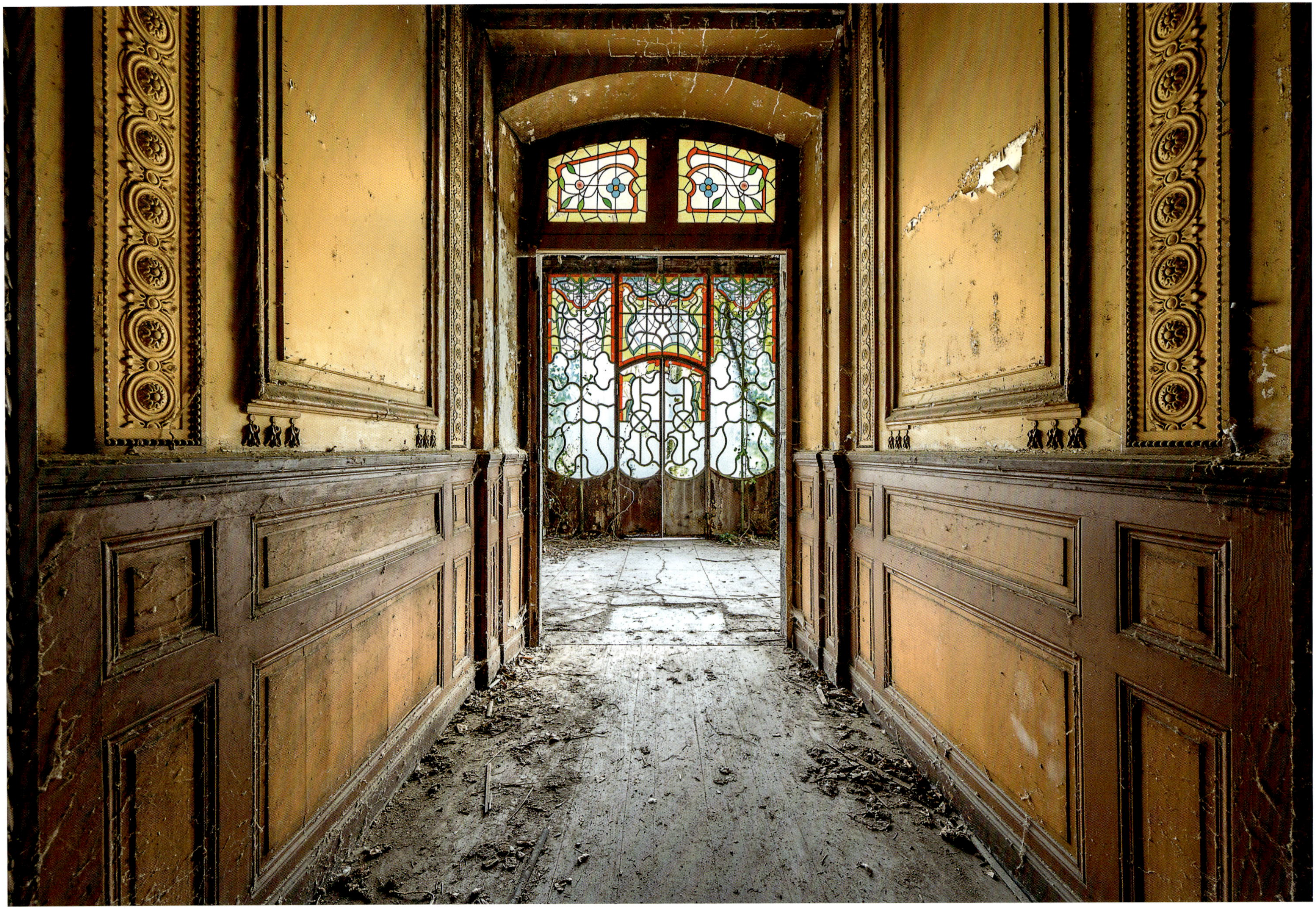

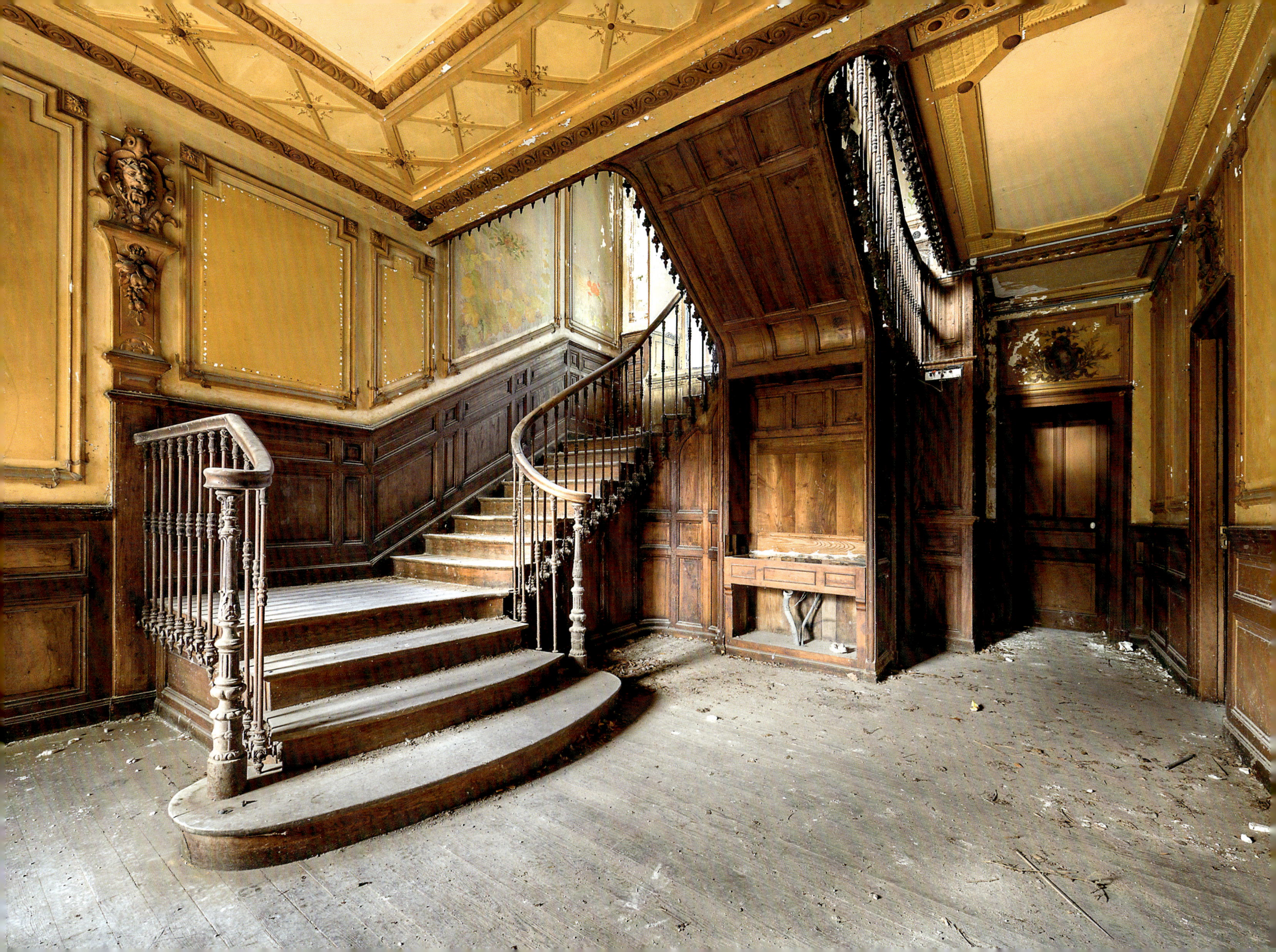

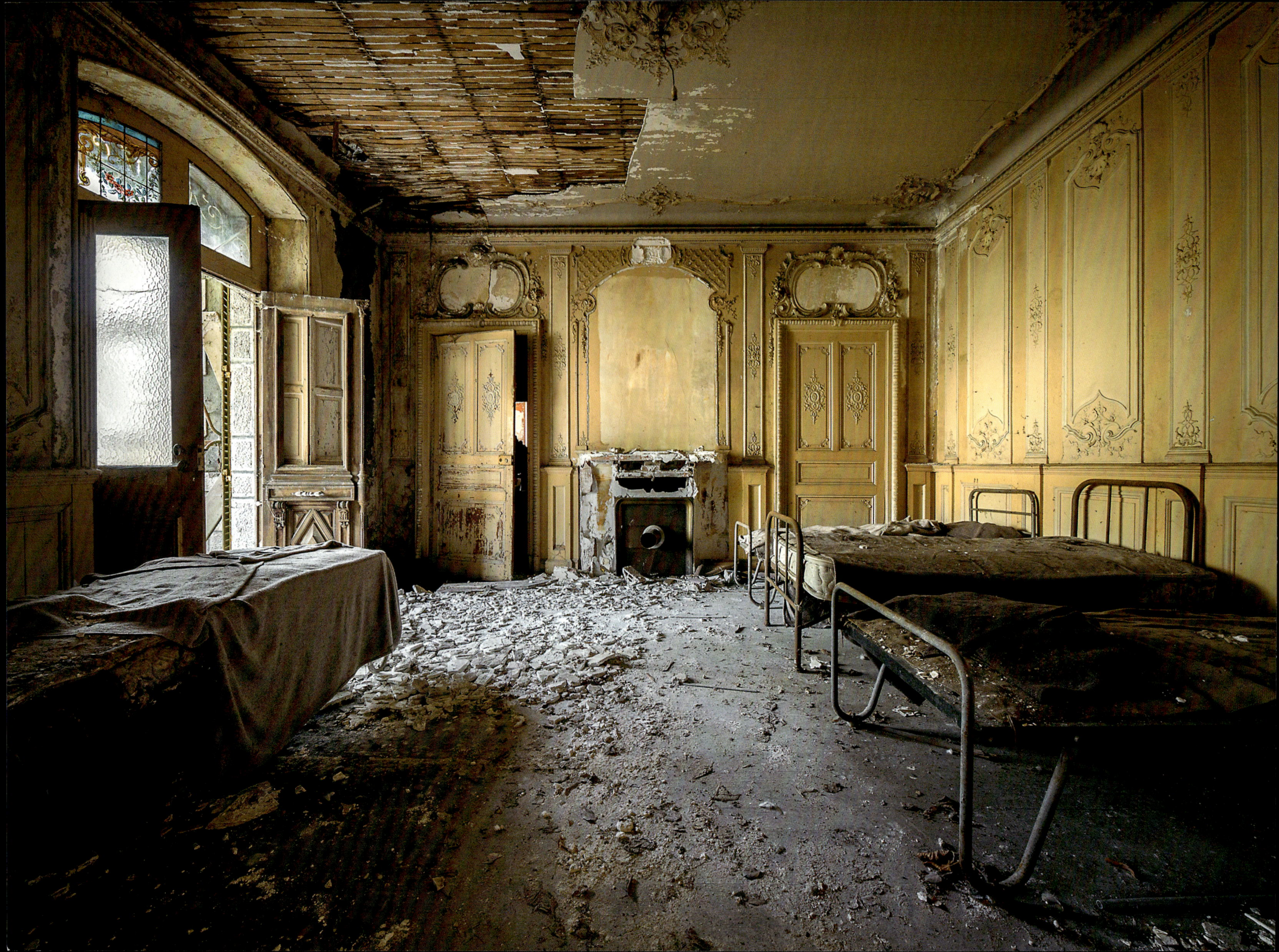

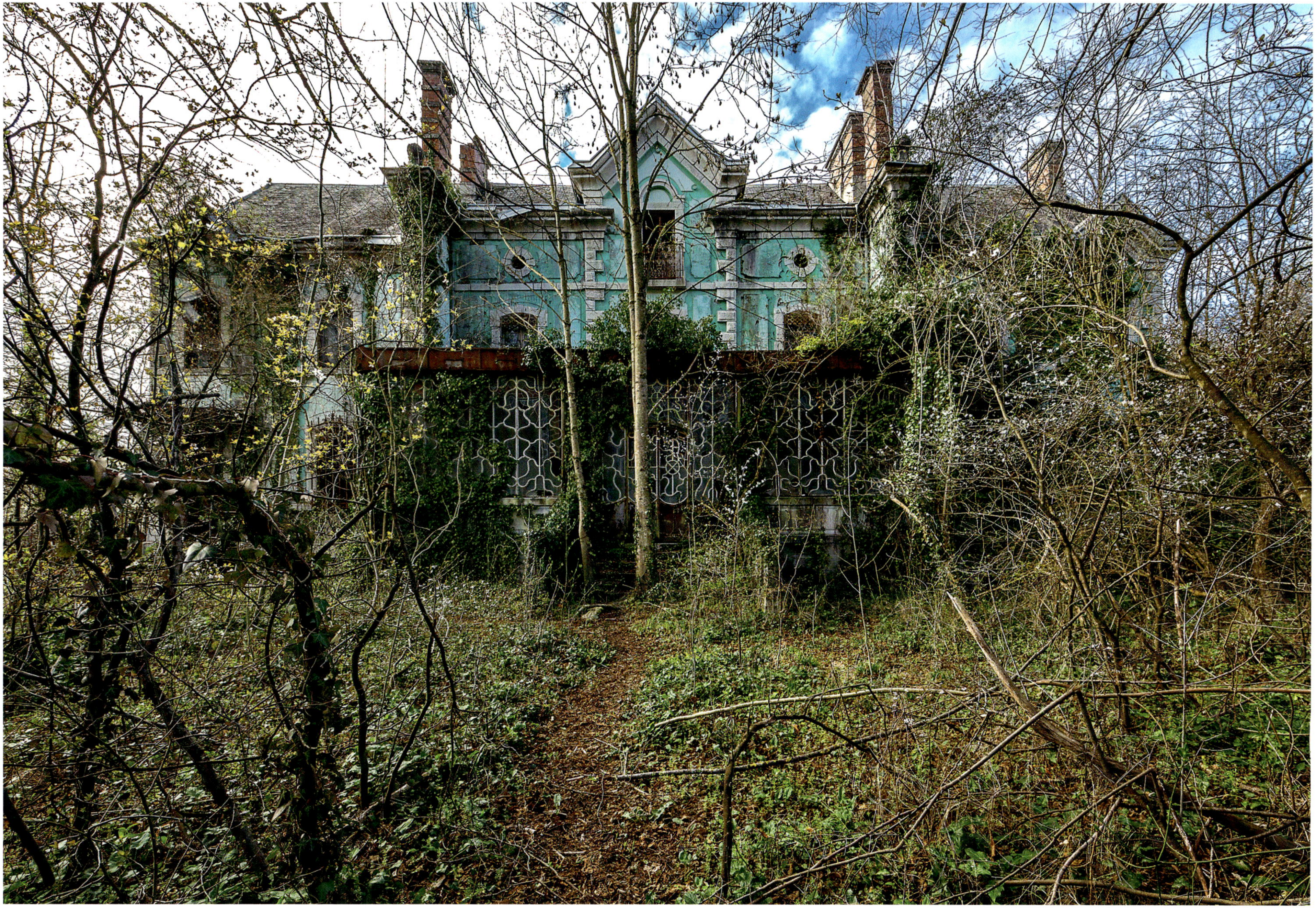

Garage Salmson • Okzitanien

Ein zerbrochenes Fenster weckte meine Neugier und führte mich geradewegs zu diesem außergewöhnlichen Automobil. Das in Billancourt ansässige Maschinenbauunternehmen Société des Moteurs Salmson (SMS), bekannt schlicht als Salmson, war von 1913 bis 1962 einer der großen französischen Flugzeug- und Autobauer. Sein Gründer, der Ingenieur Émile Salmson (1858–1917), entwickelte seit 1908 Flugzeugmotoren und machte sein Unternehmen zu einem Pionier auf diesem Gebiet.

Bereits vor dem Ersten Weltkrieg spezialisiert sich das Unternehmen auf die Produktion von Flugzeugmotoren. Später erlebt es mit der Fabrikation von 3200 Doppeldeckern A2A für die Luftaufklärung einen großen Aufschwung. Mit bis dahin unerreichtem Aktionsradius ist es das erste von vielen Flugzeugen der späteren Aéropostale, ausgestattet mit leistungsstarken Motoren und Halter historischer Weltrekorde. Das Unternehmen, das bereits mehr als 6000 Mitarbeiter beschäftigt, verlagert seinen Fokus in der Folge auf Geschwindigkeit – und sein Geschäft von der Luftfahrt hin zum Automobilbau. Ab 1919 entstehen die ersten Edelkarossen, in der Nachkriegszeit dann auch Wagen, bei denen der Komfort im Vordergrund steht. Unter den Bezeichnungen E72, G72, G72bis, G72ter und G80 entsteht in diesem Kontext das Modell Randonnée (1950–1954). Unter dem damaligen Firmenmotto „Qualität durch Präzision" bewirbt Salmson das Modell mit der Botschaft „Unermüdlicher Rivale der stärksten Autos". Der Randonnée ist auf einer Pontonkarosserie aufgebaut und besticht durch Eleganz. Ein wahres Luxusmodell, von dem jedoch nur wenige Exemplare vom Band laufen. Auf dem Höhepunkt der Trente Glorieuses, den dreißig Jahren des französischen Wirtschaftswunders, kann Salmson dem Druck der subventionierten Massenproduktion nicht mehr standhalten und sieht sich gezwungen, seine Straßenkreuzerproduktion einzustellen. Das fünf Hektar große Werksgelände wird an einen Bauträger veräußert. Am 26. Februar 1962 geht SMS in Konkurs. Die Marke Salmson indes ist zu diesem Zeitpunkt bereits eine Legende im Reich der französischen Automobilindustrie.

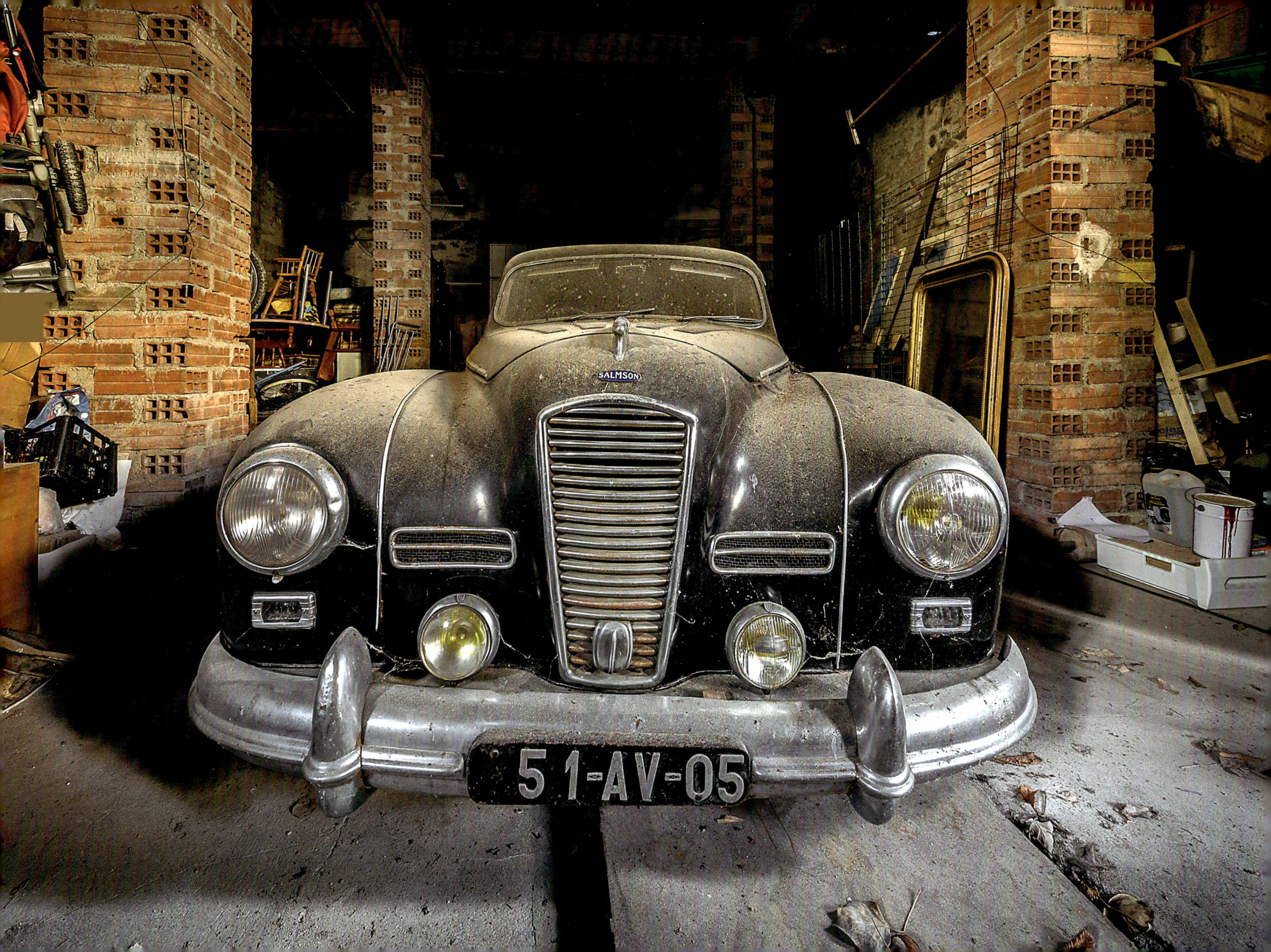
SALMSON
51-AV-05

Über den Autor

Robin Brinaert wurde 1988 geboren und lebt in der belgischen Provinz Hennegau.

Als renommierter Urbex-Experte („Urban Exploration") fotografiert Robin seit mehr als 10 Jahren verlassene Orte in Europa.

Von Robin ist ebenfalls im Jonglez Verlag der schöne Bildband Verlassenes Italien erschienen.

Danksagung

Mein tief empfundener Dank gilt meinem treuen Reisegefährten Jérôme Michez, meiner Freundin Alyssia Roelandt, meinem Freund Jérôme Blondiau sowie meinem Vater, der mich auf einigen meiner Erkundungstouren begleitet hat. Meiner Mutter für ihr organisatorisches Talent, ihre Recherchen und das Formulieren der Texte, mit denen sie den Hintergrund der besuchten Orte für Sie ins Licht rückt … eine Arbeit, die, wie mir sehr bewusst ist, einen langen Atem erfordert.

Hinweis: Nicht alle hier vorgestellten Orte sind frei zugänglich. Erkundigen Sie sich unbedingt vorab über die jeweils geltenden Zutrittsbestimmungen.

Im Selben Verlag Erschienen

Atlas

Atlas der geographischen Kuriositäten
Atlas der Wetterextreme

Bildände

Stilles Venedig
Ungewöhnliche Hotels
Venedig aus der Luft
Verbotene Orte
Verlassenes Deutschland
Verlassenes Frankreich
Verlassene Kinos der Welt
Verlassenes Italien
Verlassenes Japan
Verlassene Kirchen – Kultstättten im Verfall
Verlassene UdSSR
Verlassene USA

Auf Englisch
Abandoned Asylums
Abandoned Australia
Abandoned France
Abandoned Lebanon
Abandoned Spain
After the Final Curtain – The Fall of the American Movie Theater
After the Final Curtain – America's Abandoned Theaters
Baikonur – Vestiges of the Soviet Space Programme
Chernobyl's Atomic Legacy
Forbidden Places – Exploring our Abandoned Heritage Vol. 1
Forbidden Places – Exploring our Abandoned Heritage Vol. 2
Forbidden Places – Exploring our Abandoned Heritage Vol. 3
Forgotten Heritage
Unusual Wines

„Verborgenes"-Reiseführer

Verborgenes Berlin
Verborgene Dolomiten
Verborgenes Florenz
Verborgenes Genf
Verborgenes Hamburg
Verborgenes Kopenhagen
Verborgenes Korsika
Verborgenes Istanbul
Verborgenes Lissabon
Verborgenes London
Verborgenes Mailand
Verborgenes New York
Verborgenes Paris
Verborgene Provence
Verborgenes Rom
Verborgene Toskana
Verborgenes Venedig
Verborgenes Wien

Auf Englisch
Secret Amsterdam
Secret Bali
Secret Bangkok
Secret Barcelona
Secret Belfast
Secret Brighton – An unusual guide
Secret Brooklyn
Secret Brussels
Secret Buenos Aires
Secret Campania
Secret Cape Town
Secret Dublin – An unusual guide
Secret Edinburgh – An unusual guide
Secret French Riviera
Secret Glasgow

Secret Granada
Secret Helsinki
Secret Johannesburg
Secret Liverpool – An unusual guide
Secret London – Unusual Bars & Restaurants
Secret Los Angeles
Secret Madrid
Secret Mexico City
Secret Montreal – An unusual guide
Secret Naples
Secret New Orleans
Secret New York – Hidden bars & restaurants
Secret Rio
Secret Seville
Secret Singapore
Secret Sussex
Secret Tokyo
Secret Washington D.C.
Secret York – An unusual guide

„Soul of"-Reihe

Soul of Amsterdam – 30 einzigartige Erlebnisse
Soul of Athen – 30 einzigartige Erlebnisse
Soul of Barcelona – 30 einzigartige Erlebnisse
Soul of Berlin – 30 einzigartige Erlebnisse
Soul of Kyoto – 30 einzigartige Erlebnisse
Soul of Lisbon – 30 einzigartige Erlebnisse
Soul of Los Angeles – 30 einzigartige Erlebnisse
Soul of Marrakesch – 30 einzigartige Erlebnisse
Soul of New York – 30 einzigartige Erlebnisse
Soul of Rom – 30 einzigartige Erlebnisse
Soul of Tokio – 30 einzigartige Erlebnisse
Soul of Venedig – 30 einzigartige Erlebnisse

Folgen Sie uns auf Facebook, Instagram und Twitter

Fotografien und Texte: Robin Brinaert

Layout: Emmanuelle Willard Toulemonde – **Übersetzung:** Tanja Felder – **Korrektur:** Sabine Hatzfeld – **Lektorat:** Johanna Kling – **Konzeption:** : Clémence Mathé

Gemäß geltender Rechtsprechung (Toulouse 14.01.1887) haftet der Verlag nicht für unbeabsichtigte Fehler oder Auslassungen, die in dem Reiseführer trotz größter Sorgfalt der Verlagsmitarbeiter möglicherweise vorhanden sind. Jede Vervielfältigung dieses Buches oder von Teilen daraus ohne ausdrückliche Genehmigung des Verlages ist untersagt.

© JONGLEZ 2023
Pflichtexemplar: Oktober 2023 – 1. Auflage
ISBN: 978-2-36195-704-9
Gedruckt in der Slowakei bei Polygraf